课程领导的上海高中行动

上海市教育委员会教学研究室 编著

上海科技教育出版社

图书在版编目(CIP)数据

课程领导的上海高中行动 / 上海市教育委员会教学研究室编著. —上海：上海科技教育出版社,2019.9
(上海市提升中小学(幼儿园)课程领导力行动研究(第二轮)项目成果丛书)
ISBN 978-7-5428-6767-4

Ⅰ. ①课… Ⅱ. ①上… Ⅲ. ①课程-教学研究-高中 Ⅳ. ①G633

中国版本图书馆 CIP 数据核字(2019)第 145930 号

责任编辑　焦婧茹　谢晓英
封面设计　符　劼

课程领导的上海高中行动
上海市教育委员会教学研究室　编著

出版发行	上海科技教育出版社有限公司
	(上海市柳州路 218 号　邮政编码 200235)
网　　址	www.sste.com　www.ewen.co
经　　销	各地新华书店
印　　刷	上海书刊印刷有限公司
开　　本	787×1092　1/16
印　　张	13.75
插　　页	3
版　　次	2019 年 9 月第 1 版
印　　次	2019 年 9 月第 1 次印刷
书　　号	ISBN 978-7-5428-6767-4/G·3866
定　　价	42.00 元

上海市提升中小学(幼儿园)课程领导力行动研究(第二轮)项目成果丛书编委会

徐淀芳　纪明泽　陆伯鸿　谭轶斌　王月芬

本书编委会

主　编：金京泽

副主编：韩立芬　陈　琳　李碧玉

编　委（按姓氏拼音排序）：

陈青云　董君武　高　洁　郭金华　姜明彦
李国兴　林春辉　卢起升　陆顺高　阮　旖
沈　洪　王　洋　肖　英　俞金飞　张哲人
周凤林　朱　瑜

不忘初心　筑梦前行

——上海基础教育课程改革30年回顾

（丛书代序）

1988年，在探索素质教育的大背景下，受原国家教委委托，上海重点聚焦"四个素质和健康个性培养"，启动了中小学（幼儿园）课程改革（后被称为课程改革第一期工程，简称"一期课改"）。1998年，面向新世纪新挑战，在传承上海"一期课改"成功实践的基础上，重点聚焦创新精神和实践能力的培养，上海再次启动中小学（幼儿园）课程改革（被称为课程改革第二期工程，简称"二期课改"）。两期课程改革均涉及中小学课程方案、各学科课程标准，以及教材、教学过程和考试评价等改革领域。

长达30年的两期课改，始终得到上海市委、市政府的支持，得到市教委和市课改委的领导，得到高校和基础教育专家的专业贡献，得到全市中小学校长和教师、幼儿园园长和教师创造性实践经验的奉献，得到全市三级教研系统优秀教研人员的专业指导和实施保障……正是这种上下一心、持之以恒、无私奉献的精神，以及坚持理论与实践相结合、目标导向与问题导向相结合、专家的顶层设计与学校针对问题的敏捷反应相结合的改革机制，为上海基础教育赢得荣誉，取得显著成效，引起世界的关注。

上海2009年和2012年两次PISA测试的优异成绩震惊世界；2010年、2014年和2018年三次教学成果奖评选硕果累累、成绩斐然；历年来各学科中青年教师在全国各类教学大赛中成绩卓越，一大批教师在课程改革的征程中脱颖而出；上海的数学教材（一至六年级）输出英国，中英数学教师交流，上海教师的教学能力得到英方同行的高度肯定；上海教研的实践范式引起同行广泛关注。

马克思主义倡导"人的自由而全面发展"思想，把它视为建构未来共产主义社会的基本原则。"人的自由而全面发展"包括人的需要的全面发展、人的能力的全面发展、人的个性的全面发展、人的社会关系的全面发展等。上海的两期课改确立了"以学生发展为本"的改革理念，围绕立德树人这一教育的根本任务，提升学生"素质"和塑造学生"个性"，将课程设计的重心从"学科"迁移至"社会"和"学生"，强调课程应该促进全体学生全面而又主动、可持续地发展，适应未来社会发展的需要。

上海的"一期课改"针对课程模式过分划一、学科课程一统天下的现状，汲取之前已经开展的试行教学规章制度、试办高中理科班、开设劳动技术和计算机课程、青浦数学教改经验、试验布鲁姆教学目标分类理论等教育教学改革实践经验，结合探索素质教育的大背景，聚焦"统一要求与个性发展的关系""知识与能力要求的关系""现代化手段的引入""课程教材'一纲一本'的旧模式""教学中人际关系的改进""强化德育及其他人文因素的教育"等问题，在课程视域下开创性地对基础教育进行系统改革：

第一，依据素质教育要求，确立了思想政治素质、科学文化素质、身体心理素质、劳动技能素质和健康个性的课程培养目标。

第二，将学校有计划、有目的的教育活动纳入课程范畴，构建了必修、选修和活动"三个板块"，优化了课程结构，改变了学科必修课程一统天下的状况，丰富了学校课程。

第三，坚持以德为先，建立了由思想政治课程、班团队活动、社会实践活动和各学科课程组成的"三线一面"德育体系，架构了学校、家庭、社会"三位一体"的德育渠道，开创了学校德育活动、学科德育、社区服务和社会实践相联系的德育新格局。

第四，首次尝试编制学科课程标准，从课程定位、课程目标、课程内容与要求、课程实施等方面整体规划学科课程，强化在规定时间内，通过有效教学(教学内容与教学方式)，达成有限目标(学习结果)的观念，实现课程的育人价值(课程定位)。

第五，建立了主持单位支持、主编负责制下的专职队伍编制、审查办审查、出版社出版、新华书店发行、课改办管理的教材编制机制。编制了700余种(册)涉及三个板块课程的教材、教参、练习册，实现了在统一基本要求的前提下的教材多样化。呈现了以社会、学科、学生为基点，提高素质为核心的教材特征，教材内容普遍加强了与现实生活的联系，反映社会科技发展新成果，呈现学科德育价值。

第六，积极探索教学改革，小组讨论、启发式教学不断普及，科学方法教育得到关注，以电化教育为主的教学手段得到广泛应用。

第七，逐步建立了毕业考试和升学考试两考合一的中考改革制度，全面会考基础上的"3+1"高考改革制度。

在"一期课改"实践过程中，课程观念得到确立，"三个板块"的课程结构和"三线一面"的德育体系在学校得到落实，教师普遍适应"三个板块"的教学，专业能力得到发展，学校教学环境因改革需要得到改善。

上海的"二期课改"针对立德树人强化德育、创新精神和实践能力培养、以信息化带动课程教学的现代化三大问题，传承"一期课改"实践经验，围绕统一性与选择性、基础性与先进性、理论性与实践性、继承性与创新性、封闭性与开放性、科学精神与人文精神、分科与综合、外显知识与内隐知识、开发潜能与健全人格、教育文化与技术文化十大关系，以学习环境支持下的学习方式变革为突破，关注课程的功能和价值，创造性地对基础教育进行系统改革：

第一，依据党的教育方针，从德智体美全面发展视角确立了课程培养目标，从培养创新精神和实践能力视角，创造性地建立了知识与技能、过程与方法、情感态度与价值观"三个维度"的课程目标体系。

第二，着眼于明确课程的功能和价值，构建了以"基础型""拓展型""研究型"三类课程和语言文学、数学、社会科学、自然科学、技术、艺术、体育与健身、综合实践八个学习领域为标志的课程结构，设计了社会科学、自然科学和艺术三个学习领域"合分一体"的领域课程结构，开创了综合课程与分科课程相互补充的新体系。

第三，传承"三线一面"德育体系和"三位一体"德育渠道，从民族精神教育和生命教育突破，确立学科育人价值，建立纵向贯通、横向联系的中小学一体化德育体系，形成了"课程德育"新格局。

第四，明确课程标准作为描述学习结果的基本定位，从育人价值、课程目标、课程内容、课程实施等视角,描述达成性学习结果(知识与技能)、体验性和表现性学习结果(过程与方法)、发展性学习结果(情感态度与价值观),规划学科课程。

第五,编制了三类课程1200余种(册)教材,并转化为1200余种(册)数字教材。教材内容关注与现实生活和社会科技发展的联系,突出学科主干内容,强化体验感悟和学习经验积累,引导学习过程,呈现学科育人价值。教材的目标特征、内容特征、教学特征进一步优化。

第六,以自主、合作、探究为标志,规范与创新相结合,积极推进教学改革。一是规范和创新备课、上课、作业、辅导、评价教学五环节,优化教学全过程;二是强化知识的生成过程和应用过程,将知识置于概念形成和问题解决的情境中,通过听讲、阅读、交流、观察、操作、探究等各类课堂活动,掌握概念、体会思想方法、积累活动经验、形成能力和意识,实现学科育人价值。

在"二期课改"实践过程中,以学生发展为本的理念深入人心,课程育人价值和"三维目标"得到确立,"三类课程"得到落实,学校课程进一步丰富,学校的课程领导能力不断提升,围绕创新精神和实践能力培养,以学习方式变革为标志的改革经验不断涌现,TALIS调查结果表明,教师教学整体处于较高水平。

课程是培养人的过程。深化课程改革需要以习近平新时代中国特色社会主义思想为指导,全面落实立德树人根本任务,系统推进育人方式、办学模式、管理体制、保障机制的改革,着力培养和发展学生的认知能力、合作能力、创新能力和职业能力。

教学是实现目标的过程,是教师、学生、环境三个要素的相互作用。深化教学改革,需要从学习环境支持学习方式变革角度重点突破,即营造良好的师生关系,丰富教学资源,创新教学组织形式和学习空间;需要在信息化环境和学习分析技术支持下,从"精准指导"和"推送学习"两个方面实现"个性化"教学;需要探索通过优化学习输入(提供的学习信息)和丰富学习输出(多样化的学习结果表现要求),去促进学生意义建构,实现"深度学习"。

增强课程的多样化和选择性、丰富学生实践性学习经历、将信息技术融入课程,是深化上海基础教育课程改革的三个突破点。

2018年是上海实施中小学(幼儿园)课程改革30周年,也是面向新时期,踏上深化课程改革新征程的起始之年。站在上海教育承前启后的关键节点上,我们号召全市各区、校认真梳理和总结30年的改革经验,以各种形式回顾30年改革历程中的关键人物和事件,展示30年的改革成果,以期以史为鉴,继往开来。

面对挑战,我们不忘初心、勇于亮剑!

前瞻未来,我们筑梦前行、砥砺奋进!

徐淀芳

(上海市教育委员会教学研究室主任)

序

这是一次充满挑战和机遇的"教育旅程",
这是一次发动基层学校开展的大规模的实践研究,
这是一次凝聚上海全市之力,深化课改的攻坚战役。
梦想,探索,发现,革新。
在这之前,一切悄悄萌动,
在这之后,一切慢慢蜕变。

课程领导力是与课程并肩而行的"伴侣",也是与课改相向而行的"同伴"。课程领导力,是学校教育发展的永恒主题。

岁月悄然,花开有声。2009年,上海市教委基于课程改革深化的需要,基于学校内涵发展的需要,基于校长与教师专业成长的需要,率先提出"提升学校课程领导力",抓住"课程"的要素,以"项目"的形式,凝聚上海全市之力,打响课改攻坚战。

2010年,上海市教委颁布了《上海市提升中小学(幼儿园)课程领导力三年行动计划(2010—2012年)》,并正式启动第一轮"上海市提升中小学(幼儿园)课程领导力行动研究项目"。幼儿园、小学、初中、高中四个学段51所项目学校和1个整体试验区,围绕学校课程计划、学科建设、课程评价和课程管理四大方面,开展大规模行动研究。一路风雨,一路修炼,始终未忘教育初心。经过四年艰苦卓绝的探索,明晰了课程领导力的内涵,构建了课程领导力提升的实践框架,确立了"可视化"行动路径,建立了共同体运行机制,提炼了一批凸显实践价值的课程校本化实施经验。

时代在发展,形势在变化,课改永远在路上。2015年4月,在贯彻落实教育部《关于全面深化课程改革落实立德树人根本任务的意见》,推进上海全面开展教育综合改革的背景下,上海市教委启动"上海市提升中小学(幼儿园)课程领导力行动研究(第二轮)项目"(以下简称"课程领导力项目")。课程领导力项目再度出发,遴选产生58所项目学校和1个整体试验区。课程领导力项目以"评价引领、实践导向、互动生成、模式多样、促进提升、关注特色"为指导思想,在行动研究中采用"指南引领(顶层设计)→工具测评(前测、后测)→行动研究(设计—实施—调整)→总结提炼(路径、机制)→推广辐射"的工作思路,突破学校课程领导力评价难点,探索基于证据的学校课程计划的完善,启动学科单元教学指南研究,推进学校德育、美育、体育等关键领域课程体系建设,在顶层设计方面前瞻引领,在面上破解共性问题,在点上突出方略提炼,取得了显著成效。

课程领导力项目以课程实践的方式,催生一线教育者的智慧,不断凸显上海基础教育的品质与力量。在项目引领下,越来越多的区、越来越多的学校、越来越多的教师投入其中,它根植于学校,发力于教师,落实于课堂。"课程领导力"如今在上海基础教育界,已不是一般的"学术名词",而是有着特定内涵和外延的"教育动词";"课程领导力"如今在上海中小学校长、幼儿园园长心里,已不仅是行政领导的"指令",而是学校的一种文化自觉;"课程领导力"如今在上海中小学、幼儿园的教师眼里,已不是高不可攀的"学术围墙",而是乐于耕耘的"研究绿洲"。"课程领导力"正在成为学校的"软实力"、校长的"真功夫"、教师的"好本领"。

掬香满衣,聆听、互动、思考、交流不断彰显课程领导力的魅力,我们以一颗淡雅的心,不断寻找教育的诗意。2019年出版的《课程领导:学校持续发展的引擎》专著,整合了幼儿园、小学、初中、高中四个学段成果,反映了十年来,尤其是第二轮课程领导力项目以来的新认识、新做法与新作为。该书由五章构成:第一章是对学校课程领导力的基本认识,主要呈现学校课程领导力的内涵、载体与提升路径,并顺势引出学校课程领导力提升的抓手,从而推出第二章至第五章;第二章指向学校课程计划编制与基于证据的完善;第三章指向学校关键领域课程体系建设;第四章指向学科单元教学设计;第五章指向学校课程领导力评价。

本书是课程领导力项目高中段项目学校和项目组的研究成果,与《课程领导:学校持续发展的引擎》有关联,又有区别。本书结合新高考制度背景下高中课改、课程领导力项目,由四章构成:第一章是通过德育、体育、美育等关键领域课程体系建设,落实立德树人根本任务;第二章是人才培养模式探索,推进高中的多样发展;第三章是课程统整,提升学生关键能力;第四章是推进多元评价改革,促进高中学生健康成长。每章独立成章,既有政策理论阐述,又有实践探索和经验,还有典型案例。

栉风沐雨、砥砺前行,学校课程领导力提升行动是只有起点而没有终点的"教育远征"。上海一流的教育,必须有一流的课程和课程领导力相匹配。只有循着时代发展的轨迹,站在立德树人的高度,课程领导力的提升才会有生命力和持续力。高瞻远瞩对待课程领导力提升,这样的定位才有课程的地位和作为。

这也是一座万丈高楼平地起的"教育建筑"。上海一流教育的大厦,必定由课程和课程领导力作为地基来支撑,因此行动研究必须接地气,能面对挑战,破解新问题。问题导向、需求导向、目标导向,成为脚踏实地的方略,而"课程领导力"的四个"力",即"思想力""设计力""执行力""评价力",则成为真干、实干的风向标。不驰于空想,不骛于虚声,脚踏实地践行课程领导力,这样的落位才有课程的分量和成效。

轻触时光,涟漪心海。让我们齐心协力交出一份让现在和未来满意的"答卷",不断彰显"课程领导的上海高中行动"的力量与风采。

纪明泽

(上海市教育委员会教学研究室党总支书记)

目录

第一章 关键领域课程体系建设 / 1

第一节 关键领域课程体系与立德树人 / 3
一、对立德树人的再认识 / 3
二、关键领域课程的作用 / 5
三、指向立德树人的关键领域课程体系建设 / 8

第二节 德育课程体系建设 / 12
一、德育课程体系建设基础 / 12
二、德育课程体系建设实践探索 / 15
三、德育课程体系建设案例 / 18

第三节 体育课程体系建设 / 25
一、体育课程体系建设背景 / 25
二、体育课程体系建设实践探索 / 27
三、体育课程体系案例 / 31

第四节 美育课程体系建设 / 38
一、美育课程体系建设背景 / 38
二、美育课程体系建设实践探索 / 40
三、美育课程实施案例 / 44

第二章 人才培养模式探索 / 49

第一节 人才培养模式 / 51
一、国内外人才培养模式概要 / 51
二、上海高中人才培养模式的新探索 / 53

第二节　特色课程建设 / 60

一、特色课程建设意义 / 60

二、特色课程建设的实践及经验 / 65

第三节　个性化学程和走班制 / 75

一、个性化学程 / 75

二、走班制 / 83

第四节　整合利用社会资源 / 87

一、社会资源整合 / 87

二、整合社会资源的实践探索及经验 / 90

第三章　课程统整 / 97

第一节　课程统整与关键能力 / 99

一、关键能力 / 99

二、课程统整对关键能力培养的作用 / 102

三、课程统整的实践探索与经验 / 104

第二节　生涯教育 / 111

一、专题教育能为学生提供生涯体验 / 111

二、职业生涯专题教育活动的现状与趋势 / 113

三、职业生涯专题教育活动的实践探索及经验 / 115

第三节　学科单元教学设计 / 122

一、学科单元教学设计的背景与意义 / 122

二、实践创新及经验 / 124

第四节　统整社会实践活动 / 136

一、综合实践活动及意义 / 136

二、整合资源的探索及经验 / 139

第四章　多元评价改革 / 149

第一节　国内外评价改革 / 151
　　一、国内外学校评价 / 151
　　二、上海多元评价探索 / 160

第二节　课程领导力评价 / 172
　　一、课程领导力评价探索 / 172
　　二、以项目提升课程领导力实践 / 179

第三节　学校课程计划完善 / 185
　　一、学校课程计划及其完善 / 185
　　二、基于证据完善学校课程计划实践 / 188

第四节　学生综合素质评价 / 197
　　一、综合素质评价与学生成长记录册 / 197
　　二、综合素质评价实施经验 / 200

后　记 / 206

第一章

关键领域课程体系建设

高中阶段是学生身心健康发展的关键时期，为促进学生全面发展和健康成长，必须把德育、智育、体育、美育、劳育等有机地统一在教育活动的各个环节中，使诸育融合渗透、协调发展。

《上海市教育综合改革方案(2014—2020年)》将"改革目标"明确为：以遵循教育规律、回归育人本源为重点，通过深化实施教育综合改革，逐步构建形成促进学生德智体美劳五育全面发展和终身发展的育人制度体系。近年来，教育部、上海市教委相继出台了《关于推进学校艺术教育发展的若干意见》《关于强化学校体育促进学生身心健康全面发展的意见》等文件。

目前学校将德育、美育、体育贯穿于基础型课程、拓展型课程、研究型课程，然而系统化设计明显不足。为此，课程领导力项目把推进学校德育、美育、体育等关键领域课程体系建设列为学校研究的必选项目之一。这有利于实现该领域课程的整体设计、系统思考、持续完善；有利于教师整体把握该领域课程实施的背景、目标、内容与要求；有利于学生领悟所学课程的总体目标、学习要求与内容框架。

第一节　关键领域课程体系与立德树人

　　落实立德树人根本任务,体现了新时期贯彻党的教育方针的时代要求,是教育系统坚持和发展中国特色社会主义的核心所在。课程是教育思想、教育目标和教育内容的主要载体,集中体现国家意志和社会主义核心价值观,是学校教育教学活动的基本依据。立德树人是一个系统工程,课程是其重要载体,推进落实立德树人这一根本任务必须全面深化课程教学改革,着力构建合乎要求的课程体系,特别是关键领域课程体系。

一、对立德树人的再认识

(一)立德树人是教育的根本任务

　　党的十八大报告提出"把立德树人作为教育的根本任务"。党的十九大报告则进一步指出要"落实立德树人根本任务,发展素质教育,推进教育公平,培养德智体美全面发展的社会主义建设者和接班人"。

　　"立德""树人"的教育思想很早便出现在我国的各类著作记载中。比如春秋末年《左传》载有古代之三不朽,排在第一位的便是"立德";先秦时期《管子》有云"十年树木,百年树人"。"立德树人"的教育思想内核千百年前便已根植于中华民族生生不息的血脉之中,只是囿于历史和阶级局限性,不同时期人们对于"德"与"人"的认识不同。"立德树人"教育思想随着时代的发展和社会的变迁不断呈现出新的内涵。当前把"立德树人"作为教育根本任务提出来,是21世纪的中国人对"培养什么人,怎样培养人"这一教育根本问题的深刻回答,是中国共产党思想道德建设和中华人民共和国成立以来教育改革发展经验的高度凝练和系统总结,具有深厚的历史积淀和强烈的现实针对性。

　　首先,立德树人是我国"人德共生"教育传统的传承和发展。"立德树人"一词包含了"人"和"德"两个主体,是立德和树人的辩证统一。立德树人既强调教育的人本立场,即立德是树人的前提,树人是立德的归宿,立德最终是为了树人;同时又重视教育的文化意义,即通过树人传承人类文化遗产,树人是立德的途径,立德是树人的追求。①

　　第二,"立什么德""树什么人"都根植于当代中国社会的现实土壤。新时代立德树人,所立之德是集中国梦、社会主义核心价值观、中国精神等核心德性观念为一体的"大德""公德""私德"②,其以为人民服务为核心,以集体主义为准则,是以社会主义公有制为基础的经济关系和社会关系的反映,是为维护广大人民群众的根本利益服务的。习近平总书记在十九大报告中提出了"培养担当民族复兴大任的时代新人"人才培养总目标,回答了党在新时期全面领导教育工作要"树什么人"的根本问题。"担当民族复兴大任的时代新人"必然是"明大

---

① 韩丽颖.立德树人:生成逻辑·精神实质·实践进路[J].东北师大学报(哲学社会科学版),2016(6):201-208.
② 钟启东.新时代立德树人的本质追求[J].教育探索,2019(1):93.

德、守公德、严私德"之人,必然是有本领、有担当,能为实现中华民族伟大复兴贡献力量之人,是社会主义事业的建设者和接班人。

(二)立德树人强调人的全面发展

"人的全面发展"是马克思主义的基本原理之一,也是我国教育方针的理论基石。自中华人民共和国成立以来,虽然党和国家的教育方针经历了许多变化,但从1957年毛泽东同志指出"学校的教育方针,应该使受教育者在德育、智育、体育几方面都得到发展"到2007年党的十七大报告提出"坚持育人为本、德育为先,实施素质教育,提高教育现代化水平,培养德智体美全面发展的社会主义建设者和接班人"——"培养全面发展的人"始终是党和国家教育方针和政策的出发点和落脚点。2012年,党的十八大报告首次提出"把立德树人作为教育的根本任务"是中国特色社会主义教育事业对马克思主义关于"人的全面发展"理论的丰富和践行。

"人的全面发展"首先是指人的完整发展,即人的各种最基本或最基础的素质必须得到完整的发展。学校通常所说的"人的全面发展",是把人的基本素质分解为诸多要素,即培养受教育者在德、智、体、美等方面获得完整发展。1951年,第一次全国中等教育会议首次提出"智育、德育、体育、美育各方面获得全面发展"的教育方针。1995年,《中华人民共和国教育法》颁布,其中"培养德、智、体、美等方面全面发展的社会主义建设者和接班人"成为国家意志和教育工作的基本准则。德、智、体、美四育都具有特定的内涵和任务,在人的发展的不同时期和阶段可以有发展程度上的差异,或者有发展顺序的差异,但不可偏废。

同时,"人的全面发展"要求的是人的素质的全方面发展,而非各类学科知识的全面掌握。2014年,教育部启动了一项落实立德树人根本任务的重要举措,组织研究各学段学生发展核心素养体系,明确学生应具备的适应终身发展和社会发展需要的必备品格和关键能力,即"中国学生发展核心素养"研究。2016年这一研究成果发布,主要内容为:中国学生发展核心素养以培养"全面发展的人"为核心,分为文化基础、自主发展、社会参与3个方面,综合表现为人文底蕴、科学精神、学会学习、健康生活、责任担当、实践创新等6大素养,具体细化为国家认同等18个基本要点(见图1-1)。这一研究成果从中观层面深入回答了"立什么德、树什么人"的根本问题。

图1-1 中国学生发展核心素养

(三)立德树人是一项系统工程

雅斯贝尔斯(Jaspers)在《什么是教育》一书中提出忠告:"教育是人的灵魂的教育,而非理智知识和认知的堆积。"我国课程改革在很长一段时间内,过于强调基础知识和基本技能的学习,把学生当成了承载学科知识的容器,学校教育一定程度上扭曲为摧残学生完整人格的机器,"课程异化为限制学生精神发展的力量""个体的知识学习与精神建构产生了质的断裂,学生不再是一个完整的统一体"。[①] 这些状况都是与立德树人的根本任务背道而驰的。课程教学面临着迫切需要改革的局面。

2001年,以《基础教育课程改革纲要(试行)》的颁布为标志的国家第八次课程改革决心彻底扭转应试教育的局面,以培养学生健全的个性和完整的人格为己任,努力构建促进每一个学生健全发展的课程体系。十多年过去了,学校在课程理念、课程政策、课程整体设计、课程实施及课程管理等方面都呈现出质的飞跃。然而,教育改革是一项复杂而艰巨的工程,宏观领域的课程总体设计已然高高举起"为了每位学生的发展"的课改旗帜,但是中微观领域的课程改革仍路长道阻。当前中小学课程改革从总体上看,整体规划、协同推进不够,离立德树人的要求还存在一定差距。

2014年,教育部《关于全面深化课程改革落实立德树人根本任务的意见》中指出当前中小学课程改革的问题主要表现在:重智轻德,单纯追求分数和升学率,学生的社会责任感、创新精神和实践能力较为薄弱;与课程改革相适应的考试招生、评价制度不配套,制约着教学改革的全面推进;教师育人意识和能力有待加强,课程资源开发利用不足,支撑保障课程改革的机制不健全……上述这些问题涉及基础教育的学段规划、学科教学、学习评价、考试招生、教师队伍建设、资源开发、机制建设等各个方面,体现出学段之间、学科之间、学习环节之间、学习资源之间缺乏整体统筹与协调,集中反映出系统论的世界观和方法论在教育教学改革中微观层面的缺位。

系统论的基本思想方法要求把所研究和处理的对象当作一个系统,分析系统的结构和功能,研究系统、要素、环境三者的相互关系和变动的规律性,有意识、有目的地使系统内各要素实现最佳构建和配置,以求形成结构最优化和功能最优化的系统整体。立德树人是一项复杂的系统工程。首先必须认识到人的发展的全面性要求,其涉及人的发展的不同阶段的不同需求、人的多元智能发展的不同特点等;认识到教育具有综合性和复杂性的特点,其包括德育、智育、体育、美育、劳育等诸多领域,涉及课标、教材、教学、评价、考试等各个环节,牵涉到政府、学校、社会、家庭等诸多主体。课程改革必须运用系统论的思想方法对上述诸多方面、领域、环节、主体以及相关资源进行通盘考虑和整体规划,根据人的全面发展规律和教育规律,以合理的结构和过程构成一个指向同一育人功能的有机整体。

因此,要推进立德树人根本任务的落实,必须把"立德树人"当成一个系统工程,根据新时代的育人要求,着眼人的全面发展,系统调配各类资源,最大限度地挖掘和释放课程的育人价值。

二、关键领域课程的作用

课程体系是在一定的教育价值理念指导下,将课程的各个构成要素加以排列组合,使各个课程要素在动态过程中统一指向系统目标。课程体系是实现育人目标的载体,课程体系建设关注课程的整体性、结构性、动态性和独特性,是保障和提高学校教育质量的关键。课

---

① 钟启泉.课程的逻辑[M].上海:华东师范大学出版社,2008:4.

程领导力项目把德育、体育、美育等列为学校课程体系建设的关键领域。

（一）有助于学生的"完整"发展

从本质上说，人是一个身体、情感与精神和谐发展的有机整体，学校教育着眼于培养全面发展的人，必须通过课程建设关注每一位学生作为"完整的人"的发展。"完整的人"的发展首先意味着智力与人格的协调发展，要求课程必须统整学生的知识学习与精神建构；"完整的人"的发展还意味着个体、自然与社会的和谐发展，要求课程建设必须关注学生与自我的关系（如"具有强壮的体魄和良好的心理素质，养成健康的审美情趣和生活方式"）、学生与他人和社会的关系（如"具有社会责任感、努力为人民服务"）、学生与自然的关系（如"具有初步的创新精神、实践能力、科学和人文素养以及环境意识"）等。① 从上述课程目标的表述中能看出学校德育、体育、美育在人的完整发展中不可或缺的地位。

当前学校课程建设中较为突出的问题是诸育不协调，"重智育、轻其他"。比如学校德育不少是以碎片化活动的形式而零散存在的，缺少系统化设计；不少学校把美育、体育等当作副科对待，基础型课程开设不全、基本课时得不到保证、相关师资配备不齐。德育、体育、美育等关键领域课程体系建设的相对滞后，使得德育、美育、体育等独特的育人价值无法凸显，学生德智体美劳全面发展的需要得不到满足。

学校注重关键领域课程体系建设，根据本校实际和学生发展的现实需要，将德育、体育、美育等相关课程及课程的各要素进行合理调试，使其在动态过程中形成一个有机的统一体。关键领域课程体系建设促使学校从整体到局部逐步地回答课程目标、课程内容、课程设施和课程评价等问题，使现有零散的课程依次递进、衔接有序地指向同一目标，促使各方面的力量集中，综合提升各类课程资源的使用效益，提高关键领域的教育质效，凸显德育、体育、美育等领域独特的育人价值，弥补学校课程育人短板，促进学科课程整体推进学生各方面素质的协同发展，有助于学生作为"完整的人"的发展。

（二）有助于学生的"个性"发展

个性是人类社会存在和发展的前提，每个人都具有发展自己潜力的能力和动力，个性发展是人的自由而全面发展的内在需要。同时，每个人生而不同，人的禀赋、爱好、性格和成长的环境条件是不同的，社会对人的需求也是多样的，个性发展是人的成长所面临的现实条件的客观需要。学生的个性差异和个性发展需求是学校课程建设的重要依据。学生的个性差异主要表现在知识技能水平差异、理想志向差异、兴趣爱好差异等方面。学生的个性发展需求要求学校课程必须是基于学生差异化情况的设计，具备多样化和可供选择的特点。

《上海课程改革25年（1988—2013）》一书回顾：过去很长一个时期，我国的教育结构、课程模式过分单一，强调共性，忽视了人的差异性和多样性，忽视了社会对人才实际需求的多样性，从而忽视学生个性才能的发展。如果要求面面俱到，把"全面发展"理解为"全优"，那就会埋没甚至扼杀人才。因此，上海中小学课程改革方案提出的培养目标，一方面强调"全面发展"的基本素质，另一方面提出"发展个性"，让学生学有所爱，学有所长，各得其所，

---

① 钟启泉.课程的逻辑[M].上海：华东师范大学出版社,2008:6.

使才华横溢的杰出人才不断涌现出来。[①]

关键领域课程体系是学校依据其自身的特色、需要及条件，结合教师专长、学生需求、社区环境、家长资源等来整体设计的产物，其课程目标、课程内容、课程结构、课程实施、课程评价及保障等要素的设计都与该校的具体事物密切相关，尤其是与该校学生的具体实际密切相关。关键领域课程体系各门课程的编排充分考虑学生的已有知识经验和认知水平特点，紧密结合学生的兴趣、爱好、专长等，许多课程内容及课程资源直接来源于学生的生活。各校关键领域课程体系正朝着门类科目齐全、内容多元、形式多样，跨越校内校外、课内课外、必修选修，课程学习与生活经历深度融合的全方位育人局面转变；学校德育、体育、美育呈现出百花齐放、繁而有序的状态，为学生全面而有个性的发展提供更多的教育选择。

（三）有助于学生的"健康"发展

中学生正处于成长过程中，这一特点要求学校在追求学生全面发展和个性发展的同时，还应特别注重学生的"健康"发展。强调学生的"健康"发展，体现教育的导向性，即通过教育的作用，使得学生全面而有个性的发展行进在健康的轨道上。这里所指的"健康"主要包含两个方面的内涵：一是方向性，即课程的价值导向与社会主义核心价值观保持方向一致，有助于引导学生的个性发展为社会主义事业服务，为人民服务；二是协调性，即课程的实施有助于学生身心协调发展，有助于学生的全面发展与个性发展的均衡。

一方面，关键领域课程体系建设以党和国家教育方针、文件及相关教育标准为政策依据，是党和国家教育方针在课程领域里的具体化和过程化，其为学生发展服务，为培养社会主义事业的建设者和接班人服务，与课程教学改革的其他工作一起共同推进立德树人根本任务的落实。关键领域课程体系建设有助于学生的全面发展和个性发展行进在社会主义教育事业的正轨上。

另一方面，关键领域课程体系是从学生的认知基础和身心成长特点出发，按照知识内容由简到繁，能力培养从单一到综合，情感体验由浅入深的规律建立起来的。关键领域课程体系中的各门课程之间不是彼此孤立的偶然堆积，而是一个合乎规律的、基于目标实现的有机整体。关键领域课程体系的整体性和结构性特点使得课程体系的各科目、各要素、各环节、各组织之间相互关联和运作过程合乎教育规律和人的成长规律，在课程供给方面提供学生健康发展的基本条件。

（四）有助于学生的"终身"发展

"终身"指一生、一辈子。服务于学生"终身"发展的教育是着眼于学生的长远发展和持续发展的。一个人的长远发展和终身发展离不开基础知识、关键能力、良好品格、健康身心等多方面的素养。高中生正处于知识积累、能力养成、价值观塑造和身心发育的关键期，高中教育要为学生的长远发展和持续发展服务，引导学生经历可持续的学习过程，获得终身受益的知识、能力、情感和身心发展。《关于深化教育体制机制改革的意见》明确指出要注重培养学生的认知能力、合作能力、创新能力、职业能力等以支撑其终身发展。课程教学对学生关键能力的培养是一个宏大的课题，本书第三章的部分内容对此进行了详尽阐述。

[①] 孙元清,徐淀芳,张福生,赵才欣.上海课程改革25年(1988—2013)[M].上海：上海教育出版社,2016.

同时,一个人高质量的终身发展离不开良好的道德品质、健康的身体心理素质以及一定的审美意识和能力。关键领域课程引领学生在德育、体育、美育等方面的学习和成长,都是对学生的长远发展和持续发展大有裨益甚至是不可或缺的:人无德不立,"一个人只有明大德,守公德,严私德,其才方能用得其所"[①];身体心理素质是一个人存在和发展的物质前提,是其健康成长和幸福生活的基本条件之一;美育不仅能提升人的审美素养,还能潜移默化地影响人的情感、趣味、气质、胸襟,激励人的精神,温润人的心灵。因此,关键领域课程体系建设对于学生的终身发展有着不可替代的重要意义。

三、指向立德树人的关键领域课程体系建设

自2015年4月上海市启动第二轮课程领导力项目,把推进学校德育、体育、美育等关键领域课程体系建设列为学校研究必选项目以来,共有上海市宜川中学(以下简称"宜川中学")、上海市大同中学(以下简称"大同中学")、上海戏剧学院附属高级中学(以下简称"上戏附中")、上海市奉贤中学(以下简称"奉贤中学")、上海市嘉定区第二中学(以下简称"嘉定二中")、上海市亭林中学(以下简称"亭林中学")、上海外国语大学附属大境中学(以下简称"大境中学")、上海市吴淞中学(以下简称"吴淞中学")、上海市莘庄中学(以下简称"莘庄中学")、上海市曹杨第二中学(以下简称"曹杨二中")等10所学校开展了关键领域课程体系建设的实践与研究。在项目的引领下,各校在关键领域课程体系建设中呈现出一些共同经验。

(一)课程基础的全面分析

学校课程建设的基础包括学校的办学思想和育人目标、原有课程基础、师资和生源状况、学校的设施设备、学校所处地区的社会环境、学校发展愿景等。关键领域课程体系建设首先必须对学校课程建设的基础进行客观全面的分析。

1. 对育人目标与学生需求的一致性分析

课程体系目标的确定需要通过自上而下和自下而上相结合的方式,把学校育人目标和学生的成长需求统一起来。在这个过程中,既要通过专家学者及学校领导者对办学理念和育人目标的理论架构进行顶层设计,又要深入了解学生的发展需求,对学校师生关于课程现状的满意度进行调查,全面掌握师生对学校发展和课程建设的理解与期望,进而修正补充相关内容,使得学校育人目标与学生发展需求有效对接。比如大境中学通过问卷调查,发现学生对自己的未来设计处于模糊和自发状态,很多学生缺乏生涯规划的意识、方法和能力,自我目标缺失,学习动力不足。针对学生的这一思想状况,大境中学找准教育的切入点,开发和构建了以帮助学生更好地认识自己、规划人生目标的"生涯剧本"链式课程。

2. 对课程内容与资源条件的动态性分析

课程体系内容的构建既立足学校实际、围绕既定目标展开,又要根据相关条件和资源的变动进行更新和调整。课程资源的发掘和开发是一个动态的过程,课程体系内容的建设过程呈现出不断互动、反馈、调试、修正、丰富的相对稳定又动态开放的状态。比如宜川中学传承学校戏剧传统,做大做强优势项目,深挖戏剧审美价值,借助戏剧等美育资源优势把艺术教育和美育打造成学校的特色课程;又如奉贤中学依据学校所处地域的特色构建"'奉文育

---

① 引自2014年5月习近平总书记与北京大学师生座谈时的讲话。

贤'德育课程",包括"明贤、立贤、践贤"三类子课程群,随着贤文化研究的不断深入,学校特色德育课程资源日益丰富,贤文化特色更加鲜明。

(二)关键领域课程的系统设计

1. 基于办学思想的课程体系建设

学校课程体系是凸显学校特色的重要载体。关键领域课程是学校根据育人目标,针对本校课程建设现状所选择的重点建设和研究的课程。关键领域课程体系建设必须针对本校的特有情况,展现独特的办学思想。比如亭林中学基于"理解生命,享受体育,追求卓越"的办学理念,在传承学校办学历史的基础上,构建了体育特色课程体系;又如控江中学坚持"玩学合一"的课程哲学,通过"活动体系化,让'玩'更有内涵"和"课程精细化,让'学'更显特色",寻找"玩"与"学"的平衡点,以培养学生综合素养,实现全面而富有个性的成长。

2. 基于课程要素的课程体系建设

学校关键领域课程体系建设围绕课程建设的基本要素展开。关键领域课程体系建设的基本要素主要有:① 体系建设背景,包括体系建设基础分析、体系建设依据、体系建设意义;② 课程体系要素,包括课程目标体系(目标确立＋目标分解)、课程结构体系(横向组织＋纵向组织)、课程实施体系(教师教学设计＋学生活动设计＋课程管理设计)、课程评价体系(学生学业评价＋教师教学评价＋课程质量评价)、课程资源体系(校内资源＋校外资源;环境资源＋人力资源);③ 体系要素结构与一致,包括课程体系整体的关联与一致、课程体系要素之间的关联与一致、课程体系要素内部的关联与一致;④ 体系建设过程与方法(问题解决＋基于证据＋提炼规范＋形成制度)。

(三)课程建设的机制创新

1. 建立课程体系的开发与运作机制

体系初建之前,首先要"摸清家底",从目标、内容、资源等角度对该领域教育教学的整体情况进行调查、梳理和分析。

体系建设之中,可以采用"抓两头(课程目标、课程评价),促中间(课程结构与内容、课程实施)"策略。体系建设的关键是体系目标的确定与分解,结合培养目标、学段特点、领域特点确立领域培养目标,探索从课程体系目标到年级目标,再到科目(活动)目标逐级分解的路径与方法,提高目标的表现性描述。

体系初建之后,建议采用问题解决模式进行持续改进。基本环节为:提出问题(多元收集,寻求证据,梳理要害问题)—实践研究(多元交互,自省自悟)—提炼规范(指标、量表、属性、方法、工具、问题链)—推广运用(验证实效,着力改进)—形成制度(课程制度提供保障)。

2. 建立课程实施的管理与保障机制

一是关键领域课程建设的学校管理改革。学校相继出台关键领域课程体系建设的计划与方案,安排好新增或变动的人员岗位及经费列支等。各校均成立了专门的关键领域课程体系建设领导小组和评估团队,通过量化的课程管理与评价细则,引领、规范课程的开发与建设。学校高度重视学生学习成果的展示活动,多层次、多角度对学生参与课堂学习的成果进行激励。班主任和其他教师也为学生合理的、有个性的关键领域学习计划的制订和实施提供指导和帮助。

二是关键领域课程建设的师资保证。教师专业发展受到内部动力和外部条件两个方面的影响。一方面,学校基本形成了关键领域课程教师交流培训的保障机制,有组织、有计划、有步骤地对教师进行相关知识和能力培训;另一方面,学校积极引导和激励教师的自我学习和提升,做学习型和研究型的教师。例如大同中学在德育课程师资队伍建设中,以资深班主任、德育先进工作者为工作室主持人,成立四大班主任工作室;工作室通过丰富多样的形式和内容,如召开德育主题沙龙、德育专题交流研讨会,重点就班主任队伍建设、学生心理健康教育、家长学校建设、资优生品德养成等进行交流研讨,提升教师德育能力。

三是关键领域课程建设的资源开发。关键领域课程资源开发主要包含四个部分:一是充分挖掘教材资源,包括国家教材;二是有效利用教师资源,充分发挥教师个人在学科专长、兴趣特长等方面的优势作用;三是合理开发学生资源,包括学生普遍的生活经历和部分学生的特殊经历和特长;四是系统构建学校资源,从学校景观设计、硬件设施、校风校纪、人际关系等各方面创设有利于关键领域课程学习的条件;五是大力拓展社会资源(本书第二章的相关内容对此有详尽阐述)。

案例 曹杨二中关键领域课程体系建设助学生成长、成人、成才①

曹杨二中历来重视社会实践活动的组织与实施。连续20多年来,根据社会发展需求,遵循学生身心发展规律,不断创新学校德育实践,把国家规定和校本开发的所有社会实践活动统整为一个"多维有序"的课程体系。2014年,曹杨二中"多维有序"社会实践活动课程建设研究成果被评为首届全国基础教育教学成果上海市特等奖和国家二等奖;同年9月,上海市教委发文在曹杨二中成立"上海市中小学社会实践活动课程研究所",承担社会实践活动课程体系建设和平台搭建的相关工作,为上海市中小学社会实践活动课程的发展和质量提升提供决策咨询。曹杨二中社会实践活动课程研究框架如图1-2所示。

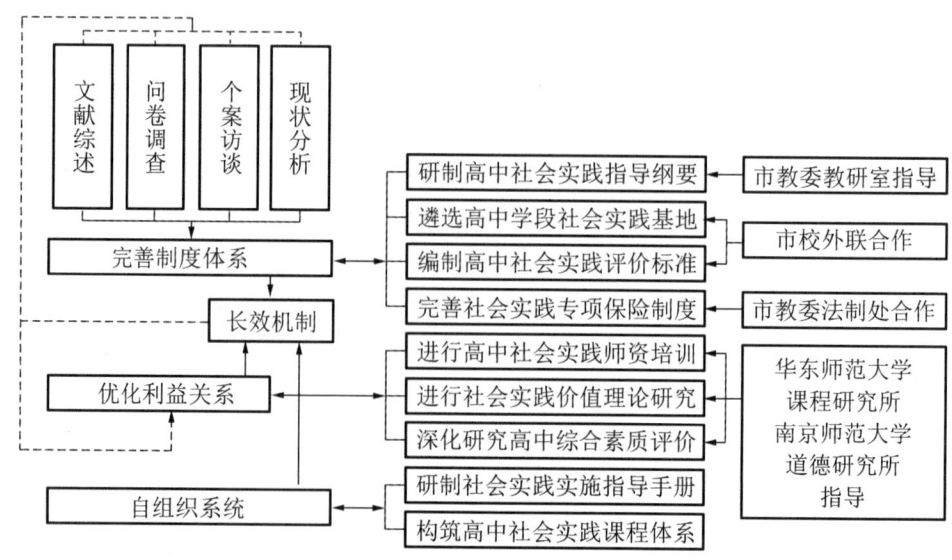

图1-2 曹杨二中社会实践活动课程研究框架

① 本案例由曹杨二中提供。

研究的主要成果有以下三项。

（1）将多个社会实践活动"主题个案"构建成一个有序体系,促进学生道德认知水平的不断提升和正确的价值观的初步形成,助学生成长。

（2）将所有社会实践活动有机统整为"功能多维"的"道德生活体验场",促进学生"知、情、意、行"的有机统一,助学生成人。

（3）着眼培养学生"感知社会、观察社会、研究社会和提升自我"等社会参与意识,促进学生关键能力和思维品质的持续优化,助学生成才。

各校以项目推进引领学校课程体系建设,在长期大量的课程体系建设实践与研究中积累了不少个性化的经验。本章第二节、第三节、第四节将详细阐述德育、体育、美育等关键领域课程体系建设方面的理论及实践研究的成果。

第二节 德育课程体系建设

2018年,全国教育工作会议指出了当前德育工作改进的方向,即德育要朝着体系化努力。学校要从德育工作的现状和存在的问题出发,深刻认识德育课程体系建设的必要性和重要性,在德育实践中探寻有效经验和做法,切实把完善德育课程体系建设作为深化课程改革的重要抓手,为学生的德行健康发展提供思想政治保证和道德能力支撑。

一、德育课程体系建设基础

德育课程作为落实立德树人教育根本任务的重要载体,一直受到党和国家的高度重视。在半个多世纪的德育课程改革与探索中,我国德育课程经历了课程观从唯智论走向生活论,课程功能从工具化存在走向凸显人的价值,课程形态从分科课程走向综合课程,课程实施从无序封闭走向有序开放的发展过程,总体上呈现出专业化程度不断提高,科学性、主动性不断增强的发展趋势。[①]

(一)德育课程体系建设依据

1. 政策要求

《国家中长期教育改革和发展规划纲要(2010—2020年)》指出要"构建大中小学有效衔接的德育体系",强调把德育落实于教育教学的各个环节,贯穿于学校教育、家庭教育和社会教育的各个方面。2014年,教育部印发的《关于全面深化课程改革落实立德树人根本任务的意见》指出:坚持系统设计,整体规划育人各个环节的改革,整合利用各种资源,统筹协调各方力量,实现全科育人、全程育人、全员育人。2017年,《中小学德育工作指南》提出了"课程育人""文化育人""活动育人""实践育人""管理育人""协同育人"的实施路径和要求。

同时,国家及地方出台的多个政策文件均对学校德育工作的内容提出了具体要求。综合《国家中长期教育改革和发展规划纲要(2010—2020年)》《关于全面深化课程改革落实立德树人根本任务的意见》,中共中央办公厅、国务院办公厅印发《关于深化教育体制机制改革的意见》,教育部印发《中小学德育工作指南》,中共中央办公厅、国务院办公厅印发《加快推进教育现代化实施方案(2018—2022年)》,上海市制订《上海市普通中小学课程方案》等多个政策文件,可以概括出学校德育的核心内容主要有以下八大方面:马克思主义中国化最新成果教育、理想信念和道德教育、民族精神和时代精神教育、社会主义核心价值观教育、公民意识教育、中华民族优秀传统文化和革命传统教育、生态文明教育和心理健康教育等。

---

① 班建武.从被动适应走向主动超越——改革开放40年来我国德育课程改革与发展的基本脉络[J].中国德育,2018(20):24-29.

2. 标准要求

《普通高中思想政治课程标准(2017年版)》对中学德育的主渠道思想政治课程的性质与基本理念、学科核心素养与课程目标、课程结构、课程内容、课程评价及实施建议等做了明确规定和要求。上海市教委印发的《上海市中小学2018学年度课程计划及其说明的通知》对德育基础型课程的课时及学分有详细规定:高中阶段(十至十二年级)基础型课程开设思想政治课,高一每周2节课,高二每周3节课,高三每周1节课,思想政治基础型课程高三年级第一学期安排社会调查专题课程,高三年级第二学期安排重大时事政治专题教育。在保障34课时总量的基础上,学校可根据实际情况安排每周课时;规定高中阶段思想政治课必修学分12分,选修学分6分;拓展型课程开设专题教育和班团活动,保证十年级有34—68课时,十一年级有34—68课时,十二年级有30—60课时,社区服务及社会实践每学年2周;在主题教育方面,为了重点加强以爱国主义为核心的民族精神教育和以热爱生命为核心的生命教育,上海市教委专门编制颁发了《上海市学生民族精神教育指导纲要(试行)》和《上海市中小学生生命教育指导纲要》(以下简称"两纲"),并制定了实施指导意见,制作了贯彻"两纲"的录像示范课。在评价方面,《上海市普通高中学生综合素质评价实施办法》明确在考察学生的综合素质时,重点关注品德发展与公民素养、身心健康与艺术素养等;四个方面的综合素质评价内容中,第一个便是品德发展与公民素养。

3. 学生发展要求

随着中国特色社会主义进入新时代,社会发生复杂而深刻的变化,国际、国内意识形态领域的矛盾和斗争更加复杂,尤其是国际敌对势力加紧对我国青少年一代进行思想文化渗透,个人主义、拜金主义、享乐主义等消极腐朽思想给青少年学生带来了不良影响[1],青年学生的思想道德建设和思想政治素质提升成为意识形态工作的重要内容。同时,随着新时代而来的科技革命尤其是信息技术革命使得学生的品德形成呈现出新的特点和趋势,学生接收信息的渠道多元,思想更为独立和开放,道德判断与价值选择能力面临更多磨砺和考验,这些都是新时期学校德育课程体系建设所要考虑的现实情况。新时代孕育着机遇也暗含着挑战,学校德育课程体系建设要牢牢把握学生的发展需求这一现实起点,从中汲取并放大有利因素,开发创造条件转化不利因素,才能建立并完善适应学生成长需要、符合新时代发展要求的德育课程体系。

(二)德育课程体系建设现状

1. 学校德育课程系统化建设不断深入

从课程体系的中观视角看,当前的上海市高中学校德育课程已经基本建立了由思想政治课程、班团活动、社会实践活动和各学科课程组成的"三线一面"德育体系。学校结合本校实际不断深化德育课程建设,具体体现在以下四个方面:一是极力克服师资、课时、资源等现实困难,保证德育课程科目齐全;二是尽量扩大班团活动及社会实践活动的覆盖面,并推进德育活动的常规化;三是逐步强化思想政治课程、班团活动、社会实践、学科育德等各个方面之间的有效关联和贯通;四是进一步扭转德育活动"重活动、轻课程"的现象,在现有德育活动主题广、形式多、频次高的基础上,寻求德育活动的系统化整合。各校德育课程体系建

---

[1] 冯建军.改革开放40年中国德育事业的发展历程[J].中国德育,2018(20):14.

设进入深化发展阶段。

2. 学校德育课程目标体系进一步合理化

首先是高中德育目标在整个德育目标体系中的位置更加清晰。《教育部关于整体规划大中小学德育体系的意见》关于中学阶段德育目标的规定是：教育帮助中学生初步形成为建设中国特色社会主义而努力学习的理想，树立民族自尊心、自信心、自豪感；逐步形成公民意识、法律意识、科学意识以及诚实正直、积极进取、自立自强、坚毅勇敢等心理品质，养成良好的社会公德和遵纪守法的行为习惯。《中小学德育工作指南》对高中学段的德育目标规定是：教育和引导学生热爱中国共产党、热爱祖国、热爱人民，拥护中国特色社会主义道路，弘扬民族精神，增强民族自尊心、自信心和自豪感，增强公民意识、社会责任感和民主法治观念，学习运用马克思主义基本观点和方法观察问题、分析问题和解决问题，学会正确选择人生发展道路的相关知识，具备自主、自立、自强的态度和能力，初步形成正确的世界观、人生观和价值观。以上已成为当前高中学校德育目标的共性部分，绝大部分高中学校的德育课程体系目标都符合与该阶段学生的身心特点、思想实际和理解接受能力相适应的要求。

同时，过去曾普遍存在的大而空的学校德育目标已不多见，越来越多的学校在制定德育课程目标时，既依据国家相关政策文件的规定，包含共性目标，又结合本校所处地区德育工作的实际情况，针对本校校情及学生德行成长现状，体现学校个性；学校德育课程目标更多地展现出对德育课程体系的建设及课程实施过程的指引性和统摄性。

3. 德育课程实施更加注重实践过程和生活体验

生活德育论强调德育课程的实施需要注重学生的生活体验和亲身实践。当前学校德育工作正逐渐扭转传统做法中的不足之处，呈现出新的样貌。传统德育课程实施中的问题主要表现在三个方面：一是过于强调知识性的概念、原理和命题，从学科化的视角来构建课程实施，使得学生在德育学习上也采取记忆、背诵以及概念辨析等适用于其他知识性学科的学习方式[①]；二是一些德育活动"重形式、轻实效"，活动开展轰轰烈烈，标语口号满天飞，但是活动成效甚微，活动过程或活动结束之后学生受到的触动几乎没有，在相应方面的思想和言行的改变很少；三是德育课堂教学策略有待改进，不少德育课堂剥夺学生表达真实想法的机会，束缚学生的独立思考和自主判断，增加了其对于德育课程的反感，进而导致社会上对于德育课程和德育实践活动的曲解。当前，生活德育论已得到普遍认同，课程实施者在德育活动实施的实践性和生活化方面基本形成共识。

4. 学校德育评价机制在不断完善

学校德育评价逐渐改变以结果性评价为主的评价方式，开始更多关注学生在德育活动中的综合表现和道德素养的变化过程，注重过程性评价与终结性评价有机结合，实行即时评价、延时评价、档案袋评价等多种方式。从评价主体上，逐渐从单一走向多元，如《学生成长手册》等文本设计已经有多元主体评价的考虑，但是这些文本设计没有得到相应的重视和有效利用，在实际使用过程中，各校各班的具体操作方法不同，使得包含正确评价思想的评价工具没有充分发挥出预期的效果；但总体而言越来越多的学校开始重视学生之间的相互评

[①] 班建武.从被动适应走向主动超越——改革开放40年来我国德育课程改革与发展的基本脉络[J].中国德育，2018(20)：25.

价以及来自家庭和社会的评价。在评价内容方面,不再侧重于对道德知识的考核,而是逐渐开始把对学生道德情感、道德意志和道德行为的评价纳入评价内容中,更加关注学生的学习动机、行为习惯、意志品质、日常表现等。

二、德育课程体系建设实践探索

上海德育工作从实施"两纲"到推进"学科德育",再到开展"整体规划大中小学德育课程"项目,一步一个脚印地扎实推进,形成了一批理论、实践和制度成果,为学校进一步探索德育课程体系的研究和实践奠定了良好的基础。尤其是自课程领导力项目实施以来,各校在项目引领下,遵循教育规律及课程建设规律,不断探索德育课程体系建设的新思路和新做法,学生从外在于德育课程的被动学习者转变成德育课程的主动建构者的基本态势已经初步形成,学校德育课程建设呈现出"千树万树梨花开"的蓬勃状态。

(一)德育课程目标全方位

1. 学校德育课程目标与学校育人目标和办学理念紧密结合

各校的育人目标都体现了国家教育方针和政策对人才培养的总体要求;与此同时,不同的学校因其发展基础、文化底蕴和发展愿景的差异,其育人目标的具体内容、育人方式与其彰显的特色是各不相同的,学校德育目标包含独具该校特色的个性基因。例如,大同中学从使学生具备适应 21 世纪全球化生存与建设美丽中国的优异素养角度出发,提出了培养全面发展的"大同人"这一核心育人目标;奉贤中学为了引导学生"明贤、立贤、践贤",结合学校德育传统和地缘文化特色,提出了"奉文育贤"激发学生发展潜能的德育目标。

2. 学校德育课程目标与学生德行成长的需要紧密结合

青少年学生正处于身心发展的关键期,必须打牢品德根基,才能为后续的成长和发展提供源源不断的正向能量。学校德育课程目标紧紧围绕青少年学生的品德发展和德行成长的需要,结合学校的德育活动内容制定具有指引性和统摄性的课程目标。例如,松江二中为了更好地对接高中生综合素质评价,满足学生多元选择和发展的需求,调整学校课程建设目标,践行"树人、固本、尚思、励行"的课程追求,重点建设为学生创新素养培育提供更加广阔时空的学校课程,促进学生核心素养的发展;大同中学根据学生品德和能力发展的需要设定了"学会做人、学会学习、学会生活、学有特长"的德育课程总目标,并提出大同学子具备五项必备品格和八大关键能力等。

3. 学校德育课程目标与学程和学生发展的阶段性紧密结合

学生将来走向社会所必备的品德和素养是在长期的持续的德育教育中得以逐渐养成的,学校德育目标根据学生身心发展的不同阶段呈现出过程性和阶段性特征。例如,大同中学对德育课程总目标进行分解并制定了分年级目标。具体内容见表 1-1。

表 1-1 大同中学分阶段德育目标

年级	分阶段德育目标
高一年级	培育学生做规则的学习者和遵守者。启蒙学生生涯发展的意识,引导学生认知大同文化、热爱大同文化,尽快树立"做一个合格的大同学子"的意识,重点培养学生"对自己负责、对家庭负责、对集体负责"的情怀

(续表)

年级	分阶段德育目标
高二年级	培育学生做规则的运用者和管理者。指导学生制定生涯发展路线图,并以大同历代贤达英才为榜样,进一步理解大同文化,体认大同精神,重点培养学生"对他人负责、对公众负责、对社会负责"的情怀
高三年级	培育学生做规则的示范者和制订者。引导学生明确生涯发展路径,树成才报国理想,加强理想信念和责任使命教育,重点培养学生"对国家负责、对人类负责、对自然负责"的情怀

(二) 德育课程内容全覆盖

上海"一期课改"时期,已经基本建立了由思想政治课程、班团活动、社会实践活动和各学科课程组成的"三线一面"德育体系。其中,"三线"指显性德育渠道有三个,一是理论教育(小初高的政治学科),二是班级少先队共青团活动每周1课时,三是社会实践活动每学期2—3周;"一面"是各学科各活动都要全方位地贯穿和渗透德育,以显性或隐性的形式在德育工作中发挥积极作用。

在这一德育课程体系构架下,上海德育工作做到了各个学科、学科教师及所有学生的全面参与。主要表现在:① 基础型课程有效贯通德育,除了作为德育显性课程的思想政治课程之外,其他学科课程大都以某一德育内容为突破口(比如从民族精神教育和生命教育为突破),确立学科育人价值,使各学科建立起德育维度的横向联系,保证各门学科在协同育人的道路上同向同行;② 拓展型课程系统呈现学校德育特色,围绕学校德育目标构建凸显校本特色的德育课程群,各校在拓展型课程的开发过程中充分挖掘和发挥教师潜力,做到全员参与、人尽其才;③ 研究型课程综合学科学习与社会实践,引领学生在主题研究中强化德育内涵,凸显德育实效;上海市高中学校已基本实现每位学生都参与研究,每位学生都有课题。

比如大同中学围绕培养全面发展的"大同人"这一德育核心目标,形成了着力培育学生五大必备品格、八大关键能力的四大系列十二个模块的大同德育课程群(见图1-3),覆盖基

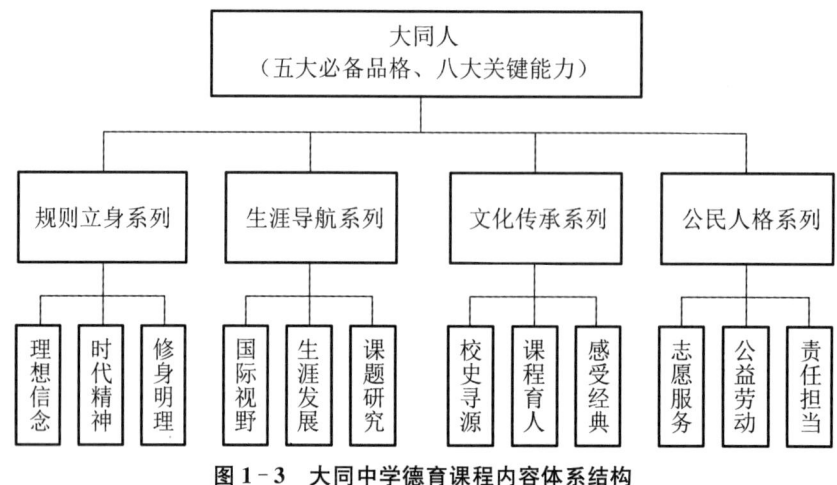

图1-3 大同中学德育课程内容体系结构

础型、拓展型和研究型课程的所有学科及全部师生。

又如奉贤中学围绕培育具有"民族担当、领袖品质、自主发展"的研究型人才的总目标，构建了"'奉文育贤'德育课程群"（见表1-2），涉及学校几乎所有学科的任课教师，课程面向学校的全体学生，做到了德育的全科参与和全员参与。

表1-2 "奉文育贤"德育课程（动力潜能课程群）

课程群	课程类别	课程名称	课程内容
动力潜能课程群	明贤课程	主题教育课程	主题教育班团会系列、仪式教育
		学校文化认同课程	生活规程、校园文化、校史
		育贤通识讲座课程	人文类、自然科学类、社会类
	立贤课程	生涯导航课程	人生起航、认识自我、生涯规划、名校考察、思维力培养
		学生领导力课程	思想引领、自我领导、团队领导
	践贤课程	校园活动课程	节庆活动、多元评价、经典表演
		社会实践课程	学军学农、职业体验、志愿服务

（三）德育活动序列化

德育活动包含学科育德、思政课教学活动、班团活动、志愿服务、综合德育活动、专题教育、家校协同教育、自我教育等多种活动内容和形式。

从时空维度，以学生的生活为圆心，逐渐向外辐射，可分为课内活动、课外活动，校内活动、校外活动，现场活动、远程连线活动等。从时空维度设计和实施德育活动可以充分考虑德育资源利用的最大化。

从组织维度，可分为个体活动、合作活动，个人自我教育活动、集体教育活动。从组织维度考虑德育活动的设计和实施有助于强调学生在德育活动中的主体地位和作用。

从内容维度，可分为不同的活动主题，比如心理健康教育、民族精神教育、革命传统教育等；根据该主题德育目标及具体内容，德育活动可以设计成内容系列的活动，凸显同一个主题，放大主题效应。

不论从什么维度考虑德育活动的设计，其实施过程一定要遵循序列化原则，这是由人的道德养成的阶段性递进规律所决定的：从范围上看，人的道德关注会从自身扩展到社会以及整个世界，从当下双向延伸到过去和未来；从水平上看，人的道德发展是连续的按照不变的顺序，由低到高逐步展开的过程，更高水平的道德判断兼容低水平的道德判断方式。根据这一规律设计系列德育活动时就要充分考虑学生已有的道德发展水平，针对不同水平的道德发育特征选择合适的德育活动内容，确定恰当的时间先后顺序及任务的难易度，同时还要确保不同阶段和水平的活动相互衔接，逐级递进。例如，大同中学的生涯主题系列活动的序列化实施内容见表1-3。

（四）德育评价激励功能

德育评价要为学生的品德成长服务。学生的品德成长包含道德认知、道德情感、道德意

表 1-3 大同中学生涯主题活动序列

年级	目标	主题	活动
高一年级	开拓视野、放眼社会、民族以及历史和未来	认识自我,初步规划	以心理辅导活动课为依托,在各类基础型课程中融入生涯意识
高二年级	关注学生自我探索、环境探索以及决策能力的培养	体验职业(专业),调整规划	"高校巡礼""家长课堂""心理社团进社区""手拉手心理援助""职业体验"
高三年级	基于问题的发现、分析和解决,走进一个领域、一个专业、一种工作范式,指引个人的生涯选择	选择专业,明确发展	CIE(创造、创新、创业)课程、"成长导师"、家长辅导员、课题研究

志和道德行为等多个方面的变化和发展。德育评价要注重评价的激励和引导功能,通过评价激励学生道德意识的形成、道德行为的发生、道德水准的提升。

1. 过程性激励

道德修养最终通过人的道德行为表现出来,人的行为从动机产生到行动发生之间有一个复杂的心理过程。过程型激励主要是选择这一过程中对行为起决定作用的某些关键因素,通过激励引领过程,在过程中激励,最终促使人的行为举止和思想状态不断改善。比如曹杨二中在学生社会实践活动的评价中,让学生提前知晓评价指标和评价标准,对每位学生的任务完成情况和在任务中的表现进行自评、互评、教师评价和综合评价,评价结果由学校汇总,多次评价结果用"模糊综合评判法"换算成等第或者分数进行累计,把评价的结果运用到促使被评价者品德素质的提高和行为的改进上,充分发挥了德育评价诊断、激励、导向的功能。

2. 结果性激励

结果性激励是相对于过程性与阶段性激励而言的。在某个长期的复杂行为中,对其中某个阶段或者某些因素的激励是过程性激励;但对该阶段任务或某个相对完整行为来讲,这个激励就是结果性激励。结果性激励是对行为结果的肯定和赞许,是一种终结性评价,适用于对有明显阶段性特征或者完整独立的任务或行为的评价,一般在课尾、活动总结、学期末、学年结束时进行。其激励力度相对较大,有利于强化结果带来的正向刺激。例如,控江中学的"三好""优干""五四学子""明星社长"表彰及"明星社长奖学金"制度;大同中学设置奖励学分,对学生开展课题研究、班团活动、文明行为规范教育、党章学习小组、社会活动及三好学生荣誉等赋予相应分值,作为对学生开展德育实践的认可与奖励。

三、德育课程体系建设案例

大同中学坚持"育人为本、育德为先、坚持改革、服务社会、发展自我"的办学方针,将德育作为学校工作的灵魂。学校深切地认识到德育的显著特质在它的实践性,它不同于智育,不仅要解决知不知、会不会的问题,更要解决信不信、行不行的问题。

基于德育课程链的大同中学德育课程体系建设[①]

德育课程链的开发是基于学校的现实问题而提出的。德育的途径和方式是多元的,如学科德育、社团活动、社会实践等。学校也必须看到,每一种渠道与方式都有其优势,但也不可避免地存在缺陷。因此,实行多种德育途径与方式的有效整合是学校研究的突破口,而学科教学作为德育的主渠道之一,如何使德育和课程学习有机结合,形成适用于大同未来发展的德育课程体系,是学校需要解决的核心问题。

（一）现状分析

在德育课程建设方面,学校已取得了一定的成绩,德育途径和方式日趋多样化。同时,通过校长午餐会、问卷调查、座谈等形式,学校发现当前德育课程体系还存在以下几个问题:德育的各个渠道和途径之间存在各自为阵、缺乏整合的情况。不同的途径——课程学习、社团活动和社会实践活动之间存在割裂现象。由于课程学习与社团活动等处于不同系统的管理之下,在实施中往往各行其是,结果是社团活动在学生自发的基础上,缺乏教师的指导,社会实践活动缺乏与学科课程相结合,呈现出内容、题材的缺乏。因此,学生的德育得不到整体协调发展,只"知"德,不会"行"德,知情意行脱节,降低了德育的实效性。

德育资源相互割裂的现象迫使学校寻求新的课程体系将德育各种渠道和途径有机整合起来,通过研讨形成了以下思考:与学校实施课程统整的实践研究的思路相融合。近年来学校开展了基础型课程、拓展型课程、研究型课程统整实施的研究,发挥各类课程的合力,为学生的个性特长发展服务,也给予德育课程链建设一定的借鉴;在既往经验中取经,以往社团建设中曾自发出现整合的做法,即相关拓展型课程的教师指导社团活动,将拓展型课程的内容延伸到社团活动中,将社团成员吸引到拓展型课程中去学习,形成了最初期的"链式结构"。在此基础上,学校利用拓展型课程能拓宽学习渠道、丰富学生体验性学习的特点,将拓展型课程中的学科类、活动类、专题教育类有机整合,链接课程学习、社团活动和社会实践,形成了德育课程链的基本建设蓝图,将之作为德育建设的新突破口。

（二）课程目标设计

德育课程链将拓展型课程中的学科类、活动类、专题教育类三种育人渠道有机整合成一个整体,突出学生在拓展型课程学习过程中的自主性、实践性、体验式、活动化,强化情感、态度、价值观的功能取向,使学生将在拓展型课程中习得的知识运用到活动类、专题教育类拓展型课程中去,让学生处在一定的情境氛围中,积极地认识、体验和感悟,在积极的德育情感体验中,获得道德认知并自我内化,从而铸就大同人高尚的道德品质和人文素养。

基于德育课程链的德育课程体系其主要特征表现为:① 提出了学校德育工作"两个走进"的目标——走进学生心灵,走进社会生活;② 拓展德育内容,突出时代特征,坚持"德育双基"(即基础道德行为教育和基本政治观点教育)的基础上,提出并实践了增强现代人意识与素质的八个方面的教育内容,即全球意识与民族自尊、合作与竞争、民主与法制、网络意识与网络道德、创新意识与实践能力、创业与风险意识、经济知识与人文精神、交往与慎独。

[①] 本案例由大同中学提供。

③ 拓宽了德育工作的两个空间——德育工作从现实空间拓宽到虚拟网络空间,从学校教育的空间拓宽到社区、社会教育空间;④ 强调了操作过程中实现德育核心地位的"六个整合",即与办学思想的整合,与学校管理的整合,与课程建设的整合,与教学过程的整合,与学生学习过程的整合,与教师队伍建设的整合;⑤ 德育工作开展关注两个"充分发挥"——在师生互动中充分发挥学生的主体作用,充分发挥教师的主导作用。

（三）内容结构优化

综合德育一体化模式的思索以及德育统整实践,学校将德育课程链界定为:以学校德育为主轴,以课外拓展实践、社会服务点为分轴,形成以学校德育为主体,校外德育资源为依托,由任课教师开发、负责,为促进学生知、情、意、行的和谐统一发展,并以认知为前提、以活动课为主线、以社会实践为辅助,将学科类德育、社团活动和社会实践有机整合而形成的有机德育课程体系。它的特点表现为序列性、层次性、系统性和相关性。

截至 2016 年 6 月,学校已开发形成 7 条德育课程链,包括"阅读与写作"课程链、"心理辅导"课程链、"中国文博世界"课程链、"大同文化"课程链、"生命科学"课程链、"我身边的形象设计"课程链、"电脑音乐制作"课程链。在德育的实践探索中,学校期望还能为学生提供更多的德育成长路径,形成更多具有大同特色、学生喜爱的德育课程链。其结构如图 1-4 所示。

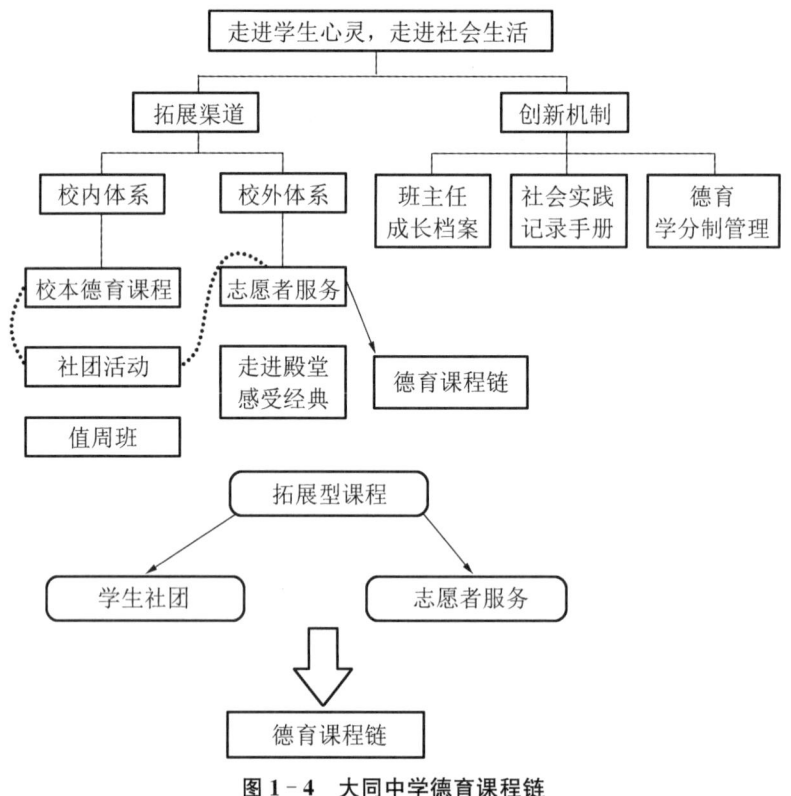

图 1-4　大同中学德育课程链

（四）课程推进与实施

德育课程体系改革方向一经明确,学校以"德育课程链的理论研究与实践探索"为题,正式进行相关研究。

1. 分阶段推进课程链开发研究

(1) 重点建设,树立样板

这一阶段尝试完成的主要任务是厘清课程链的概念,扩展其内涵,界定相关理论、概念。在实践层面,则要首先重点建设几条课程链作为示范。根据已有基础,选择潘霞的"生命科学课程链"、陈珏的"文博课程链"、梅晓菁的"心理课程链"和宋斐的"女生形象设计课程链"作为第一期的建设重点。

除上述工作外,从德育课程链的整体建设需要出发,对下列主题进行了研究探索。

① 课程链设计与实施的机制。

② 课程链建设、实施的技术问题。例如,拓展型课程的实施时空如何在课程链的活动中发挥更大教育效能;课程链如何拓展课堂教学的内涵;课程链如何促进课程课堂教学的有效达成;课程链如何在育人、育德上起到作用;课程链如何培养学生的各种能力。

③ 梳理、提炼各条课程链的特点。

经过第一阶段的研究探索,初步形成了一批成型的课程链。例如"中国文博视界"课程链,在校内开设校本拓展型课程"中国文博视界";链接社团——文博社;校外组织学生体验上博文化活动,参加"社团进社区"活动,并在全校范围开展"中国传统文化创意大赛"。"生命科学"课程链,结合"了解细菌""生物国防""生命科学实验探究的方法和手段"、STS等拓展型课程,组织了"绿色飞扬"社团和"探索生命真谛"社团,利用双休日和寒暑假,深入社区、药房、医院、养老院、残障学校、养(种)殖场、环保部门等进行调查和服务活动。

在课程链的实施过程中存在如下一些问题。

① 如何在社团活动中既发挥学生的主体作用,又体现教师的指导作用,正确把握两者之间的平衡成为下一阶段要侧重解决的问题之一。

② 拓展型课程学习的成员如何与社团活动的成员相衔接。

③ 第一阶段的社会实践主要局限在走出校门,参与社区服务。在实践中发现,受学校课程学习的时空限制,比如下课以后去社区服务,相关部门已经下班;又如周末参与相关活动,也受到场地、人员的限制。经过反思,学校认识到,在学校内学生与同学分享课程学习的成果,为同学服务,也是社会实践的体现。

④ 课程链的面还不广,需要增加一些链。

⑤ 需要在课程链扩容的同时,形成活动手册、课程链管理细则等相关文本,从制度建设层面给予课程链建设、实施有效的保障。

(2) 逐渐铺开,建立制度

扩展了课程链的队伍,形成了7门较为成型的课程链,涉及文理等各学科领域。在第一阶段的基础上,课程链的开发研究取得了进一步的成果。

① 拓展了课程链"社会实践"的内涵,着重开发校内分享平台。

② 教师在课程链建设与实践中,转变了自身的角色,更能倾听学生,从学生的角度思考问题。

③ 在链的建设机制上,形成了拓展型课程培养积极分子,社团引导积极分子组织课题研究、实践活动,社会实践分享研究、活动成果,并且以学生的眼光和角度传播情感态度价值观。

④ 课程链的活动常态化,成熟的课程链经过两轮实践,已经形成了老带新的良性循环。

⑤ 部分课程链积极利用校外资源(如"文博"链利用了上海博物馆的资源),起到了很好的教育作用。

2. 分步骤开展课程链开发实践

在学校的具体实践当中,采用单链尝试—逐步提升—分批推广的步骤进行课程链的开发。

(1) 单链尝试

在课程链开发的起始阶段,必然要选择某一方面进行单条课程链的尝试,尝试成功或取得一定成效后,再逐渐推进其他课程链的开发。这就是所谓的试验阶段。

在德育课程链中,单链尝试过程一般包括课程链计划、课堂教学、社团活动、社会实践课、评价改进等五个方面。五个方面是闭合的循环过程,具有序列关系,体现了单链开发的逻辑体系,如图1-5所示。

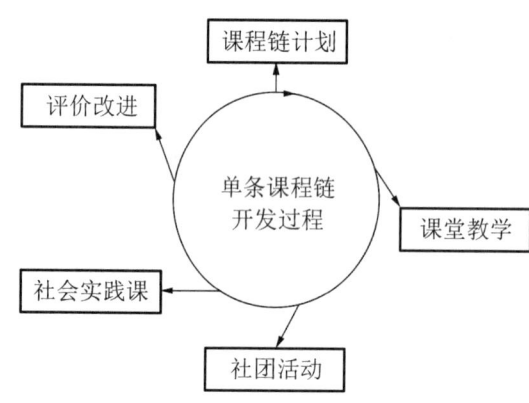

图1-5 大同中学单条德育课程链开发过程

(2) 逐步提升

课程链实施从本质上来说,不是课程链计划的照搬,而是一个过程;不是一项事务,而是一个动态的过程。实施过程中,必然涉及实施者的课程理念和个性化工作,也必然会遇到学校内外环境的变化,因此需要课程链领导小组和管理者、教师和学生等的共同参与,在实施中建构德育课程链的理论和实践,为德育课程链计划的调整、修改和补充提供理论和实践的依据。

(3) 分批推广

教育变革过程分为三个阶段:第一是启动、动员、采用阶段;第二是实施、开始使用阶段;第三是持续化、常规化阶段。德育课程链的持续化即推广阶段,它是德育课程链常规化的必要前提。事物的发展都要经历一个由弱到强的过程,德育变革亦然。德育课程链的推广必须要根据学校的实际情况,分批进行。其推广有三个阶段:① 初始阶段。在德育课程链开发的开始阶段,一切都处在探索中,只能脚踏实地地进行,慢慢积累经验。② 成熟阶段。当逐渐具备了一定的条件和积累了一定的经验做法后,要逐步地推广辐射,实现各个学科各位教师的推广,进而达到全校范围内的推广。③ 辐射阶段。当德育课程链在一校之内达到成熟和常规化后,推广范围会超出学校的限制向其他学校辐射。每一个阶段都有不同的特点,必须要认清德育课程链开发推广的阶段特征,不能操之过急,也不能错失良机。

(五) 课程实效

1. 整合各德育渠道

德育渠道多种多样,但彼此之间常常缺少整合。德育课程链的探索根据拓展型课程能够拓宽学习渠道,更有利于丰富学生体验性学习的特点,将拓展型课程作为突破口,进行学科德育的探索与实践。同时,探索将学科德育的内容与学生的社团活动和社区服务(社会实践)相结合,将社团活动和社会实践按照课程的要求进行组织,发挥课程、社团活动和社会实践的协同作用,从而对三个方面的德育渠道进行了有机整合。

以"大同文化"德育课程链为例,早在2004年学校就开始酝酿基于校本文化资源的拓展型课程。但那时大同文化的课程和校史讲解队之间没有联系,即课堂教学和社团活动没有知识和能力的逻辑序列关系。校史讲解队关于学校的知识并不是来源于"大同文化"的拓展课,更别提针对课堂学习开展相应的学校文化宣讲。近年来,通过研讨逐步形成课程链方案,经过教学实践,在现有的拓展课和校史讲解队的基础上,围绕学校的文化积淀,开发了相应的社会实践活动,使校史讲解队从校园走进社区,形成文化辐射,并最终形成了"大同文化"的德育课程链。

2. 加速德育课程化进程

课程指正式课程和显性课程。课程化是指赋予学校德育以课程的性质或状态。广义而言,学校德育课程化是将学校教育的所有构成都纳入德育课程,主要指学科教育与德行教育都按照课程来组织、实施,即学科课程中实施德育、德行教育要求按照课程来组织教育活动;狭义而言,学校德育课程化仅指学校德行教育按照课程组织、实施、评估的程度、特点与过程等。

德育课程链将学校的学科类德育、活动类德育和社会实践类德育按照课程的要求组织、实施、评估,势必提高德育课程化的广度和深度。德育课程链摒弃三类德育课程的弊端,将它们的优势有机统整,合理组织,形成促进学生知、情、意、行和谐发展的德育课程链。这和传统的德育课程是不一样的,它更侧重于借助课程的形式和要求,通过整合提高德育课程化,进而改善德育的实效性。

3. 促进学生知、情、意、行的和谐、统一发展

学生知、情、意、行的和谐发展是指学生在道德认知、道德情感、道德意志和道德行为四个方面的协调发展。古今中外的教育家在其教育著作中,都十分强调道德知、情、意、行的和谐、统一发展。但是,目前学校的道德教育情况往往是学生都"知道",却不会去实践。这是道德实效性低下的表现,也是知、情、意、行脱节致使不平衡发展的体现。

为了促进学生知、情、意、行的统一发展,需要将四个方面培养的途径衔接起来,协同培养学生的"知"与"行"。学生的"知"主要是通过课堂教学实现,要想将"知"内化为"情"和"意",就需要开展各种活动,让学生参与;而要达到学生践行德育,则必须为其创造实践德育的机会,即社区服务或社会实践。德育课程链恰恰是将课堂教学、活动和社会实践三个环节有机整合的一种德育课程体系,是将学生的认知内化为自身情感并外显为行为的有益尝试和探索。

4. 提高教师的育德能力

育德能力是广大教师都应该具备的能力,而不仅仅是班主任的职责要求。那么任课教师究竟在德育方面扮演什么角色呢?之前由于过度强调和重视班主任的育德能力,往往忽视广大教师育德潜能的挖掘和激发。德育课程链通过将校本课程开发权下放,使得教师成为学校课程开发的主体,而且打破了课程与教学分离的局面,使得两者更好地结合起来为学生的发展服务,这就为德育在更大范围内的开展提供了条件和可能。当教师具有了校本课

课程领导的上海高中行动

程开发的权利,便可以在课程开发阶段将德育的内容有机地渗透在课程中,尤其是学校的拓展型课程和研究型课程。德育课程链的开发,可以使教师从课程方案的制订、实施到评价都全程参与,了解整个开发过程对学生德育培养的情况,也方便及时收集学生德育反馈信息,加以改进和完善课程方案。

第三节 体育课程体系建设

体育是随着人类社会的进步而发展起来的。孔子在教育实践中,强调进行六艺教育,包括射箭和驾驶马车。毛泽东同志曾明确指出:"学校的教育方针,应该使受教育者在德育、智育、体育诸方面都得到发展,成为有社会主义觉悟的有文化的劳动者。"随着社会发展,体育的主要任务早已超出仅仅发展身体(发展体力,增强体质)的范畴,发展为促进身心(身体和精神)健全发展,培养终身体育能力。

一、体育课程体系建设背景

在物质文明和科学技术飞跃发展的现代社会,体育的特点主要表现在以下三个方面:① 体育越来越成为全社会和人民生活的需要;② 竞技运动向国际化和高水平发展;③ 体育科学日新月异。

(一)体育的重要性及特殊性

青少年时期是身心健康和各项身体素质发展的关键时期。青少年的体质健康水平不仅关系个人健康成长和幸福生活,而且关系整个民族健康素质,关系我国人才培养的质量。《关于加强青少年体育增强青少年体质的意见》指出:广大青少年身心健康、体魄强健、意志坚强、充满活力,是一个民族旺盛生命力的体现,是社会文明进步的标志,是国家综合实力的重要方面。

中共中央、国务院历来高度重视青少年的健康成长。《关于强化学校体育促进学生身心健康全面发展的意见》指出:强化学校体育是实施素质教育、促进学生全面发展的重要途径,对于促进教育现代化、建设健康中国和人力资源强国,实现中华民族伟大复兴的中国梦具有重要意义。

体育锻炼和体育运动,是加强爱国主义和集体主义教育、磨炼坚强意志、培养良好品德的重要途径,是促进青少年全面发展的重要方式,对青少年思想品德、智力发育、审美素养的形成都有不可替代的重要作用。

(二)体育课程现状

改革开放40年来,特别是党的十八大以来,我国学校体育取得跨越式发展,改革步伐明显加快,政策体系更加健全,工作力度不断加大,学生体质健康水平明显提升,社会支持氛围愈加浓厚。

中共中央、国务院高度重视学校体育,党的十八届三中全会做出了强化体育课和课外锻炼的重要部署,国务院对加强学校体育提出明确要求。近年来,各地、各部门不断出台政策措施,加快推进学校体育,大力开展阳光体育运动,学校体育工作取得积极进展,步入法制化、规范化、科学化的轨道。但总体上看,学校体育仍是整个教育事业相对薄弱的环节,对其重要性认识不足、体育课和课外活动时间不能保证、体育教师短缺、场地设施缺乏等问题依然突出,学校体育评价机制亟待建立,社会力量支持学校体育不够,学生体质健康水平仍是学生素质的明显短板。

有学者提出了现行中学体育课程体系的缺失[①]:认知水平较低。课程改革实施多年,由于对中学体育教师知识更新未能及时跟进,导致其理论水平停滞不前,未能真正消化"健康第一"和"终身体育"思想精髓。体育课程教学改革受传统体育教学思想影响严重,进展相对缓慢。

中学体育教师对中学体育教育的特殊性与重要性认识不足。首先,中学阶段是学生生理和心理迅速成长并逐渐走向成熟的非常关键的时期;其次,中学阶段是培养学生体育情感和运动兴趣最重要的一段时间;最后,面对巨大的升学压力和学习负担,体育运动对中学生生活来说更是不可或缺。

教材、教学内容、教学组织形式存在片面性、局限性、重复性。中学体育教材存在很多重复内容,整个教材体系的系统性和延续性不强,部分内容的设置严重忽视学生年龄阶段的特点,更无法满足学生兴趣需要,只作为一种技术来传授,而忽视健身与健康的需要,导致体育教学内容缺少对学生健康意识和终身体育运动意识的培养。

(三)体育课程体系建设需要

全国学校体育教师要认真学习贯彻习近平总书记在全国教育大会上的重要讲话精神,牢固树立"健康第一",开齐开足体育课,帮助学生在体育锻炼中享受乐趣、增强体质、健全人格、锤炼意志,继续高举改革开放旗帜,书写新时代学校体育工作新篇章。一要深刻认识学校体育在立德树人、促进学生全面发展中所起的基础性作用,寓教于体、体教相长,为素质教育打开新的空间;二要按照国家规定确保开齐开足体育课,配齐配足体育教师;三要确保每天一小时体育活动,开展丰富多彩的大课间活动,按照"小学兴趣化、初中多样化、高中专项化、大学个性化"的思路深化体育教学改革;四要高度重视学生体质健康,将学校体育工作和学生体质健康纳入教育现代化指标体系。

《国家中长期教育改革和发展规划纲要(2010—2020年)》强调要加强体育,牢固树立健康第一的思想,确保学生体育课程和课余活动时间,提高体育教学质量,加强心理健康教育,促进学生身心健康、体魄强健、意志坚强。

体育不仅仅是体现"体育与健康"技能的课程,更需要建立系统的课程体系。高中"体育与健身"课程是一门以身体练习为主要手段,以体育与健康知识、技能和方法为主要学习内容,以培养高中学生的体育与健康学科核心素养和增进高中学生身心健康为主要目标的课程。本课程是高中课程体系的重要组成部分,是面向全体高中学生的基础教育,对实现立德树人根本任务和培养全面发展的人具有独特的功能和价值。

坚持课堂教学与课外活动相衔接。保证课程时间,提升课堂教学效果,强化课外练习和科学锻炼指导,调动家庭、社区和社会组织的积极性,确保学生每天锻炼一小时。

坚持培养兴趣与提高技能相促进。遵循教育和体育规律,以兴趣为引导,注重因材施教和快乐参与,重视运动技能培养,逐步提高运动水平,为学生养成终身体育锻炼习惯奠定

---

① 付成君,张东旭.对中学体育课程体系分析与构建[J].贵州体育科技,2013(3):19-21.

基础。

坚持群体活动与运动竞赛相协调。面向全体学生,广泛开展普及性体育活动,有序开展课余训练和运动竞赛,积极培养体育后备人才,大力营造校园体育文化,全面提高学生的体育素养。

坚持全面推进与分类指导相结合。强化政府责任,统一基本标准,因地因校制宜,积极稳妥推进,鼓励依据民族特色和地方传统,大胆探索创新,不断提高学校的体育工作水平。

二、体育课程体系建设实践探索

体育课程体系建设,同德育课程体系、美育课程体系建设一样,需要考虑课程目标、课程结构、课程实施、课程评价等。结合体育改革的精神,下文重点围绕体育课程专项化、体育评价科学化和心理教育人本化而展开。

(一) 体育课程专项化

为贯彻党中央和上海市人民政府关于切实提高青少年学生身心健康水平精神,建立科学完善的学校体育教育教学新体系,上海市教委在结合本市深化"二期课改"的实践和体育专项化课程改革试点基础上,为进一步深入推进本市"高中体育专项化"课程改革,特制订《上海市高中体育专项化课程改革指导意见(试行)》。

很多课程领导力项目学校均是体育专项化学校,它们积极探索体育专项化课程,积累了很好的经验和做法。

例如莘庄中学,基于学校的育人目标,体育教研组于2012年12月制订了《上海市莘庄中学基于体育专项课程的教学改进方案》,同年开始体育专项化教学。该校以篮球、健美操、击剑和武术等体育传统项目为依托,逐步形成学校体育专项化特色课程群。

1. 搭准体育课堂改进的脉搏

学校在实施体育专项化课程的初期,发现刚进入高中的学生学习主动性比较差,也没有养成自主锻炼的习惯,规定所有男生都要学会打篮球,所有女生都要学健美操,全体学生学习武术、校园健身操、集体舞。实践表明不是所有的学生都会对这些项目感兴趣,比如一部分女生在进行健美操教学过程的初期兴趣不是很浓,不仅协调性差、害羞、缺乏自信,而且自主学习能力较弱。

发现了上述情况之后,教研组、备课组进行了有针对性的教研活动,并且对每个项目的备课组提出了相应的要求。

2. 找准体育课堂发展的方向

(1) 心理疏导,增加学生信心。专项课任课教师要不断宣传项目的运动意义,让学生明白本运动项目的起源发展与现状;了解通过项目的学习与锻炼后对他们身心方面的影响。同时每次在课堂上教师对不同基础的学生要有不同的要求和激励的方式,课后要对学生的课外练习提出要求,对于有进步的学生要及时表扬,对于一些不太主动的学生,要采取盯、管、跟的措施。

(2) 合作与和谐。合作的教学团队与和谐的师生关系是确保高效率教学的前提。专项课的教师要能和学生打成一片,要创造良好的教学环境和教学氛围,教学语言要更贴近现代学生的思维方式,有时语言要夸张、示范更要夸张,既要给学生指出问题,又不会伤害他们的自尊心。因为是普及性的教学,学生的基础、能力各不相同,保护每一个学生的学习积极性应是学校教研组经常讨论的课题。教师通过风趣、幽默、夸张的语言和示范,让课堂充满快乐与笑声。

3. 实现课堂教学的连贯

(1) 篮球专项课。尊重学生对篮球学习的需求,引导学生根据自身水平选择适合自己的学练内容,通过系统的学练,有效地提高技战术水平,加强技战术的运用能力,促进学生对篮球运动的爱好并形成篮球运动专长,使学生在运动知识和技能、运动体能、运动经历和运动情感方面都有所收获。

在课程实施之前,学校要对高一的所有男生进行摸底,根据学生现有的技术水平进行划分,技术水平较好的学生进入提高班,技术水平相对较差的学生进入基础班。提高班的学生通过强化技术动作的学练、无对抗的战术移动跑位,到简单的攻防对抗以及模拟比赛条件下的战术配合练习,使学生达到较高的攻防水平,同时加强他们的团队合作意识。基础班的学生着重个人技术动作的学练,使他们的技术动作更加娴熟,在比赛中能灵活、连贯、合理地运用各种技术动作,为战术配合的学习打下基础。同时,要注重对所有学生的体能训练,提高体能素质的水平以及在球场上综合素质的整体发挥;重视学生的心理训练,培养通过良性竞争形成的进取精神,增强学生的自信心。

(2) 健美操专项课。改变原有传统教学模式,让学生成为课堂的主人。在教学中学校可以进行分小组的自主锻炼模式,让学生按照自愿的原则选择学习伙伴,每个小组至少要有一个基础相对较好的组长带领,以便在分散自主练习过程中起到指导作用。另外,针对相同动作的反复练习学生会产生疲劳、厌倦的心理,学校在上课的过程中除了传统的前后排轮流交换之外,采用了一些"舞向未来"项目的教学模式,让那些始终处在边边角角的学生也有被关注与重视的感觉。

任务驱动教学也是学校在健美操教学的实践过程中使用比较多的教学方式。每次教学课之前教师让学生明了需要学习掌握的技术、技能;每个学习小组按照教师要求完成本课次教学任务;哪个小组率先完成任务就会得到自主选项锻炼的优先权利或者给他们提出更高的目标,实践证明这样的教学模式不仅提高了学生的学习兴趣,而且在组长的带领下他们自主学习的能力也得以加强。由于排课的原因,学校每周有好几节课都是四个班在两个教室同时上专项课。为了克服场地问题,学校四个班共两位教师一起授课,他们在教学上能进行互补。学校采取小组与小组比、班级与班级比、一位教师带的班级和另一位教师带的班级比的教学,大家相互促进、相互学习,取得了非常好的效果。

4. 竞赛辅导,搭建展示平台

为促进学校体育传统项目的开展,学校在基础型课程和拓展型课程的基础上,按要求从各年级选择队员组建学校男、女篮球队,健美操一队、二队,以此建设和发展学校的体育专项荣誉课程。通过课程的学习、训练与指导,形成高品质的专业团队,代表学校参加全国、市级等比赛,形成学校体育特色精品项目,并获得较好的荣誉。

学校运动队能够根据学校体育工作计划,制订完整的训练计划和课时训练计划,严格遵循特色运动项目"训练大纲",体现科学性、系统性、操作性。校运动队保证每周常规训练3

次以上,每次训练不少于2小时;针对重大活动和比赛,还充分利用双休日、寒暑假组织集中训练,并积极为上级训练单位输送优秀人才。①

吴淞中学根据学校的体育设施与师资力量,初步形成:①"层进式学生体育个性锻造教学模式",此模式的基本构架可简单表述为"规定内容学习→选择项目学习→自主参与学习→准专业学习"。②"小班化-走班制"体育专项化课程运作方式的建构。在课程的运作方式上,高一年级分为两批教学单位,一周内与科技艺术类课程轮换。高二年级以学期为单位,与科技艺术类课程轮换。每项目教学班配备一位教师,高中体育专项化每节实验课有9位教师同时授课。每批教学单位实验教学课程采用一节课为80分钟,2课时连上的方式。为确保体育专项化教学的质量和组织管理,实施小班化教学。专项班人数控制在25人左右。③"专家型-全能式"的体育教师队伍建设。一专多能对于高中体育教师是新的目标,"一专"应真正达到专业水准,"多能"也不仅仅是三脚猫功夫。④体育资源利用。以青少年体育俱乐部为载体进行开放活动,利用晚间课外时间、双休日、寒暑假等时间段对外开放,开放期间,学校有专人值班,负责人员出入、体育设施管理、安全卫生等各项工作。平时开放时间为17:00—20:00,双休日及寒暑假开放时间为7:00—20:30。

(二)体育评价科学化

民立中学根据专家指导以及实测情况的大数据处理结果,完善体育专项化课程体系建设与调整、修订个性化测试指标,归纳出基于个性化需求的高中模块体育课程体系评价模式;通过搭建数字化平台达成的体质健康评价、运动干预建议、健康保健教育和体质综合对比等功能目标,为构建高质量的体育专项化课程体系提供强有力的支持。

民立中学基于体质健康与运动管理数字化平台的专项化课程再造了体育教学流程。微视频教学、自适应练习等体育训练教学模式在民立中学的体育教学中已经泛在化,先学后教、游戏化训练等方式渗透到每一节教学设计中。信息技术变革了民立中学体育专项化课程体系的评价方式,使评价更多元、更个性化、更有利于中学生体育核心素养的落实。

民立中学的学生体质健康与运动管理平台,通过建构完整的、可追溯的数据链,对学生在校内及校外体质健康状况做到连续了解和监控;通过横向评价(常模评价)综合分析学生体质状况,给出个性化健康评估报告,进行运动干预;根据建立的健康档案分析个体学生体质前后变化,以纵向评价评判和论证运动锻炼干预的实效性,并形成体育科研数据应用的常态化,从而不断提高体育研究水平。

对照体质健康平台的学生体质数据(见图1-6),学校引进fms(即功能性运动筛查评估)和体适能训练体系建立了学生体适能锻炼系统。依托市教委配备体能教室的锻炼设备及学校博雅民立APP等软硬件条件,学校体育教研组自主开发体适能e-Learning(即数字化或网络化学习)模式课程系统。系统通过网络端、移动端的学习平台,为锻炼者提供专业直观的指导,以此实现课堂教学向课外锻炼的延伸,更进一步拓展了个性化学习的途径。

---

① 莘庄中学体育专项化内容由戴珺(莘庄中学教师、篮球专项教练)、蒋燕芳(莘庄中学教师、健美操专项教练)提供。

体质测定结果及评价表			
姓　名	李＊＊	年　龄	20
性　别	1	编　号	111101
项　目	成　绩	得　分	评　价
身高(cm)	167	15	
体重(kg)	65		
体重指数(BMI)	23.3		正常
收缩压(mmHg)			
舒张压(mmHg)			
脉搏(拍/分)			
肺活量(ml)	2 000	8	
握力(kg)	45	16	
坐位体前屈(cm)	9	15	
立定跳远(cm)	190	15	
台阶试验	45	13	
总分(达标)		67	合格

保持良好的生活方式
1. 每天正常规律的三餐而不吃零食
2. 每天吃早餐
3. 每周2—3次的适量运动
4. 适当的睡眠（6—9小时）
5. 不吸烟
6. 保持适当的体重
7. 不饮酒或少饮酒

图1-6　民立中学体质测定结果及评价示意

（三）心理教育人本化

高中阶段是学生选择人生发展方向的关键时期。在这一特殊阶段，学生的自我认识、自主意识、选择能力会影响他们的终身发展和身心健康。

针对高中学生缺乏自主选择能力、教师对学生成长难以科学评价和精准指导的问题，风华中学持续开展实践研究，创建和应用"学生成长系统"，以促进学校课程结构与内容的调整、教师教育教学方式的变革，满足不同学生的发展需求。

1. 架构学生成长模型

从有利于促进每一个学生的终身发展出发，基于学校多年的实证研究与实践经验，明确与学生自主选择和适性发展高相关的三个要素,即能力发展、学业评估、人生规划,厘清三者关系,建立了"学生成长模型",如图1-7所示。

2. 创建学生成长系统并开辟应用路径

根据学生成长模型,确定与此相对应的模块,细化模块内容并设计评价指标,厘清各项指标之间的关系,创建"学生成长系统"(以下简称"系统")。

基于"系统"数据收集、分析、输出、反馈,不断整合学生成长的阶段性实证信息,与课程选择和学生活动相互支撑,促进学校及时调整迭代配套课程,进而引导教师教与学的变革。

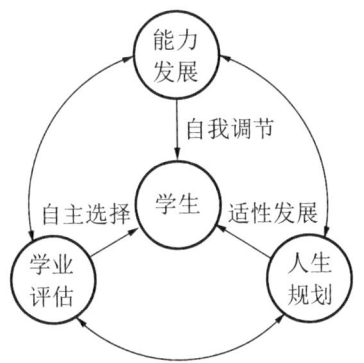

图1-7 学生成长模型图

高中生经历三年、六次、三要素的全方位测评,逐渐明晰发展方向。学校和教师根据"系统"的信息反馈,能清晰了解学生在不同阶段中学习习惯、学业毅力、情绪调控、人际交往、学业水平、职业兴趣、专业方向等方面的成长情况和变化,为学生的自主选择和适性发展提供基于经验与证据的精准指导。

3. 研发学生成长平台

基于学校实践自主研发具有测评、调控、反馈功能的信息平台(以下简称"平台"),获国家版权局授予的"计算机软件著作权"。"平台"通过三个模块的交互运作将学生的能力发展、个性特点、兴趣特长、学业水平、学科选择、专业选择、职业规划进行自动匹配和有效整合。"平台"具有动态性、及时性、整合性、精准性等特点,实现了学生自主选择、适性发展。

众多学校反馈,在教育综合改革背景下,亟需此类成果服务于学生,并得到了上海市甚至全国的肯定。这一项研究边研究边推广,全国各地100余批考察团来校进行专题学习,也能不断丰富和完善研究成果。

三、体育课程体系案例

亭林中学是上海郊区一所普通学校。通过课程领导力项目,学校初步构建了体育特色课程体系,对其他学校有一定的借鉴意义。

享受体育　全面发展[①]

亭林中学在70多年的办学历史中,体育特色教育在区域内享有盛誉,竞技体育、群众性体育运动蓬勃开展。2006年,在创建金山区实验性示范性高中的过程中,亭林中学提出了"享受体育"的办学思想。2012年,学校成为上海市首批体育专项化教学改革试点学校,体育特色课程建设逐步提上了日程。自亭林中学参加课程领导力项目之后,构建学校体育特色课程体系成为一个阶段以来研究的中心工作。

(一)体育课程目标

按照"国家课程校本化,校本课程特色化"的思路,遵循"基础型课程渗透特色,特色课程

---

① 本案例由亭林中学提供。

三类统整,课程设置多元可选,课程对象专普兼顾"的原则,依据体育学科核心素养和特色课程的育人目标,从"三身"发展即"健身"发展(对应强体)、"修身"发展(对应增智、赏美)、"砺身"发展(对应立德)三个维度,初步构建以"享受体育"为核心的亭林中学体育特色课程群(以下简称"三身课程")。

健身发展指学生熟练掌握两门以上体育运动项目,养成强身健体的运动习惯与运动爱好,享受体育运动带来的快乐。修身发展指了解并能欣赏以奥运会为代表的重大体育赛事,了解主要运动项目规则,掌握运动健康知识,尝试体育艺术实践,从而感受体育的魅力,感悟体育的精神。砺身发展指磨砺自身,通过丰富多样的体育活动与竞赛,践行拼搏进取的体育精神,弘扬规范有序的体育道德,磨砺耐压抗挫的坚毅品质。亭林中学培养学生体育素养如图1-8所示。

图1-8 亭林中学培养学生体育素养示意

(二)体育课程框架

亭林中学体育课程框架如图1-9所示。

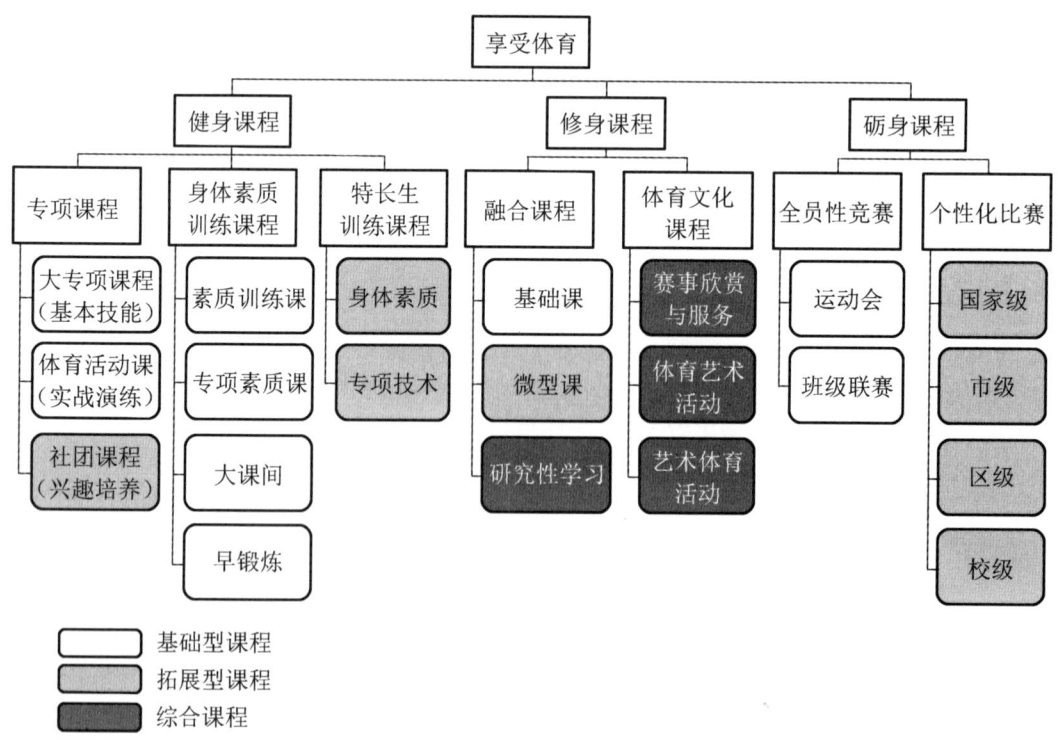

图1-9 亭林中学体育课程框架

学校特色课程是学校课程的一个单位,学校课程与它有上下位的关系,相互之间必须有呼应。基于学校总体课程框架,不断完善和丰富学校体育特色课程群,特色课程内容同样可分为基础型课程(体育为其中的核心课程)、拓展型课程和综合课程三大类型。特色课程形成"能进能出,能分能合"的课程模块,惠及全体学生又重视体育特长生,力图以体育引领德、智、美与个性和谐发展。

(三)体育课程实施

学校在体育课程实施过程中始终树立这样一个核心观念:体育特色高中建设不是把学校建设成体育学校,而是基于高中生源的现状,以体育为突破口实现全面育人。

学校在体育课程实施过程中特别关注两个方面:一是充分发掘体育的育人元素,结合学生实际,形成比较科学、合理的校本化指标与实施策略,使学生在德、智、体、美诸方面都得到发展;二是高度重视学生的生涯发展,按照特色课程惠及全体、支持拔尖的原则,不断拓展学生升学就业课程支撑,同时对竞技体育常抓不懈,稳固已有优势项目,拓展更多优势项目,并善于把体育项目打造为学生全面发展的实践平台。

学校遵循"三类课程统整,文化建设并行,专业机构支持,社会资源利用"的实施策略,齐头并进,多向发力,使特色课程建设扎实有序地得到了推进。

1. 体育核心课程惠及全体,照顾个性,支持拔尖

(1) 体育专项化教学

学校通过体育专项化教学,让学生熟练掌握1—2项体育运动技能。在高一、高二年级开设田径、篮球、足球、健美操、乒乓球等项目供全体学生选择,专项选择突出三大球项目。将足球作为重点发展项目,通过专项课实现了普及化教学与拔尖性训练的整合。

学校围绕区级课题"体育专项课教学模式的实践研究",对基于生本与校情的体育专项课教学目标、教学内容、教学方法与手段进行系统研究,并以此为基础,初步开发足球、篮球、排球和田径等系列校本课程。

(2) 强化身体素质训练

学校注重核心课程的身体素质练习,除每周一节的身体素质训练课外,在专项化教学的过程中,强调学生体质、体能的训练。体育组以"出汗量"为目标强化专项课的身体素质练习,积极探索基于专项教学的身体素质训练方法,形成"30+50"的专项课结构。以身体素质练习为主要内容进行大课间活动,建立系统的身体素质练习目标与方法,并采取分层分类、倡导竞争的方式,训练学生体能。

(3) 特长生训练系统化

学校建立了体育班与运动队的组织方式,对特长生进行有效管理与系统训练。学校体育特长生(约占学生总数的七分之一)每周训练三次,每次训练两小时左右。采取双教练制度,主教练主抓技术训练,助理教练主抓学生管理,并配合训练,总结提炼基于校情的特长生训练经验。

学校开设夏令营、冬令营为体育特长生假期训练、文化学习提供保障。夏令营、冬令营采取全封闭、全天候的管理方式。集中三个年级的体育生,上午进行文化学习与身体素质训练,下午进行文化学习与分层专项训练,晚上开展文化娱乐活动。

(4) 体育活动"专普"结合

学校以"日日有活动,周周有比赛"为目标创设分类分层的体育赛事活动平台,扩大学生参与面。在各级各类体育比赛中,发挥非体育特长生的作用,体现特色课程对普通学生发展支持的成果。

2. 三类课程融合,体育元素多元渗透

(1) 基础型课程中渗透体育元素

体育与其他基础型课程融合是学校特色课程凸显面向普通学生惠及全体学生的另一个重要特征。为实现国家课程的校本化,基于学科指南编撰,学校引导教师努力挖掘基础型课程的体育元素,发挥体育特色的内在功能,形成体育素养与基础学科教学渗透的机制。基础型课程中的体育元素渗透示例见表1-4。

表1-4 基础型课程中的体育元素渗透示例表

学科	单元(章节)	知识点	体育元素或体育素养	教学内容示例或环节示例
语文	第5单元第17课《游褒禅山记》	通过游记过程,领悟人生需百折不挠的精神	坚毅品质	登山的三个条件:志、力、物,引发学生对做事所需的品格认识
数学	第12章	抛物线的标准方程	篮球轨迹	引入环节
英语	S2A Unit 1: My favorite sport	滑雪运动	运动技能 坚毅品质	口语训练话题
生命科学	第4章第3节	细胞呼吸	细胞呼吸提供运动能量	剧烈运动会有酸痛感,是无氧呼吸产生乳酸

(2) 拓展型课程普及体育知识

学校倡导以学生的兴趣为切入点,开发以增长体育知识、融入体育修身、启迪人生智慧为目标的体育文化拓展型课程。结合学校课程整体安排,以长短课程结合的方式,凸显课程的层次性与选择性。

学校积极探索体育与文化学科的融合,从体育与科学、体育与人文两个维度,努力挖掘体育与文化学科的契合点。目前已经完成五份体育文化校本课程资源材料,包括:① 体育与人文类,如《光环背后——体育文学作品选读》《国际体育赛事——英语阅读》《地理环境与体育运动》《奥运史》;② 体育与科学类,如《体育与科学》,通过微型课程、学科拓展型课程进入课堂。体育文化拓展课中的学科知识点示例见表1-5。

表1-5 体育文化拓展课中的学科知识点示例

	校本课程资源		基础学科课程资源		
	知识点	章节(单元)	单元(章节)知识点	内容	示例
《国际体育赛事——英语阅读》	奥运会简介	Module 1 passage 1	《英语》说明文	说明文中举例子、分类别	奥运会项目的分类

(续表)

	校本课程资源		基础学科课程资源		
	知识点	章节(单元)	单元(章节)知识点	内容	示例
《地理环境与体育运动》	丰富多彩的体育文化	第五章	《地理》专题26	地域文化	中西方体育文化的区别
《奥运史》	古代奥运	第一章第一节 回到奥运的源头	《历史》第1册第三单元第7课	古代希腊罗马	希腊城邦制度——成年男性参加奥运会
《体育与科学》	拔河比赛真的是比力气吗？	物理篇第二节	《物理》第三章第三节	牛顿第三定律	作用力与反作用力
《体育与科学》	奥运火炬如何燃烧？	第二章第一节	《化学》第十一章第一节	烷烃	丙烷、丁烷

(3) 依托创新实验室开展研究性学习

依托已建成的创新实验室模拟法庭体验馆，把体育特色课程与法治教育相结合，以体育规则教育为切入点，开展系列研究性学习活动（见表1-6）。

表1-6 创新实验室研究性学习活动列选表

学习活动	指导教师	主要研究内容
"球场风波"模拟法庭活动	许龙军	学生课余篮球活动导致的意外伤害案例研究
"谁的责任"模拟法庭活动	许龙军	体育课学生意外伤害案例研究
"荣耀选择"手游脚本创作	占丽云	以虚拟的全国中学生足球比赛中的恶意伤害、黑哨为背景，研究足球比赛中的违法问题
"队长恩怨"模拟法庭活动	许龙军	以学校组织的足球队参加校外比赛，两队间矛盾引发意外伤害为背景，开展模拟法庭脚本创作、排练与表演

学校引导教师组织学生开展与学校体育课程紧密有关的课题研究，有"体育与健康研究""金山乡土体育调查""亭中体育史研究""篮球投篮技术研究""奥运历史研究""中国女足发展研究"等。

3. 体育文化建设多维度、全覆盖

(1) 体育社团课程

学生的体育社团以学生兴趣为出发点，实行学生自我管理、自主发展的方式，培养学生的自我管理和问题解决的能力，进一步提高足球社、棋坛高手、桥牌社、乒乓社、F1汽车社等体育社团的学生参与率。学校还成立若干教工体育社团，发挥教师在体育课程体系中的示范作用。

(2) 体育文化活动多样

学校长期开展体育文化活动，搭建体育艺术、体育欣赏、赛事服务、艺术体育等平台。推动学生通过绘画、舞蹈、新闻、摄影、征文、演讲、黑板报、手抄报、微电影等方式表现运动美;组织学生近距离观赏体育比赛,并与金山体育中心合作,通过社会实践(公益劳动)的方式,长期参与体育中心的赛事服务;鼓励艺术体育项目发展,努力将健身与审美相结合。学校除建立健美操队、啦啦操队、腰鼓队外,还引导班级发展搏击操、球操、圈操、绳操等项目,为学生多元有个性的发展提供平台,将体育与科技、艺术同班级建设相结合,同拓展型课程相联系。

(3) 体育班"三示范"建设

学生的精气神是学校文化的重要元素。学校在每个年级设一个体育班,努力将体育班打造为体现办学理念、体育精神教育的模范班,并以体育班为示范,带动其他班级的提升。学校将体育班的示范确定为三个方面:体育运动的示范、行为规范的示范和文化学习的示范,为体育班学生特制三张学时表,兼顾训练与文化学习。

学校调整体育班文化课教学策略,提高学生课堂学习效率:① 基于学情,编撰分层的教学指南,拆分知识点、化大为小、化繁为简;② 基于"211"理解型课堂的即讲即练模式,设置梯度、逐层学习、细致讲解,当堂练习、当堂提问、当堂解惑;③ 引入体育元素提升体验感,体育故事导入新课、设计体育相关应用题。

(四)体育课程资源

1. 硬件资源保障

学校不断加大投入,扩建和完善各类体育设施。用好学校 800 米标准田径场(足球场)、室外篮球场、排球场、乒乓房、形体房、健身房等设施。用足中华全国体育基金会将在校建立拥有 23 套体能训练器材的体能训练室。

2. 师资资源保障

学校成立高级教师工作坊、骨干教师研修班等教师培养团队,聘请专家担任指导教师,提升教师特色课程开发与实施的水平。

在体育教师团队建设方面,学校从区体育局、上海申鑫足球俱乐部、上海师范大学等单位,外聘全课时训练教练 2 名,外聘短期集训教练长期保持 4 名以上。

3. 科研与平台资源

学校成立"享受体育"课题研究小组,科研助推"享受体育"特色课程建设。继续与加拿大皇家大学、北京大学教育学院三方合作,启动"体育教育与智育全人教育的理论分析和实证研究——上海市亭林中学特色课程建设与评估"课题研究。

(五)体育课程评价

1. 体育与健身课程学习效果评价

建立"体育与健身"课程学习评价制度,根据《国家学生体质健康标准》和上海市专项化要求,结合学情,按照必学体质健康测试成绩 30%、选学专项成绩 40%、学习表现 20%、基础能力测试 10% 的权重对学生体育课程学习进行评价,如图 1-10 所示。

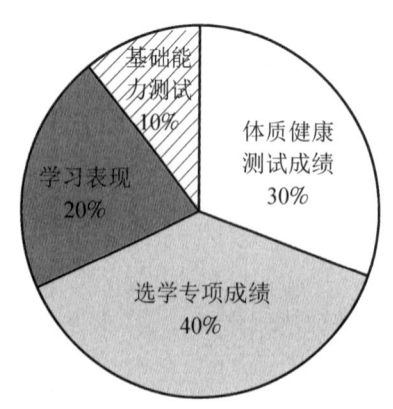

图 1-10 体育课程评价

2. 体育拓展型和综合课程学习效果评价

与加拿大皇家大学、北京大学教育学院三方合作,基于课题研究完成"上海市亭林中学特色课程学习目标及学习效果评估体系"(见表1-7),并依据评估体系设计每一门特色课程的课程学习成果评估表,对学生拓展类、综合类课程学习情况进行评价。

表1-7 亭林中学体育评估体系

学习目标	评估标准
1. 强体	
1.1 增强体质:锻炼者	按时参加,认真完成体能和身体素质训练
1.2 应对竞争:挑战者	清晰地认识自身的特长,并可进行积极的展示
1.3 合作团结:协作者	意识到每个成员在团队中的不同角色
2. 立德	
2.1 家国情怀:传承者	了解国情的基本概况,学习文化传统
2.2 社会责任:主人翁	了解并学习主人翁意识的内涵
2.3 坚毅拼搏:拼搏者	克服自身现有的局限,参与具有挑战性的体育训练和竞技活动
2.4 体育道德:弘扬者	体会领悟规范、有序的体育道德的内涵
3. 增智	
3.1 目标规划:规划者	明确理解并阐释目标的意义
3.2 乐学好学:学习者	从不同的角度理解学习的意义,以及学习和个体发展的密切关系
3.3 勤于反思:反思者	对自我学习状态进行审视,总结经验,意识到不足的地方
3.4 自主钻研:探索者	以开放的心态,迎接和发现学习新知识的机会
3.5 实践创新:创造者	体现出从多角度分析信息的能力,能够比较不同角度在认识上的差异性
4. 赏美	
4.1 感知力量美:传播者	参与课堂内外不同形式的体育艺术欣赏活动
4.2 体会创造美:创作者	体验和理解体育活动中特有的规范有序的美感
4.3 展现生命美:展现者	直接参与学校多种形式的体育艺术实践
4.4 彰显人格美:践行者	在学习和活动中体现出良好的自我时间管理能力,按时完成计划的学习任务

第四节　美育课程体系建设

美育是指培养学生认识美、爱好美和创造美能力的教育,也称美感教育或审美教育,是全面发展教育不可缺少的组成部分。学校美育是指根据学校教育目的有计划地向学生实施审美教育的活动,其任务是传授美学知识,培养审美观念和感知美、鉴赏美、创造美的能力。

一、美育课程体系建设背景

美育是高中学生全面发展教育中不可缺少的重要组成部分,课程体系是落实美育的重要保障。美育与德育、智育、体育相辅相成、相互促进。

（一）时代对美育的新要求

美育对培养高中生正确、进步、高尚的审美观,提高高中生的审美能力和创造能力,促进高中生完美的人格和获得全面、和谐的发展,丰富高中生的知识和提高智力都具有极其重要的作用。

2015年,国务院办公厅印发《关于全面加强和改进学校美育工作的意见》指出:美育是审美教育,也是情操教育和心灵教育,不仅能提升人的审美素养,还能潜移默化地影响人的情感、趣味、气质、胸襟,激励人的精神,温润人的心灵。

教育部原部长袁贵仁指出:学校必须大力培养一批又一批富有创新精神和原创能力的人才,而要培养这样的人才,就必须重视美育,大力推进科学、技术与人文、艺术的结合。美育可以激活不同事物意义之间的"大跨度联想",对创新思维极其重要。

袁贵仁强调,中国自古就十分重视美育。孔子提倡诗教、乐教,诗教、乐教就是美育。他提出一个人人格塑造的步骤是"兴于《诗》,立于礼,成于乐",美育在其中具有重要而独特的作用。

美育是身心一体的情感教育,其价值在于通过对感性的关照纠正人在教育生活中过度理性的倾向,恢复人在教育生活中的主体地位,以培养完整的人。中学生如果缺乏正确的审美观念和审美判断力,不仅不能认识美、欣赏美,甚至以丑为美,将严重影响心灵的充盈、人格的发展和精神的成长,为终身发展留下严重"病灶"。

美育的缺失不仅会使中学生活暮气沉沉、索然寡味,而且会逐步消解学生的灵性、感性和悟性,从而使较多的学生变得低情商、低智商,创新能力不足。日本数学家志村五郎曾说过:"大多数数学家都是根据审美观点来研究数学的,至善至美的观念却是我的创造源泉。"

（二）美育课程现状

党的十八届三中全会对全面改进美育教学做出重要部署,国务院从建立美育课程体系、改进美育教育教学、统筹美育资源等方面提出加强学校美育的工作要求。在此背景下,各地、各有关部门采取有效措施推进美育教育,取得了较大进展,但高中美育仍是整个教育事业中的薄弱环节。

教育部部长陈宝生指出：党的十八大以来，我国学校美育改革发展进入加速提质阶段，育人导向更加凸显，美育课程建设稳步推进，资源保障持续向好，推进机制不断完善，品牌项目成果丰硕，呈现良好势头，取得了明显成效。但同时，美育仍然是教育工作的薄弱环节，仍然是素质教育中亟待补齐的短板。

长期以来，我国中学教育功利化的取向侵蚀了美育的应有地位，从而使美育被排斥于边缘地带。《关于全面加强和改进学校美育工作的意见》中指出当前美育工作存在的问题，一些地方和学校对美育育人功能认识不到位，重应试轻素养、重少数轻全体、重比赛轻普及。研究表明，对美育认识上的不到位、简单化和在课程建设上的少抓手、浅表化是主要原因。[1] 即使一些学校强调艺术特色，往往也是重视艺术技能的培训而忽视了审美观念和审美情趣的培育。

美育课程建设的问题主要表现在：课程模块较为单一，大部分高中学校的美育课程主要以音乐、美术和艺术学科为主。忽视实践活动、教学形式单一、教学过程草率、师资力量匮乏、课程教材有限、地方特色文化未能与美育课程结合等。[2] 高中美育教育仍存在资源配置不合理，师资队伍力量弱，统筹协调推进机制缺乏等问题，重普适轻个性，重形式轻内涵，应付式上课、主科课挤占课时、停上美育课等现象也依旧存在。[3] "说起来重要，做起来次要，忙起来不要"，曾经是学校美育的鲜明写照。

（三）美育课程体系建设需要

中学阶段是学生价值观、人生观、世界观形成的关键时期，非常需要思想、精神层面的正确引导。学校需要深刻认识美育对促进学生全面发展的重要作用，进一步提高对学校美育地位、功能、价值的认识，扎实推进新时代的美育工作，进一步更新观念、优化配置，开齐开足上好美育课程，丰富积极向上、清新高雅的校园文化生活，坚持以美育人、以文化人，引领学生树立正确的审美观念。

《关于全面加强和改进学校美育工作的意见》明确指出：高中在开设音乐、美术课程的基础上，要创造条件开设舞蹈、戏剧、戏曲、影视等教学模块。要求"把培育和践行社会主义核心价值观融入学校美育全过程，根植于中华优秀传统文化深厚土壤，汲取人类文明优秀成果，引领学生树立正确的审美观念、陶冶高尚的道德情操、培育深厚的民族情感、激发想象力和创新意识、拥有开阔的眼光和宽广的胸怀，培养造就德智体美全面发展的社会主义建设者和接班人"。

上海市教委要求高中阶段重点开发艺术类拓展型、研究型课程，引导学校自主开发艺术类校本课程。近年来，上海市高中学校美育工作全面贯彻党的教育方针，坚持育人为本、面向全体、改革创新；坚持文教结合、制度引擎、协同推进，取得了全方位、开创性、历史性成就；美育课程体系更加科学完备、美育活动内容和形式更加丰富有效、校园美育氛围更加温馨和

---

[1] 杨培明.普通高中美育的时代意趣与课程体系建构——以江苏省南菁高级中学为例[J].教育理论与实践,2017(35):44-46.
[2] 彭陈,李宝艳.高校美育课程建设的系统审思及优化策略[J].美与时代(下),2018(5):128.
[3] 陈鋆.我国高中美育教育相关政策分析及启示建议[J].教育现代化,2017(49):397.

谐、美育教学资源更加充分多样,学生美育获得感明显增强。

各区和学校普遍建立合唱团、舞蹈团、美术文学社团和乐队"三团一队",以此为抓手引领其他美育项目实施。

美育课程体系建设中需要关注:① 思想性和艺术性相结合。把革命的思想性和完美的艺术性紧密地结合起来。② 美育内容和实际生活相结合。美育的内容须富有生活气息并渗透到学校的全部生活中。③ 情绪体验和逻辑思维相结合。使学生在感受美和享受美的过程中,焕发高尚的情感,通过逻辑思维来分析作品,加深他们对生活的认识。④ 艺术内容与表现方法的统一。既要使学生钻研艺术内容,加深理解,又要使他们了解艺术的表现方法,掌握表现的技能、技巧。⑤ 统一要求和因材施教相结合。要使全体学生都接触绘画、唱歌和其他艺术,具有一般的艺术修养;也要根据学生艺术才能和兴趣的不同,因材施教。

二、美育课程体系建设实践探索

架构以审美和人文素养培养为核心的美育课程体系。确立科学合理的美育课程目标,完善学校美育的课程结构。深化学校美育的教学改革,增强美育与德育、智育、体育的融合,挖掘不同学科所蕴含的美育资源;建立以提高学校美育教学质量为导向的课程实施机制,将提高美育教学质量纳入学校教育管理和评价体系。不断丰富学校美育课程资源,挖掘民族、民间、民俗的美育特色资源,积极汲取中外美育课程的经典和精华,加强校外实践基地美育课程资源建设。例如,崇明推进"三个结合"促进美育工作特色化:一是与"走近中华经典"民族精神教育相结合,创建特色品牌;二是与"乡土文化进校园"相结合,挖掘区域文化内涵;三是与校外教育相结合,拓展美育教育时空。

(一)精准定位美育课程

科学定位美育课程。高中美育课程要通过多样可选择的课程设置,使学生发展各自艺术爱好和特长,丰富审美体验,开阔人文视野。在构建高中美育课程体系中,以"促进人的全面发展"这一理念为核心,以审美教育为基础,努力达到普及与提高相结合、理论与实际相结合、审美教育与专业相结合、点与面相结合。

通过美育促进学生德育、智育、体育的发展。美育可以提高学生思想境界,升华学生道德情操;可以丰富学生知识储备,发展学生智力水平;可以增进学生身心健康,提高体育运动质量;可以鼓舞学生热爱劳动、热爱劳动人民,并进行创造性的劳动。通过培养人们认识美、体验美、感受美、欣赏美和创造美的能力,使学校具有美的理想、美的情操、美的品格和美的素养。

将美育实践活动纳入学校的教学计划,实施课程化管理,完善实践活动的课程化机制。美育要坚持育人为本,面向全体。遵循美育特点和学生成长规律,以美育人、以文化人,整体提高各级各类学校美育的发展水平,使每一个学生享有优质美育的权益。

罗店中学把美育作为德育的最好资源,以"美作德之资"为德育的基本理念,以"以美载德、以美辅德、以美育德"为基本策略,提升德育的层次和效果。概括地说,就是以一系列有形的、外在的美育活动作为载体,在学生情感的体验和感染中,内化为道德素质,从而提高思想政治觉悟。学校坚持以"立德树人、以美育人、提升审美和人文素养"为目标的学校美育大方向;形成惠及全体、优质丰富和体系完备"三位一体"的学校美育大格局;构建课程教学、实践活动、校园文化"三维互动"的学校美育大平台;营造文教结合、课内外结合、学校家庭社会结合"三联合一"的学校美育大环境。

学校充分考虑地区和个体差异,重点改善农村和远郊地区的美育教学条件,重视新办学校美育基础设施的标准化建设,因地因校制宜,鼓励特色发展。

学校在多年的加强艺术教育、创建艺术特色学校的实践与探索中,逐步建立了具有本校特色的教育模式——"学校艺术教育塔形模式",即课程教育、群众艺术、学生社团、艺术团队、特长生培养,层层推进。

(二)传承中完善课程结构

宜川中学传承学校戏剧传统,做大做强优势项目,深挖戏剧审美价值,以培养学生的审美能力(即审美感知力、鉴赏力和创造力)为主要目标,统领课程建设、课程体系的目标架构、优势资源的利用等。

上戏附中在近年潜心研究和实践的基础上,勾画了上戏附中个性化"3D"课程的蓝图(见图1-11)。以定制课程、菜单课程、资源课程为课程框架,形成由学科教学中渗透戏剧元素的定制课程、幸福积分课程和幸福主题课程组成的菜单课程,以及由幸福之旅课程和社会实践课程组成的资源课程,在提高全体学生美育素养的同时,满足不同学生美育个性化发展的需要。

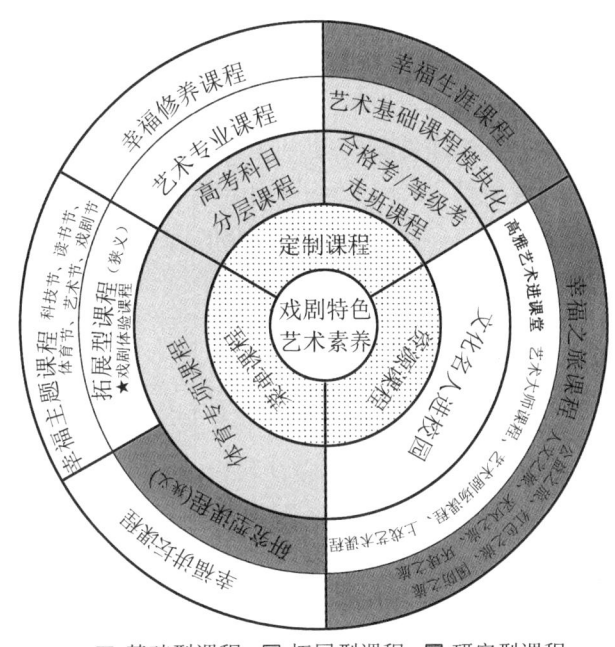

图1-11 上戏附中3D课程图谱

吴淞中学力求满足学生不同艺术爱好和特长发展的需要,体现课程的多样性和可选择性,丰富学生的审美体验,开阔学生的人文视野,开设丰富优质的美育课程。美育课程主要包括音乐、艺术、舞蹈、戏剧、戏曲、影视、摄影等,课型跨越基础型、拓展型与研究型三类。在按照国家课程设置方案和课程标准、教学指导纲要,逐步开齐开足上好美育课程的同时,还逐步开发艺术个性化课程。比如美术领域的课程有基础绘画、书法及衍生周边、艺术欣赏、动漫周边、油画、工艺设计(扎染布艺)等一系列课程设置,以满足不同群体的需要。

必修课、选修课是构成高中美育双层次课程设置的主要框架,在这两者之间,虽有主次之分,而且选修课也有门类课程间的差异,但它们在知识、理论上,存在着广泛的内在联系,在对学生审美教育中,是一个相互协调的整体。因此,在教学过程中,既要发挥必修课、选修课各自所长,又要特别关注它们之间的内在联系。

(三)多元化开发课程资源

学校美育主要展示"三位一体"(惠及全体、优质丰富、体系完备)的学校美育大格局,"三维互动"(课程教学、实践活动、校园文化)的学校美育大平台,"三联合一"(文教结合、课内外结合、学校家庭社会结合)的学校美育大环境。

完善学校美育的课程结构。美育课程体系以艺术课程为主体,各学科相互渗透融合,增强课程综合性和开放性。按照基础型课程、拓展型课程和研究型课程的结构特点,增设舞蹈、戏剧、戏曲、影视等多种美育科目。积极探索艺术综合课程的有效实施,注重经典艺术范例内容,强化审美和人文素养。

艺术课程分模块、专项走班教学。2016年开始,上戏附中的艺术基础型课程在与六选三科目进行整合的基础上实现了走班教学。这样,普通班学生与不同专业方向的学生坐在同一个教室上课,加之学校艺术特色的定位以及对高中艺术学科特点的深入分析,学校对艺术基础课教材的内容进行二次开发和拓展延伸,将教学内容分为音乐戏剧、话剧戏曲、舞蹈戏剧、电影艺术、建筑雕塑、工艺美术、动画艺术、多媒体艺术等八个模块,进行单元设计,开展主题单元教学,在每个单元中增加操作体验环节,实现教学方式由单纯的讲授转向操作体验转变,让学生在每个模块进行综合的认知和初步的体验,增强学生对基本艺术知识的认知和理解。

(四)挖掘各学科美育价值

美育绝不仅仅是唱唱跳跳,它的主阵地应是学科教学。在高中教育中,艺术课程的教学虽然是对学生进行审美教育的主渠道,但又不局限于这些课程,而是贯穿于学校整体教学之中,由于美无处不在,无时不在,因此美育也蕴含于各个学科之中。尽管各学科的教学内容、研究方向不同,但它们都含有美的因素,所以各学科的教师在传授知识、技能,指导实践过程中,也在对学生进行着审美教育。学校所要着重强调的是,应将这种审美教育提高到有意识、有目的的层次,将各学科课堂都变成对学生进行审美教育的场所。

就目前状况来说,对于美育如何融入学科教学的问题,人们尚处于探索之中。罗店中学通过几年的实践和研究,逐步形成自己的一些特色,美育融入学科教学的一般规律有两个重点:一是挖掘利用教材本身蕴含的美育因素;二是教学手段的艺术化。

罗店中学把美育渗透到各学科教学中,师生在与美的亲密接触中一起成长。该校充分挖掘和利用教材、教学中的美育资源,如语文课中的文学语言美、人物形象美和作品境界美;数学课中的逻辑严谨美、抽象形式美;地理课中的山河美、自然美;体育课中的形体美、形象美等。这种"先期开发",使课程教学建立在美的平台上。同时,广大教师在授课时十分注意追求美的意境,把美学原理运用到教学过程,通过美化教学环境、教学氛围、教学手段,使教学过程富有美感,提高了教学效益。

扬子中学整合多学科艺术资源。2015年,扬子中学艺术组承担了市级艺术课题"高中艺术课堂中整合并活化教材内容的实践研究"。该课题从学科内整合、学科间整合、课堂内外整合三个角度展开探究,通过对整合艺术内涵的分析,发现整合艺术最基本的特征就是学科内、学科间的开放交叉及立足于学生综合艺术素养的培养和符合当代育人价值观。这种特征下的艺术课堂,并不是简单的"合并组合",而是将艺术学科内的知识有机整合、将学科间相关的知识相互贯通、将课堂学习与日常生活融为一体,达成"学以致用""用以化学"的教学目的。课程整合,让艺术学习更为科学合理、精准高效。学生们自编、自导、自演,进行有主题、有目的的制作。既用影视语言(艺术语言、画面、肢体、音效),又用文学语言(叙事、抒情、表意),还用摄录技巧(剪辑、构图、用光、色块处理、道具制件),真正将学科所学用于实践,并用实践检验所学。同时"任务驱动式"的学习更激发学生的学习兴趣,提高学习的实用性与科学性。

扬子中学尝试把《艺术》教材高一年级第一学期第8单元和第二学期第6单元的"如梦似幻,影视风采",以及高二、高三年级教材中部分影视欣赏的学习内容进行了适当选择,整合与活化整个高中影视教学相关知识点,并对整课时进行了多方预设形成,可以在影视赏析课程初期有一个概括笼统的学习课时,引导学生对艺术课堂生涯中出现的新类别——影视教学有一个全面的认识,提高整个影视欣赏类别艺术课堂教学的有效性。扬子中学微电影课程内容整合见表1-8。

表1-8 扬子中学微电影课程内容整合

学段	所属单元	教材内容	可整合的影视艺术知识点
高一第一学期	八	如梦似幻,影视风采	电影史、蒙太奇、题材选择
高一第二学期	六	如梦似幻,影视风采	影视画面、空镜头、声音体验、声画关系、景别、运动镜头
高二第一学期	二	辛德勒名单	电影画面、蒙太奇、场面调度、配乐、构图分析、拍摄角度、景别、用色
高二第一学期	八	夜半歌声	配乐、色彩、用色、强化
高二第二学期	四	战争与和平	构图(斜线构图、圆形构图)、空镜头、运动长镜头、闪回、定格
高三第一学期	一	熊的故事	拍摄手法与风格、拟人化手法、音效、拍摄角度、构图(对角线构图)、色调分离
高三第一学期	三	龙卷风	动画合成、特效、有生源音乐、无生源音乐、拍摄角度、构图
高三第二学期	二	电影数码特技	数字制作技术、成像技术、TD35号镜头、影像合成

实际操作过程中,这两种整合方式往往是交叉进行的,既是对各个领域艺术教材内容的补充、拓展,也是根据实际学情对6本艺术教材内容顺序的一个再调整,是对所学艺术知识的结构性重组。这样的整合通常可以以单元、学期、学年为基准展开。

除了教学内容可以整合,在整个微电影内容的学习中,技术类的整合也是必不可少的,并实现了多学科整合。

实践证明微电影的创作实践就是艺术教材中所有影视作品赏析、影视拍摄技巧等相关影视专业知识的一个整合点和深入拓展点,学校艺术组多次举办了校级微电影大赛,对艺术课的影视相关理论知识进行实践操作,效果良好,学生对此非常有兴趣,值得深入探究。

(五)注重过程性评价

艺术课程的评价既要关注学生掌握艺术知识、技能的情况,更要重视对学生艺术学习能力、学习态度、情感与价值观等方面的评价,强化评价的诊断、发展功能及内在激励作用,弱化评价的甄别与选拔功能。

吴淞中学积极探索学生艺术素养的评价,认真完成全国"中小学生艺术素质测评实验区"的试点任务,深化学生美育素养评价的改革研究;逐步实施中小学校美育工作自评制度,建立学校美育发展年度报告制度;实施学校美育质量监测和督导制度,定期开展专项督导。

吴淞中学设计了"艺术课程的数据采集指标",通过观察、记录和分析学生在艺术学习和艺术活动中的客观表现,对学生的参与意识、合作精神、操作技能、探究能力、认知水平以及交流表达能力等进行全方位的综合评价。吴淞中学合唱课程数据采集指标与分值见表1-9。

表1-9 吴淞中学合唱课程数据采集指标与分值

类别分值	合唱发展概况了解(10分)	读谱能力(20分)	发声技巧(20分)	吐字咬字技巧(10分)	合作配合默契度(40分)
数据采集内容	知道合唱发展概况、能辨别各种合唱类型	看懂谱面上常用记号、视唱练耳能力	大致掌握气息运用、真假声结合与转换技巧	大致掌握合唱时中文的咬字吐字技巧	会看指挥、各声部之间的配合

以合作配合默契度(40分)为例,数据采集方法为"与队友合作演唱一个合唱作品的小片段",数据采集要求为"会看指挥,在音量、音色、和声音准等方面会与其他声部配合,达到平衡"。

三、美育课程实施案例

在课程领导力项目推进过程中,上戏附中、宜川中学、吴淞中学、扬子中学等多所学校探索着美育课程体系的建设和实施。下面是上戏附中美育课程实施案例。

以戏促美 以美育人[①]

新高考改革制度下,综合素质评价受到越来越多的关注和重视;最新的中国学生发展九大核心素养中,审美情趣也被明确列入其中。在这个大背景下,上戏附中根据自身办学基础和师生实际情况,以"戏剧艺术"为抓手,以"角色、体验、合作、生成"四个戏剧核心概念为出发点,构建富有特色的学校课程体系,努力实践课程教学改革,提升学生美育水平。其中,学校实施的课程领导力项目"高中艺术综合主题课程",就是借助戏剧元素来探索如何在高中生中进行美育教育的重要载体。戏剧艺术是一项融文学、表演、音乐、美术、舞台、舞蹈等多门艺术于一体的综合艺术。戏剧表演中生动的形象,优美的语言,丰富多彩的布景、服装、道具、音乐,可以激发学生审美的欲望,引导学生认识美;戏剧表演的各种操作训练以及风趣睿智的语言可以帮助学生缓解压力,培养学生的审美思维方法,启迪智慧,促进身心健康发展,引导学生爱好美;戏剧表演对于社会生活的广泛真实的反映,可以使学生从中获得大量的与外部世界联系的经验和信息,对学生知识的积累,思想境界的提升,性格品质的形成,完美人性的塑造具有积极的作用,最终引导学生创造美。

---

① 本案例由上戏附中提供。

"高中艺术综合主题课程"包括整合艺术资源、优化基础型课程、深化戏剧表演体验课三个板块。一系列的以"戏剧艺术"为核心元素的课程,旨在明确学生的角色规范意识,加深学生对自我角色的潜意识认识和对他人角色的理性认知;旨在搭建平台让学生既有"身临其境"的自我体验,又有"设身处地"的换位体验;旨在强化学生的合作意识,让学生学会戏剧元素的合作,指导校园领域的合作,开发社会视野的合作;旨在推进由可能到实现的具有即发性、创造性的生成,展现个人睿智与团队互助的生成,于角色中体验,于体验中合作,于合作中生成。四个元素相依相傍,共同促成了学生认识美、爱好美、创造美的能力。

目前,学校戏剧表演体验课程的设计框架是按年级组分层:高一年级的主题词是"发现自己",第一学期以戏剧游戏为主,学习戏剧常识和声台形的基础技能;第二学期则主要采用"一人一故事"剧场的形式,让学生初步体验戏剧表演。高一年级以剧本朗读和经典改编为主。高二年级的主题词是"发现世界",第一学期主要采用即兴剧训练方式注重学生在规定情境下的角色塑造,培养他们观察生活、简单创作的能力;第二学期重在指导学生通过对学习生活的观察理解,创作校园剧。

(一)整合艺术资源

为了提升学生的美育认识能力,学校整合校本艺术资源,旨在通过各种途径和渠道的高雅艺术熏陶和校园艺术文化活动体验,创建品牌活动,营造"向真、向善、向美、向上"的校园艺术文化环境。

1. 文化名人进校园,现身说法认识美

学校的"文化名人进校园"是希望以文化名人的独特经历、人格魅力影响学生,帮助学生提高自身修养。让艺术专业的学生能够在艺术、文化品质方面臻于上品,让非艺术专业的学生能够入格。学校"文化名人进校园"系列课程先后邀请袁岳、曹可凡、余秋雨、吕其明、陈蓉、陈海燕、何婕、林海、佟瑞欣等著名主持人、演员、作家来校与学生进行交流。如上戏附中于2017年8月31日开展"文化名人进校园,高雅艺术进课堂"系列活动第十二讲,邀请了国家一级演员佟瑞欣来校进行开学第一课。佟老师将热爱戏剧的种子播撒在上戏附中每一个学子的心田,他告诉孩子们艺术的本真就是追求真善美,艺术家的责任是用艺术手段展现真善美并引领观众去追求真善美。在一系列文化名人走进上戏附中校园的过程中,建构起强烈持久的文化熏陶和感染力。系列主题活动的设计,遵循感知、体验、内化、实践的教育过程,保证教育过程的完整性和严谨性,实现文化资源开发的最大化,丰富学生的文化内涵,提升学校文化品质,提升学生认识美的能力。

2. 高雅艺术进课堂,春风化雨浸润美

学校自2013年9月开设"走近经典"系列艺术活动课程,引导学生走近大师,感受经典,通过高雅艺术潜移默化地激发他们对美好的文化品质、艺术修养的热爱和追求,培养学生良好的审美情趣和艺术素养。课程表现形式活泼、多样,有大课、有小课,有动、有静,有分、有合,为学生打开了一扇扇了解艺术的窗口。例如,2015年12月2日,在艺术厅开设的"走近经典"课程——音乐剧《巴黎圣母院》欣赏,音乐剧典型、鲜明的人物形象,巧妙的构思,精良的制作,创造出的完美艺术境界,让学生获得赏心悦目的审美满足,使他们在音乐剧的歌唱风格、音乐伴奏、舞美设计等方面的综合修养得到提升。

3. 艺术社团,自主参与展示美

创意手绘社、泛音合唱团、火舞阁、康定先锋剧场、紫藤话剧社……一个个学生自发组建的艺术社团成为学生展示美的舞台。例如舞蹈社团,通过一段时间的舞蹈锻炼,学生们能够从不同程度感受到舞蹈动作给自身带来的审美体验,有效带动人体的感觉细胞,包括人的视觉、听觉还有动觉等,再加上音乐的配合,唤起学生心底压抑的种种感情,使他们内心积累的各种压力与情感得到释放,从而激发他们对美的向往与追求,有效增强学生的自信心,促使他们敢于大胆地展示自己,并在乐于"享受自我"的同时也乐于"欣赏他人"。又如话剧社团,学生在教师指导下学会"真听、真看、真感受",通过细心观察生活,精心打磨情节,巧心反映社会。还有创意手绘社,学生利用周末,为校园"梦想墙"创作了壁画,集中反映了当下高中生的人生追求、所思所想和对生活、校园的热爱,充满着他们对美和艺术的执着追求和期许。

4. 社会实践,身临其境欣赏美

行以知雅,雅言润泽;雅知雅行,知行合一。为了开阔学生的视野,让学生身临其境地欣赏美,学校不断拓展各种实践机会。上海戏剧学院的毕业生大戏、青年创想周、校友返校活动,静安戏剧谷的演出观摩,SMG 的栏目拍摄,上海国际艺术节的各项艺术活动中都有上戏附中师生的身影。每年高二的美术生会组织西塘采风之旅,启发学生在自然中发现美好、欣赏美好、表现美好;高一、高二戏文班会组织"行以知雅"人文之旅,学生站在曲阜孔庙,登上北京长城,看千年儒家文化,品尝流传至今的中国美食,在行走俯仰之间,深刻感受中华文化之美。

(二)优化基础型课程

1. 开展主题单元教学,让欣赏美成为可能

主题单元教学是根据课程实施的目标,遵循学生学习的一般规律,以主题为线索,开发和重组相关的教学内容,进行连续课时单元教学的教学方式。本课题组成员对教材作了仔细梳理,进行了多次集体讨论,列出高中《艺术》教材的主要内容并逐一分析,将内容分类整理,形成模块。根据每位艺术教师的学科背景进行重新组合,对教材的内容进行二次开发和拓展延伸,开展模块化主题单元教学。在课堂教学中,立足于在每个主题单元设计中均增加体验或实践环节,让学生能在掌握艺术领域基础知识的基础上有一定的操作体验,丰富学生的学习经历。在学生的学习过程中,倡导自主探究、实践体验、合作交流的学习方式与接受性学习方式有机结合,倡导"做""想""讲"有机统一的学习过程,倡导合理灵活地利用各种课程资源和信息技术进行学习,实现学习方式的多样化,通过多种途径满足学生多样化和个性化发展的需要。例如,李开宇老师在舞美设计主题单元设计中带领学生共同探讨构图艺术在舞台美术方面的实际应用。通过在教学中增加实践活动内容让学生运用多种感官参与其中,更加深刻地体验艺术的功能和魅力,以培养学生的艺术感受力、领悟力和创造能力,改变以往基础性艺术课重理论、轻实践的局面。

2. 加强学科整合,让欣赏美成为习惯

艺术现象的出现总会有其深刻的历史文化背景,面对同一种艺术现象,不同学科的教师也会仁者见仁,智者见智。教师跨界整合教学内容,带给学生的更是一种跨界的思维碰撞。如陈伟杰老师和魏丽娟老师开设的"辛德勒的名单"公开课中,陈老师通过让学生观看电影

片段，引导学生分析"声画对位"的艺术形式、分组探究电影中的色彩运用、主题音乐选择的独特效果，并让学生现场演奏主题音乐，使学生身临其境地感受犹太人的悲惨遭遇和主人翁的人性转变；魏老师则引导学生从宗教信仰、民族冲突、希特勒本人性格及经历等角度探究犹太人受迫害的原因，使学生立体地认识了该影片故事创作的历史背景。两位教师默契的配合深入剖析了影片的艺术张力，使学生更为深刻地理解第二次世界大战这段令犹太人痛彻心扉的历史，不仅使学生了解了影片的思想内涵和人文情怀，也启发了学生对人性的思考，深化对真善美的理解，起到了很好的教学效果。

3. 丰富戏剧渗透，让欣赏美可以持续

教学中渗透戏剧元素的方法经验可归纳为：角色扮演，促进学生亲身体验，发挥学生主体性，激发其想象力，增强学生对教学内容的理解能力；利用既有教材资源，同时整合歌曲、电影、故事等资源，寻找与学科之间的切入点或结合点，以此丰富课堂教学；搜集生活故事，编写原创"生活剧"，促使学生主动学习，培养其创新素养。理念深化是戏剧元素渗透可持续发展的关键。学校在学科教学中渗透戏剧元素经历了由"演"为主要形式的渗透到将戏剧的四个核心概念"角色、体验、合作、生成"灵活融入课堂教学的转变。戏剧元素的渗透从戏剧形式上的渗透走向理念上的渗透，这体现了学校对戏剧艺术认识的深入，从而也赋予了戏剧元素渗透理念可持续性发展的可能。

学校的艺术基础教育教师遵循马克思主义的美学理论，运用所学的美学基本原理，把握美的本质和特征，掌握正确的审美标准，按照美的规律，借助艺术作品去探索各种审美实践活动，从而树立学生正确的审美观念、审美理想，提高学生对美的鉴赏能力，使情感得到净化，理想得到升华，并且学会欣赏美。

（三）深化表演体验课程

戏剧表演体验课程借鉴创作型戏剧的相关理论，意在让学生在教师的带领下，利用戏剧元素作为教学媒介对教学内容进行针对性的探索，这些探索在培养学生语言表达、解决问题、建立概念、社会认知、情感融入、价值判断及剧场艺术等能力上有着非常显著的提升作用。戏剧表演体验课的形式是以"演"为核心，在主题活动的教学过程中，基于学生艺术素养现状的不同，能够对不同层级、不同学情的学生起到良好的教学效果。

戏剧表演体验课程除了给予学生一定的舞台表演体验之外，更为重要的是让他们能在过程中跳出固有的思维模式，真真切切地感受生活、感受美，最终学会利用戏剧形式表达对生活、对美的独有认识。戏剧表演体验课提倡学生在活动中学习，进而激发想象力与创造力，通过戏剧体验来促进他们的全面发展，提升感受力。通过戏剧表演体验课程分年级进行的强化与提升，最终达到学生能够发现美、体验美和创造美的美育目的，提升学生的整体审美能力。例如，高一下学期的戏剧体验课教学立足经典剧本《雷雨》，重点放在对角色的体验和塑造上。指导教师先将学生分成A、B两组，布置表演片段，然后教师简单地为每组说戏，让学生了解一些与《雷雨》相关的基本专业知识。学生利用课余时间熟记台词，设计动作，揣摩人物内心，排练好表演片段。教师只给予适时的、必要的、恰当的指导。课堂上，A、B两组分别回课，学生谈自己塑造角色的体会以及点评另一组对应角色的表演，教师针对表演中发现的比较明显的问题加以点拨，引导学生进一步体会角色性格。在塑造角色的过程中，学生都明显感觉到自己和角色之间存在差距,虽然剧中的人物与学生无论是生活的年代还是年龄都相去甚远,但为了更好地塑造角色,学生在创作中充分运用自己生活常识以及自身的内外部条件,努力克服和缩小与角色的差距。很多学生感叹"每次演完,才发现内心深处另一个自己,并体悟到戏剧的力量"。

好风凭借力,送我上青天。上戏附中以戏剧的"角色""体验""合作""生成"四个概念为核心,统整学校课程和软硬件环境,以戏剧认知的培育内化学生的核心素养,涵养学生的审美品质。学校的高中艺术综合主题课程更如一缕缕春风滋润着学生的心田,吹开美育之花,让学生永远与美同行!

第二章

人才培养模式探索

创新人才培育模式是全面贯彻党的教育方针,落实立德树人根本任务,培养社会主义的合格建设者与接班人的必然选择。《国家中长期教育改革和发展规划纲要(2010—2020年)》(以下简称《纲要》)明确提出:"创新人才培养模式,适应国家和社会发展需要,尊重教育规律和人才成长规律,深化教育教学改革,创新教育教学方法,探索多种培养方式,形成各类人才辈出、拔尖创新人才不断涌现的局面。"高中阶段正是学生价值观、人生观和世界观确定与形成的关键时期,也是学生人生转折的重要阶段,大多数学生会在此阶段开始规划自己的人生与未来。当前,高中学校探索人才培养模式已经成为学校多样发展的关键所在。

课程领导力项目学校分别从学校特色课程创建、学生个性化学程与走班制、整合利用社会资源等维度展开实践探索与研究。

第一节　人才培养模式

21世纪的竞争是综合国力的竞争，是高科技的竞争，归根结底是人才的竞争。高中学校选择什么样的人才培养模式，意味着向社会输送什么样的人才。世界各国针对高中人才培养模式进行了长期的、多元的实践探索，并形成了有现实意义和深远影响力的做法和经验。

一、国内外人才培养模式概要

马克思关于人才理论的建立，开启了人才研究与人才培养的历史大门。当前，世界各国都在积极探索人才培养的战略，深入研究适应不同历史时期人才培养的教育改革模式。

（一）国外人才培养模式的新做法

多数学者认为"人才培养模式"是指在一定的现代教育理论、教育思想指导下，按照特定的培养目标和人才规格，以相对稳定的教学内容、课程体系、管理制度和评估方式，实施人才教育过程的总和。

1. 法国高中确定"教育三大目标"

法国自2009年启动新一轮高中教育改革开始，将"更好定向、更好辅导、学好外语"确定为高中教育三大目标，给学生更好的选择权利、获得更好个别辅导和更好适应能力培养。北京师范大学王晓辉在《法国高中启动新一轮教育改革》一文中阐述了法国高中教育改革的特点，明确提出要使每个学生都能获得成功的高中教育。张为宇和尹娜在《法国国民教育部公布实施高中教育改革具体措施》一文中，详细阐述了法国高中教育改革和人才培养的具体做法：建立循序渐进、宽容开放和针对性强的学业定向机制，更好地引导学生选择发展方向；设立因材施教的个性化辅导机制，帮助学生挖掘潜能，发挥特长；加强外语教育、文化艺术教育和责任意识培养，培养学生适应新形势发展。

2. 芬兰高中实行"弹性学制"

芬兰从1994年以来进行了一次比较彻底的高中教育改革，特别强调学生能力和综合素质的培养，尤其是在增加学生的课程选修、创设独立学习的空间、设立学生顾问制度、加强对学生的管理和辅导等方面，有着重要的借鉴和学习意义。李家永在《芬兰普通高中教育的改革》一文中详细论述了芬兰高中教育改革和人才培养的具体措施，包括实行弹性学制，编制"模块"课程，实行短学期制，无年级授课制度，增加学生课程选修和独立学习时间，加强对学生的管理与指导等。这些给我们的启示在于高中在人才培养上要更加注重灵活性、学生个体差异性和针对性。

3. 美国高中实施"软技能"培养

美国高中教育非常强调创造能力培养和个性培养，非常注重非学科性的"软技能"培养，同时也重新强调职业与技术教育。中国驻美国大使馆教育处王晓阳在《美国高中教育现状、改革趋势及对我们的启示》一文中,特别强调了值得我们学习和借鉴的是要高度重视对学生综合素质这种"软技能"的培养,以及在普通高中加强对学生职业生涯技能与技术的教育。陈先乐在《美国高中教育与中国高中教育比较及思考》一文中也谈到,美国高中教育突出以学生发展为本,课程设置重视学生个性发展,课堂教学民主、和谐、生动、活泼。这些对于人才的成长与发展营造一个适合生长的氛围是非常重要的。

4. 新加坡高中实行"社区参与计划"

新加坡的高中教育改革提出"少教多学"的育人模式,减少死记硬背的学习方法、重复性的测验和预先设定好的答案,促进教学质量的提高,也通过创新有效的教学途径和策略,给学生更多的表达机会,发展学生的终身学习技能和培养学生健全的性格;加强学生对"社区参与计划"和其他课外活动的参与,培养学生的冒险、创新精神,通过课外集体活动的训练增强学生坚韧不拔的意志品质及团队合作和领导能力。

(二)国内人才培养模式的新特点

我国自20世纪70年代创立"人才学"以来,对于人才的研究开展得轰轰烈烈,并形成了相关的研究成果。为适应人才培养的需要,我国启动了多次高中阶段的教育改革。这些改革对高中教育多样发展起到重要推动作用,对创新人才培养模式起到了促进作用,为进一步丰富人才培养模式奠定了坚实基础。

1. 创建多样化的特色高中

《纲要》对高中教育多样化和学校个性化发展所提出的具体要求,推动着学校积极参与高中多样化和特色化创建进程,形成了立足学校传统和优势,大力发展有特色的校本课程,形成了一批科技、艺术、体育、外语等特色鲜明的高中学校,为学生提供了多样化课程选择与多元发展的机会。陈成忠在《普通高中培养模式多样化研究——以山东省泰山中学为例》一文阐述了学校以艺术课程(包括舞蹈、美术、播音主持、模特、空乘等)、体育课程(包括橄榄球、高水平运动员等),对艺术和体育特长生进行培养,以少数有特长的学生作为学校培养的主要对象,在学校招生和课程开设等方面给予支撑,进行个性化人才单独培养模式的实践探索与创新。

2. 探索民办高中培养模式

民办高中教育是高中教育的重要组成部分,为学生提供多元选择的可能。民办高中主要结合学校的办学方向,有针对性地展开人才培养方式的实践与探索。2011年6月20日,搜狐教育报道了北京爱迪学校、北京王府学校以国际高中引领多元化人才培养的模式。

3. 展开个性化的多元探索

刘仕森在《高中教育要为杰出人才培养奠基》一文阐述了广州市执信中学"把学生作为人才来培养,把育人作为培养未来杰出人才基础工程来实施"的理念,把知识为本的课堂教学转向学生发展为本的文化育人转变,从科学知识传授拓展为科学创造的文化滋润。牛怀德在《普通高中人才培养模式多元化的思考》一文阐述了天津市天铁集团第二中学从多元化课程设置,到多样化的教学模式和多元化评价探索了对人才培养方式的改革。

4. 注重境内外的交流互动

上海市一些高中举办优秀学生海外游学与交流项目,开展教育国际化学生研讨会、夏令营、网络课程等多样化、多渠道的实践探索,立足于增加高中学生实践学习经历,开阔全球视野,提升国际素养,促进多元文化的理解与包容。

(三)人才培养面临的挑战

1. 社会发展对人才的需求越来越多样化

《纲要》明确指出:"办学体制多样化,扩大优质资源,推进培养模式多样化,满足不同潜质学生的发展需要,探索发现和培养创新人才的途径,鼓励普通高中办出特色。"但是,当前高中学校之间仍然存在现实的客观差异,仍然受到优质教育资源分布不均衡的影响,受到课程改革进程及其实际效果的影响,一定程度上影响着高中人才培养模式的多样化;支撑高中多样化与个性化发展的优质资源普遍不足,学校人才培养模式相对单一,学校间同质化现象比较普遍,特色育人模式不够鲜明;学校对多样化人才的早期发现与培育不够精准,根据学生个性发展的需求开展因材施教方式的教育探索有待深入。

2. 新高考环境下选择性增加需要多方适应

新高考根据人的全面发展需要,进一步关注了学生的兴趣爱好及其多样化选择,为学生提供了高选择性的培养方案,让学生可以按照适合自己的路径去发展,从而促进学生全面而又有个性的成长,顺应当前社会快速发展的要求,这是新时代赋予学校的挑战、赋予教师的挑战。这也是新教育生态下人才培养模式的变革,传统培养模式有着明显的计划性特征,学校怎样结合实际重新规划课程方案,合理配置课程教学资源,探索新型的人才培养模式,这些都成为当下学校必须面对的现实问题,需要学校、教师、学生与家长多方配合,接受挑战并主动应对,在新高考推进过程逐步建立适应性。

3. 高中阶段人才培养模式需要进一步创新

高中人才培养模式的探索与研究,多数学校还是集中在课程改革方面,而且主要集中在教育发达地区和资源富有地区。随着2018年新一轮全国高中学校综合改革的推进,学生综合素质发展评价被列入升学成绩等,高中阶段课程改革探索人才培养模式更加引起人们的关注和重视,人才培养模式的设计和创新需要进一步加快。陈高优汗在《普通高中教育改革探索》一文强调了创新人才的早期培育必须是个性化的,受高考评价和传统教育因素的影响,学校往往更多地以学生在考试中取得高分或是竞赛中取得名次引领学生的发展,这种以学校为本的育人方式势必影响学生创新素养基础的夯实。志向、兴趣、潜能的引领是以学生的发展为根本立足点,尊重每个学生的差异,针对学生特点进行个性化的培育与研究是今后人才培养模式探索与研究的方向。

二、上海高中人才培养模式的新探索

随着社会的转型发展,学生需求越来越凸显个性化态势,引导学生适应新课程改革环境,发展关键能力,上海高中在人才培养模式上进行了新的探索。

(一)彰显特色课程为载体

特色课程是在学校独特的课程哲学思想引领下,构建适合本校学生个性化的,具有独特性和优质性等特点,在长期的教育教学实践中产生一定影响力的课程或课程体系。特色课程建设首先是满足学生个性化的差异教育,学校创建特色课程是对育人的价值观体系进行选择、确立、坚守并付诸实践运作的一项综合性工作,特色课程体现了学校育人的整体观,特色课程育人的实践范式探索主要在于回答学校"培养怎样的人,怎样培养人,以怎样的课程培养人"的问题。

1. 实践探索

课程领导力项目学校的特色课程建设,围绕"人才培养""研究方法""问题聚焦""问题解决策略"等方面进行分析(见表2-1)。

表2-1 高中学校以特色课程培养人才实践例举

学校名称	以特色课程培养人才	实践探索过程		
		研究方法	问题聚焦	问题解决策略
宜川中学	戏剧课程:以戏剧课程培养学生的人文素养与艺术素养	实验验证法、行动研究法	戏剧教育与学科教育的联系和区别;普艺戏剧课程的异同	① 顶层设计,分层架构,自主验收,进行非学科逻辑的课程开发;② 创生实施流程,实践观察,基于目标修正
曹杨二中	"一轴两翼"课程:以社会实践育人为中轴;以中华传统文化滋养的博雅教育实验和以跨文化的国际理工创新实验为两翼	行动研究法	课程体系的包容性与课程的关系问题,与课程方向的选择性的关系问题	① 按照"全员走班"课程模式重新架构学校的课程;② 书院制课程中实行"流动制""学长制""导师制"等
亭林中学	享受体育特色课程:培养"健身、修身、励身"的人才	调查研究法、研发总结法	体育核心素养的课程基础;特色课程体系的建设等	① 调查研究与课程开发相结合;② 课程实施与科研推动相融合等
扬子中学	"Y-STAR"课程:综合应用科学、技术、艺术、阅读搭建适合学生个性发展需求的平台,培育扬子之星	创意设计法、实践研究法	特色课程与综合课程体系之间的区别;学科特色课程的相对单一的问题	① 设计学生能够参与的实践项目;② 教师之间合作开发校本课程
上戏附中	个性化"3D"课程:从个性化和戏剧特色两个维度为学生的兴趣需求与发展奠基	创意设计法、实践应用法	学校育人目标与课程怎样衔接;艺术生和普通生发展的课程载体	① 对"3D"课程进行论证与顶层设计;② 将"3D"课程应用到教育教学实践之中,服务于学生戏剧素养提升

2. 创新经验

上海市高中学校在课程领导力项目中,以立德树人根本任务和社会主义核心价值观为指导,根据学校办学基础和学生发展定位,从本校办学思想和育人目标出发,以创建特色课程为载体,不断探索学校特色育人的实践方略。聚焦学校特色项目课程、主题式特色科目群和学校特色课程体系建设,形成了一些源自实践的独特做法与经验,如图2-1所示。

3. 典型案例

宜川中学开发并实施"戏剧人生"特色课程,紧紧围绕"为谁培养人、培养什么人、怎样培

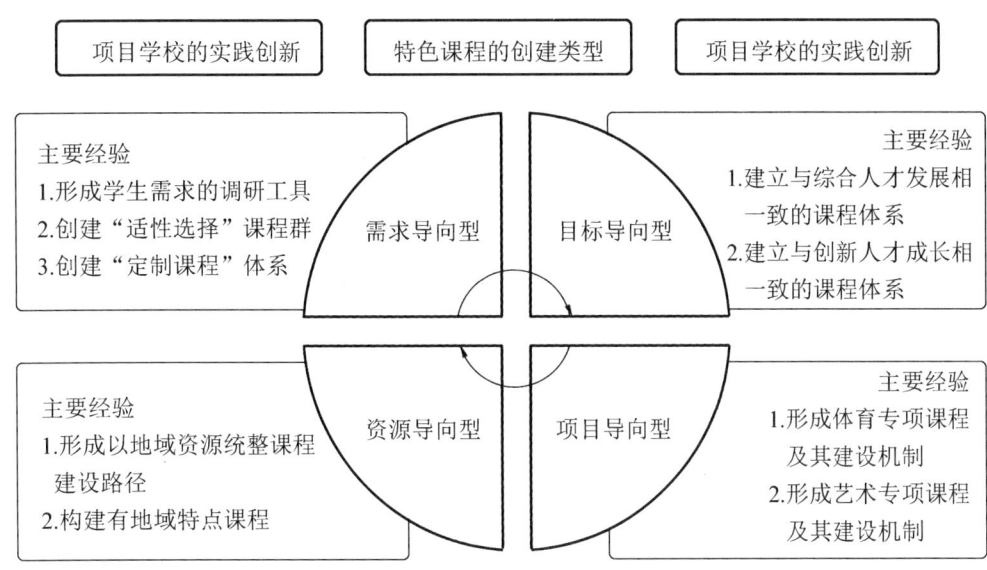

图 2-1 上海市部分高中学校构建特色课程育人的实践创新点

养人"这个核心问题,理清立德树人的根本任务,并将其在整个戏剧课程中进行贯穿,凸显以"戏剧"特色育人目标培养人才的学校价值追求,注重学校个性发展,自主创建"戏剧人生"课程图谱。"戏剧人生"特色课程框架结构见表 2-2。

表 2-2 "戏剧人生"特色课程框架结构

学段	课程类型	课程设计	课程内容
高一上	通识体验课程（自我发现）	任务设计	名画模仿;经典剧片段"模仿再现"
		知行水平	感知与欣赏
		过程经历	案例体验学习
		学科整合（基础整合）	语文/英语——剧本与造型 历史——时代与背景 美术——舞美与服装 音乐——表演与唱词 劳技——空间与道具
		表现评价	"校园艺术节"——戏剧专场(元旦)
		面向人群	人人参与、独立完成
高一下至高二上	综合实践课程（兴趣发挥）	任务设计	课本/经典剧"改编创作"
		知行水平	编创与表演
		过程经历	团队合作实践
		学科整合（拓展必选）	文史哲——从课本到剧本 艺术类——从剧本到表演
		表现评价	开发"评价量表"
		面向人群	兴趣学生、小组合作

(续表)

学段	课程类型	课程设计	课程内容
高二下	创意实践课程（志趣发展）	任务设计	校园青春剧"原创表演"
		知行水平	创意与实现
		过程经历	校园热点调查——选题 组建小组——分工 剧本创作 道具舞美制作 话剧排练 市场营销
		学科整合（社团活动）	戏剧综合教研组 （学生聘请指导教师与专家）
		表现评价	学生网上投票、评选（学生自行组织）
		优秀成果	真人图书馆归档——颁发馆藏证书
		面向人群	特需学生、团队合作

（二）关注个性化学程与"走班制"

为每个学生提供最适合的教育，使学生的个性特长得到充分发展。既要尊重教育规律和学生身心发展规律的要求，又要适应现代社会多元化人才结构的要求。更新教育观念，创新育人模式，促进学生个性化学习，发挥每个学生的主体性、主动性，引导学生主动、积极地投入学习之中。这就需要高中阶段教育工作者更加关注学生全面、多样且有个性的发展。当前，个性化学程和走班管理育人方式成为学生个性发展的主要路径之一，因为它可以改变人才培养的趋同化、千人一律的教育现象，成为遵循教育规律和人才成长规律的重要体现。上海市部分高中参与课程领导力项目，其中育才中学的"普通高中学生个性化学程的设计与实践"项目获得了2014年基础教育国家级教学成果一等奖。大部分高中学校能结合新高考形势针对个性化学程和走班管理的育人方式展开实践研究。

1. 实践探索

课程领导力项目学校的个性化学程和走班管理，围绕"人才培养""研究方法""问题聚焦""问题解决策略"等方面进行分析（见表2-3）。

表2-3 高中学校以个性化学程和走班管理培养人才的实践例举

学校名称	以个性化学程和走班管理培养人才	实践探索过程		
		研究方法	问题聚焦	问题解决策略
育才中学	分向模块学程与走班管理：引领个体的发展与成长，利于学生个性天赋的释放，符合未来社会的发展	成果推广法、实践研究法	①"学生立场"的学程设置？②社会需要怎样的人？	① 将学生学习经历统整后建构课程；② 开展基于学程的课堂教学；③ 建设服务学程的管理平台

(续表)

学校名称	以个性化学程和走班管理培养人才	实践探索过程		
		研究方法	问题聚焦	问题解决策略
大同中学	生涯序列学程与自主走班管理:为学生提供选择,帮助与指导学生学会选择,为未来发展奠基	课题分解法、实践研究法	① 学生怎么走班? ② 怎样指导学生走班?	① 设立专项研究室; ② 整合日常课程实施,建立保障机制
市西中学	优势学程与开放走班课程:提供多向课程,促进学生发挥自身优势,为每个学生成才铺路搭桥	系统设计法、文献研究法	① 怎样科学诊断学生优势? ② 怎样指导学生选择?	① 建构符合优势发展的课程群; ② 推行"思维广场"实现优势发挥; ③ 研制诊断评价工具

2. 创新经验

目前,上海市大多数高中学校都在应用个性化学程和走班管理培养学生,从学校的实际运作中不难发现共性的做法和有指导性的经验,如图 2-2 所示。

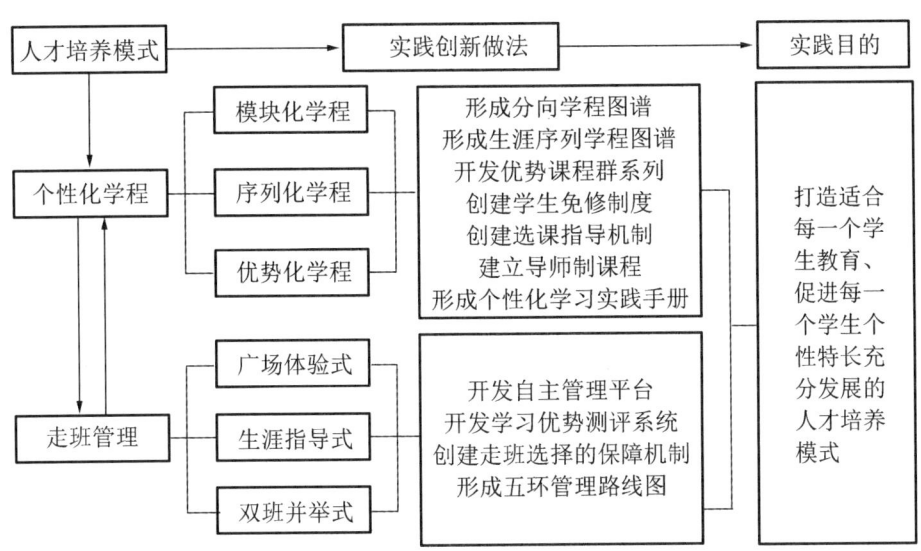

图 2-2 上海市部分高中个性化学程和走班管理实践创新

3. 典型案例

育才中学的学程和模块设计改革,是高中课程教学改革的一项新突破,这种新的课程实施办法为学校实现课程内容和教学方法的多样化提供了可操作的空间,也为学校在课程的自主权方面开拓了一个全新的空间。育才中学个性化学程课程建设路径如图 2-3 所示。

(三)注重整合利用社会资源

上海市中小学的拓展型、研究型课程的开发与实施,与社会优质教育资源紧密关联,整合和利用社会资源已经普遍存在,一方面,能够为学校课程体系带来多元课程,为学生个性化发展奠定基础;另一方面,社会资源可以拓展学生的视野,能给学生提供真实的学习情境,促进学生开展深度学习,改进学习环境。

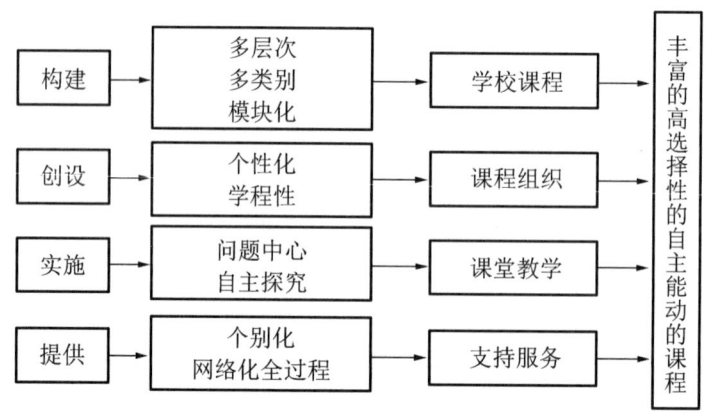

图 2-3 育才中学个性化学程课程建设路径

1. 实践探索

课程领导力项目学校整合利用社会资源,围绕"人才培养""研究方法""问题聚焦""问题解决策略"等方面进行分析(见表 2-4)。

表 2-4 高中学校整合利用社会资源培养人才的实践例举

学校名称	整合利用社会资源的模式	实践探索过程		
		研究方法	问题聚焦	问题解决策略
莘庄中学	双新课程平台:学生有机会走进新科学、新技术领域	实践研究法	① 吸收资源合作开发课程的问题;② 专业化教师资源的问题	① 应用市双新课程平台开设课程;② 与大学教授合作指导学生;③ 与多方合作建立教研联盟
嘉定二中	家校共同体:家校社合作,为学生发展提供丰富的平台	系统设计法、实践研究法	① 学校资源的局限性问题;② 家长发挥教育合力问题	① 学校建立家校互动机制;② 引入学校周边的社区资源;③ 建立创新实践站
上戏附中	四方平台:学生接触更多戏剧资源,专业能力得到提升	对话法、实验法	① 专业型教师缺乏的问题;② 艺术特色怎样打造的问题	① 提供菜单式、定制式、资源式课程;② 艺术文化名人进校园;③ 普艺融合机制

2. 创新经验

上海市基础教育经过多年实践探索,开发与建设了大批量的社会教育实践基地。因此,高中学校可以整合利用的教育资源丰富多样,能保障学校课程体系多样化建设、学生个性化发展的基础需要。高中学校在实践整合与应用过程中彰显教育理想与教育智慧,或整合社会教育平台,或自主开发资源利用平台,创新并建立了很有影响力的社会资源整合与利用的长效机制,如图 2-4 所示。

3. 典型案例

上海市"双新课程"(新科学、新技术的创新课程)是由市教委教研室组织开发,以现代科

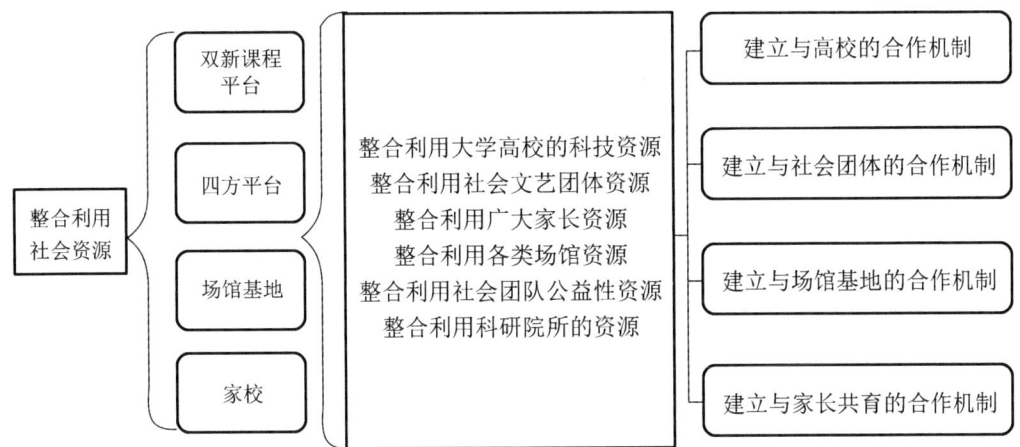

图 2-4 上海市部分高中学校整合利用社会资源的实践创新

技为背景、以科研课题为核心,向广大中小学生提供较为完整的科技创新经历,以培养广大中小学生的创新意识和创新能力的新课程。

莘庄中学将市双新课程平台与学校"DIY 特色课程群"的资源整合,依托现有的"精妙科技"课程资源,建设创新实验室和网络虚拟实验环境,开发实施莘庄中学"双新"综合实践课程群,培育学生科学素养。

莘庄中学在组织架构上对应金字塔课程体系,采取以下方式:基础课程利用 Arduino 单片机,进行劳技课程的校本化实施;个性化课程以新科学、新技术为理念,开发出含金量更高的拓展、研究课,例如"计算机程序控制"和"多彩功能膜";荣誉课程有面向小群体的精品课程,如创新大赛。

第二节 特色课程建设

高中特色发展及特色课程建设是一所学校对整体办学思路及教育价值的坚守,是学校课程建设中表现出的与众不同之处;也是一所学校对落实立德树人根本任务所展开的个性化实践探索;还是学校对教育思想与价值观的选择、确立与坚守;更是学校为培养人才所付诸的实践行动和在个性化时代对教育精神挑战的回应。

一、特色课程建设意义

学校以创建特色课程为抓手,创新高中学生个性化发展的课程体系,这是站在未来社会公民的人生发展高度,深化并研究学生可能有的生活模式与个性经验,让当下学生的学习经历和学校生活成为他们人生经验建立的关键基础,给予学生个性化的文化体验与心灵感悟。

(一)特色课程建设的实践意义

学校自主展开特色课程建设,一方面遵循统一规范要求,另一方面通过课程创新弥补学校在多元化需求和办学的灵活性等方面的不足。学校有着课程开发和课程设置的自主权,体现学校办学的独立性和办学特色。

1. 特色课程彰显学校文化的精神特质

学校文化是学校发展的灵魂,学校的办学价值理念必会以不同方式反映到课程中。特色课程建设与学校办学思路、长远发展规划常常是紧密关联的,学校文化是特色课程建设的理念支撑。学校文化是经过长期发展历史积淀而形成的,它可以是全校师生的教育教学实践方式,也可以是学校在长期办学实践中所缔造的精神家园;它既包含着一所学校的物质文化和制度文化,也包含着学校的精神文化和行为文化等。学校文化的核心是学校的办学精神、办学思想、教育理念等。学校课程领导力不断提升的过程便是特色课程建设与学校文化建设相互融合的过程,特色课程建设对于学校特色发展目标的达成,对于学校独特精神气质的建设能够发挥实质性的推动作用。

2. 特色课程引发学习环境的变革

学校的物理空间环境是学习环境的组成部分,更是培育人才的重要场所,是学校精神在校园空间内的呈现,学校空间环境同样凝聚了全校师生共同的价值观、信念与愿景。因为特色课程建设及其核心要素的建构梳理,使学校文化的独特性和外显性越来越清晰,校园建设将围绕学校核心价值理念,一方面将师生中有影响力的特色课程可视化,另一方面将校园环境进行课程化改造,以"润物无声"的隐性课程创建育人环境,并形成自身特有的视觉品牌效应。

3. 特色课程推进高中特色学校的建设

特色课程彰显着学校独特的办学理念,支撑着学校的办学特色。在高中多样化、个性化发展过程中,上海市高中学校纷纷探索其特色发展之路,而特色高中的生命力在于有高质量的特色课程,推进特色学校建设的根本途径也是特色课程:一方面办学特色的发展需要特色课程的支撑,另一方面特色课程的开发又进一步提升了学校办学和发展的核心竞争力,极大地催生了学校的特色办学思想。

(二)特色课程建设面临的现实挑战

以特色课程建设促进学校的特色发展,虽然已经被大部分高中学校在教育教学工作中积极采用,但是由于特色课程的独特性、实践性、校本性等特点,在特色课程开发与实施过程中必然碰到以下一些共性的现实问题,需要学校采取积极有效措施主动应对。

1. 怎样定位学校特色课程建设的方向?

学校发展之"特色"是指与众不同,不是平平常常,而是有自己独特的特点,在《现代汉语词典》中释义为"事物所表现的独特的色彩、风格"。特色发展是指在日常教育工作中比同类学校更加具有独特鲜明的办学特征与风格,这就要求学校站在全面、系统、客观的基础上,将日常工作与深入研究相结合,理清学校独特风格所在及其发展脉络,理清学校办学思想与课程建设的内在逻辑。以特色课程建设培养学生是一项复杂的系统工程,不仅需要一定的时间周期,更需要多方人员付出大量的"心智劳动",探索学校特色课程建设的方向,创建适合学生个性发展的课程载体。

2. 怎样提高教师对特色课程建设的适应性?

学校特色发展的关键还在于教师,因为促进学校特色发展的各项工作都需要教师的共同参与,尤其是学校特色课程建设更需要教师参与开发、实施与评价的过程。教师的课程意识和课程能力影响着学校特色课程建设的水平,关系着学校特色发展的进程与质量。而教师的课程开发能力、课程实施与评价的能力,并不是短时期能解决的问题,为此学校借助课程领导力项目推进学校特色课程建设,促进教师不断提升自身对特色课程的理解,促进教师进一步提升特色课程建设引领人才发展的关联性认识,促进教师在参与特色课程创建行动中提高课程开发创新能力,加快教师对学校个性特色发展的适应性,是学校特色课程建设过程所面临的关键问题。

3. 怎样应对学校特色课程实施管理的复杂性?

参与课程领导力项目的高中学校,在新的形势下遇到课程管理的复杂性问题,一方面来自学校特色课程建设的个性化、课程设置的精细化、学生选择的多样化,另一方面恰好遇上新高考,学生选学科、选课程、选班级等变化多端的课程实践方式,给学校课程管理增加很大难度。学校通过怎样的智能管理、系统管理和个性化管理,建立包括特色课程在内的课程管理机制,让学校在多项变革事物之中始终保持特色发展的良好形态,是所有高中学校需要积极应对的问题。与此同时,由于学校特色课程建设具有连续性、顺序性和整合性等特点,特色课程建设是多种课程要素相互一致、共同作用的过程,课程领导团队需要发挥领跑作用,成为学校特色课程创建与学校个性发展的倡导者和带领者,校长需要以相对前瞻性的课程思想,通过一定的管理机制将其转化为全体教师的集体意识与行为,结合本校实际探索提升学校整体课程意识的路径与方法。

(三) 特色课程建设的方略

1. 建立假设[1]

学校以特色课程建设促进特色发展,需要研究隐藏在学校课程背后的基本假设,思考这个时代对教育的挑战。

(1) 关于时代特征的假设:我们处在一个全球化的知识经济时代,信息技术一方面将地球时空压缩,另一方面推动高新技术将就业从体力向脑力转移。

(2) 关于教育目的的假设:全球化教育所培养的人应是有道德与合作精神的、天赋充分展现的、能提出新问题并创造性地着手解决问题的人。

(3) 关于人的本性及学习机制的假设:人的本性不是预设的,也不是可以随意改造的,学生在进入学校之前,其心智结构的生长是一个通过外部活动和逐渐内化的心理运算不断自主建构的结果,学校学习不是中断而是加速这种建构,并使其最初的通过自我探索所形成的心智发展,在学校生活中通过指导和有系统的学习变得更结构化,从而形成个性化的心智结构。

(4) 关于知识价值的假设:虽然各种不同的知识是课程设计的依据和题材,但知识的作用不在于形式训练,不在于固定为学习者的心理内容,更不是课堂间对话的文本,而是学习者借以探索和实现自我发展的精神资源。

2. 地方性知识

特色课程建设的出发点,主要是更好地满足学生的个性化发展。一定类型的知识对学生的心智发展有着深刻的影响,地方性知识就属于其中的一种。地方性知识并不是指特定的、具有地方特征的知识,而是一种新型的知识观念,对于一个地方或者一个地域,在知识的生成过程中所形成的特定的境脉(Context)。包括地方特定的历史条件所形成的文化与亚文化群体的价值观,由特定的利益关系所决定的立场与视域等。

境脉是一种教育观念,有其理论体系。例如,境脉学习理论十分强调学习者内部世界对于学习的重要性,重视对学习者现有的知识结构、学习动机和学习兴趣的分析。学生自身原有的记忆、经验、动机和反应构成一个完整的内部世界,学习者在处理这些信息或知识时,其内部世界发生意义,学生的学习过程才会发生。而地方性知识是学生原有的一种记忆和经验,对学生的培养应建立在这种经验基础之上。

3. 课程原理[2]

基本假设和国外高中的课程设置均说明课程是实现人才成长的基石,是帮助学生建立学习经验的载体。特色课程将成为实现教育目标,帮助学生建立个性化学习经验的实践操作模式。

美国课程学家拉尔夫·泰勒在《课程与教学的基本原理》一书中,对"怎样确定学校的教育目标""怎样选择有助于实现教育目标的学习经验"均做了详细的论述。他支持"学习经验"既不同于一门课程所要传授的内容,也不是教师所开展的各种活动。"学习经验"是指学

---

[1] 邢至晖,韩立芬.特色课程:机制与方略[M].上海:华东师范大学出版社,2013.
[2] 泰勒.课程与教学的基本原理[M].罗康,张阅,译.北京:中国轻工业出版社,2018:3.

习者与使他起反应的环境中的外部条件之间的相互作用。学习是通过学生的主动行为而发生的。适合"学习经验"有助于实现学校的"教育目标"。

关于"教育目标"来源的论述：教育是改变人们行为模式的过程。这种"行为"包括人的思维、情感以及外显的行动，引领学生向着理想的方向变化与发展便是课程要实现的目标。

"教育目标"来源于学生的需要，主要包括学生心理发展的需要、兴趣特长发展的需要、实践能力与成长的需要。

"教育目标"来源于对当代校外生活的研究。泰勒认为：学生生活情境与学习情境有着明显的相似性，学生所处的当代生活能确立课程目标的实践价值，帮助学生更充分地满足自己的兴趣，并达成意愿，实现抱负。

"教育目标"来源于利用哲学思考下的选择。学校有自己的课程思想与哲学思考，并且明确学校哲学所陈述的，或者所隐含的重要教育价值观，并且运用这种价值观对原来已有的目标进行精选。

"教育目标"来源于利用学习心理学的筛选。要求根据学习心理学理论的重要要素，结合每个要点指出其对教育目标可能有的意义，并用来检查可能存在的目标，选出合适的目标，排除无法达到的目标。

4. 国外课程启示

课程多样化成为发达国家中学课程最为显著的一个特点。通过学校课程的多元设置为发展学生个性发展，拓展人才培养路径起到很大的保障作用。

多元化是澳大利亚中学课程最为显著的一个特点，课程种类多样，范围涉及广泛，满足了不同学生的需要，具体体现在以下三个方面：种类丰富的课程设置有利于学生的全面发展；职业课程与普通课程融合，为学生提供更多选择；鼓励以校本课程为主的多种课程模式，适应多元文化的地区差异。其中的扩展类课程是为培养学生的兴趣和发展学生的综合能力而开设的，需要在完成基础课程后开始学习。许多扩展课程都与大学课程相互衔接，其中一部分已经得到大学的认可，学生在进入大学后可免修部分学分课程。澳大利亚中学的课程设置见表2-5。

表2-5 澳大利亚中学的课程设置

学科领域	课程大类	七大类扩展课程
英语 数学 科学 人类社会与环境 技术和应用研究 创造艺术 英语以外的其他语言 个人健康发展与体育	基础课程 扩展课程 职业技能课程 生活技能课程 校本课程	高级科学类（科学通论、数学、化学、物理学、电子学、今日科学、农学、生物学、环境研究等） 计算机科学类（计算机研究、计算机与社会、信息处理技术、软件设计与开发等） 社会科学类（社会与文化、社会学、法律研究、家庭科学等） 语言类（英语、德语、法语、意大利语等） 美术和工艺类（工艺美术、视觉艺术、实用汽车工艺、纺织学、食品科学、园艺等） 音乐与文艺类（钢琴、提琴、吉他、舞蹈、戏剧表演等） 个人健康发展类（健康与体育、公民教育等）

在芬兰每一个新学年的开始阶段,学校会给学生每人一本《课程设置指南》,以便学生随时查询。学生根据自身情况和各自不同兴趣爱好,选择制订自己的学习计划,选择不同的学段课程和适合自己的任课教师。学校同时配套有学生顾问制度、指导员制度和学生自我管理制度,以此保障该课程体系的正常运转。① 芬兰高中的"无班级授课制"课程设置见表2-6。

表2-6 芬兰高中的"无班级授课制"课程设置

课时比例(%)		教学组织	最低选修要求		最低开课人数
必修课	选修课	学生依选课走班无固定班级教室	必 修	选 修	8—10名学生
30	70		45学分	30学分	

法国改革后的新高中以培养适应新形势发展需要的人才为目标,加强对学生的学业定向指导、个性化辅导、外语教学和文化艺术教育及责任意识培养。为学生设立因材施教的个性化辅导机制,帮助学生挖掘潜能、发挥特长。② 法国高中增设课程见表2-7。

表2-7 法国高中增设课程

高一(一门)	高二(七门选修)	高三选修领域
探索性课程	应用数学类 艺术类 外语类	理科类(占60%) 文科类(法律与当代世界的挑战) 社会经济学类

必修课和选修课既紧密结合,又各司其职,成为美国中学教育的一大特色,这一课程体系在发展学生个性、培养创新人才方面,起到很大的保障作用。除了必修课程外,中学生可以任意选择学校提供的选修课程学习。美国中学的选修课程多达200多门,私立综合性中学选学术性选修课程的约占80%;公立中学学生的选修分布比较均衡,学术性、职业性与中间性的选修比例约为3∶3∶4。美国中学的选修课正在向微型化、生活化方向发展③。美国中学选修课程设置见表2-8。

表2-8 美国中学选修课程设置

必修核心课程	高中自主选修课程	中学选修课分类
英语、数学、科学经济、艺术、历史公民与政府、外语	占总课程二分之一	学术性选修课:升大学用(如AP课程、IB课程和DE课程) 中间性选修课:提高生活品质和生活技能(如艺术、表演艺术、运动、烹饪、驾驶等) 职业性选修课(如机械、电子等)

---

① 卢枫,任新军.关注每个学生——透视芬兰高中教育改革[J].现代教学,2011(1):156-157.
② 张为宇,尹娜.法国国民教育部公布实施高中教育改革具体措施[J].基础教育参考,2012(23):27-29.
③ 赵忠民.美国中学课程设置现状及其发展趋势[J].外国中小学教育,1998(5):19-21.

二、特色课程建设的实践及经验

(一) 特色高中建设

2014年6月,上海市教委出台了《上海市推进特色普通高中建设实施方案》,进一步落实《国家中长期教育改革和发展规划纲要(2010—2020年)》和《上海市中长期教育改革和发展规划纲要(2010—2020年)》精神,深化普通高中课程改革,促进普通高中特色多样化发展,促进高中学生全面而有个性的成长。课程领导力项目要求参与项目的高中学校开展"基于证据的学校课程计划完善"或"关键领域课程体系建设",倡导学校在建设关键领域课程体系基础上,发挥学校传统特色项目优势,以特色课程建设为载体创建学校特色,实现高中学校的人才培养计划。

1. 指导思想

坚持以科学发展观和国家、上海市中长期教育规划纲要为指导,引导普通高中贯彻"为每个学生提供适合的教育"的理念,根据自身办学基础和学生实际情况,以深化课程教学改革为主要抓手,着力构建富有特色的学校课程体系以及相应的运行和管理机制,促进学生全面而有个性地发展,推动高中学校错位发展、特色发展和可持续发展,逐步形成全市普通高中教育"百花齐放"的发展格局,促进高中教育从分层教育逐步向分类教育转型。

2. 具体要求

上海市特色普通高中是指能主动适应上海城市功能定位、社会和地域经济发展以及学生发展的需求,有惠及全体学生、较为成熟的特色课程体系及实施体系,并以此为基础形成稳定、独特办学风格的普通高中学校。通过特色普通高中建设,建成一批课程特色遍及人文、社科、理工、艺体等多个领域,布局相对合理,有效满足学生多样化学习需求的特色普通高中,并发挥特色高中的示范引领作用,推动高中特色课程资源的辐射与共享。

(1) 校本化要求:特色普通高中建设要从学校实际出发,立足自身办学传统、文化积淀、师生特点以及办学资源等因素,找准学校特色发展方向,通过高中课程的校本化实施,逐步办出特色。

(2) 递进性要求:特色普通高中要围绕特色课程体系建设,逐步探索与之相适应的运作机制、管理模式、队伍建设、资源建设、环境建设等,形成学校特有的办学思路,并逐步提升为办学理念。

(3) 稳定性要求:特色普通高中要从时代特点、政策要求和学校实际出发,将特色办学内化为稳定的办学风格,形成稳定的制度架构和校园文化,展示可持续性和稳定性。

课程领导力项目学校如上戏附中、嘉定二中、风华中学、亭林中学、上海市市东中学(以下简称"市东中学")等都参与了特色课程创建。其中上戏附中和嘉定二中被评为第二批上海市特色高中,这与课程领导力项目的推进密切相关。

(二) 特色课程的建设亮点

学生发展是学校发展的核心,学校特色课程是促进学生激发内在潜能、促进学生个性发展的主要载体。在课程领导力项目学校中,有十余所学校结合办学特色和师生的实际情况,主动解决特色课程建设所面临的现实问题,积极探索与总结提炼学校特色课程建设的路径与方法,以丰富的实践案例阐释学校以特色课程建设培养人才的模式及类型,形成了具有辐射性和指导性的实践经验,整体上凸显特色课程建设的三大亮点。

(1) 体现了学校办学的独特性。围绕学校人才培养的核心目标,按照学校独特的办学思想进行课程整体建设,激发师生的创造性,彰显学校特色和鲜活的生命力,进而凸显学校个性化的教育思想主张和办学优势。

(2) 体现了师生自主参与的普遍性。学校通过课程领导力项目的科学论证与实践研究,确立特色课程建设的递进性与连续性、逻辑性与发展性,引领教师共同参与创意、创造的课程开发过程,综合运用校内外优质教育资源,围绕学校独特的育人目标,让学生充分享受课程资源,并在学习过程中获得个性发展的机会。

(3) 体现了学校核心价值观的综合性。高中特色课程建设是在学校核心价值观引领下展开的一场课程系统性建设过程,其核心价值取向体现了高度的综合性特点,在特色课程建设之中体现了理论与实践的统一、科学性和人文性的统一、学校与学生的统一,以学校的传统、文化和办学优势以及学生个性化需求特点相融合为基本的立足点。

事实上,高中学校在特色课程的建设中所采用的实践模式并不完全相同。本章第一节对部分课程领导力项目学校的研究做法与创新经验进行了梳理,将学校建设特色课程的实践模式进行了大致分类,概括为目标导向型、需求导向型、资源导向型和项目导向型(如图2-1所示)。图中所表达的四种特色课程建设类型只是对学校实践研究的概括归纳,不能说明特色课程建设只有这四种类型,同时需要进一步说明:学校以特色课程建设方式培养人才并不是某一种模式的单独作用,而是多种课程建设模式共同作用的结果,由于高中学校在课程领导力项目中侧重点不同,所以多所项目高中所呈现的研究内容各不相同,研究创新经验丰富多样,为进一步推进高中的特色课程建设提供了宝贵经验。

1. 目标导向的特色课程建设

学校办学特色主要指向学校的办学思想、办学理念和价值规范、行为方式、课程体系、物理环境等方面,以及它们之间内在的和谐一致。学校特色的创建常常需经过一个较长的发展阶段,特色的办学理念逐渐被人们所认同,学校的特色品质与内涵才能逐步地彰显出来。其中特色课程及建设过程在促进学校育人目标落实中发挥着显著的作用。

案例1　宜川中学建设"戏剧人生"课程[①]

宜川中学认为"戏剧"是一种综合的艺术形式,在培养人的全面发展中起到不可忽视的作用。宜川中学自新高考改革以来,积极探索人才培养的方式,以"戏剧人生"特色课程建设为抓手,对"戏剧课程"的现状进行分析,认为学校当前的"戏剧课程"偏重艺术审美能力,缺少特色目标的引领性定位,课程内容缺少一定的综合性,课程科目或项目之间没有形成体系,教学过程中仍然以关注感知和欣赏为主,仍然是相对静态的艺术学习方式,存在学生参与表现和创作的动态艺术学习方式需要研究等现实问题。

宜川中学在解决这些问题过程形成了有效做法,首先是进行学校课程的统整,将基础型、拓展型、研究型三类课程予以贯通,形成"戏剧课程"体系。从学生的认知特点和艺术素

---

① 来自宜川中学课程领导力项目结题报告。

养对高中戏剧课程内容进行架构,高一上学期定位在经典剧片段"模仿再现",高一下学期至高二上学期定位在课本/经典剧"改编创作",高二下学期定位在校园青春剧"原创表演",以此激活学生的主体意识,调动学生参与的主体性、积极性与创造性,为学生创建"仿""说""唱""编""演""创"的体验过程。探索戏剧课程与相关学科领域课程的相互渗透,整合人文学科(语文、英语、历史)、综合学科(劳技、心理),以及学生发展(生涯与指导)和各艺术门类(音乐、舞蹈、美术)等内容元素,促进"戏剧人生"课程更加综合、多元。

宜川中学以"戏剧人生"特色课程培养人才的方式,注重课程开发与实施管理的校本性特点,提升教师对特色课程建设的适应性,进行了"三项"有益探索。

探索一:非学科逻辑的课程开发,短课时、高融通、强实践

(1) 短课时:课程各模块采取 12 课时的短课时设置。为此,在课时计划统筹上学校做了如下尝试:分割课时,将戏剧总课时按通识类课程和志趣类课程进行切割。学生在人人经历通识课程体验后,可以自由选择精修课程或者深度研修课程,增加了课程内在的选择性;重组课时,将原来的音乐课和美术课进行课时重组,原来高一、高二分年级的音乐、美术课统整为两个学年的艺术课。

(2) 高融通:采取嵌入式融通的开发尝试,保障人人经历。一方面,做到艺术门类学科间内部的嵌入和融通,将音乐和美术两门与戏剧直接相关的学科,聚合为综合性更强的艺术课。艺术课作为戏剧课程的显性学科,贯穿课程始终;另一方面,在与戏剧课程相关联的学科课程中嵌入戏剧课程内容。以经典模仿模块中的《威尼斯商人》片段模仿为例,语文学科将基础课的人物传记和人物评价的教学模块前置;历史学科则重点突出文艺复兴与宗教改革的内容板块;劳技学科在学生已有基础技术学习的基础上结合课程需要开发相关的道具。在不增加基础型课程学时的前提下灵活调整基础型课程的内容顺序,拓展学习深度。

(3) 强实践:实践性是课程实施的主要特征,源于学生知行基础、基于任务活动、依于生活情境。强调学生的主动选择与参与意识的重要性,强调学生在过程体验中的自主探究、合作交流、表达创造。以经典模仿模块中的《剧院魅影》片段模仿为例,凸显学生为中心的体验参与实践创新。

探索二:梯度化的内容架构,重分层、强特长,保障人人喜欢

戏剧课程通过梯度化的架构增加选择性,促进学生的个性发展。从培养学生的通识素养、个性特长、专业志趣三个层级,梯度架构课程内容,分段推进课程实施,"戏剧人生"课程梯度化架构见表 2-9。

表 2-9 "戏剧人生"课程梯度化架构

年段	课程	目标	模块主要任务	实施对象	课程模块(学时)
高一上	通识必修	通识素养	静态模仿表演+动态模仿表演(说)	全体学生	不一样的名画+威尼斯商人(12)
高一下			动态模仿表演(唱)		剧院魅影(12)
高二上	选择精修	个性特长	剧本改编	兴趣学生	课本改编剧(12)
高二下	专业志趣	专业志趣	剧本创作、导演、表演	志趣学生	校园青春剧(12)

探索三：UGC 的资源机制，享经验、重创生、强指导

（1）"UGC"(User Generated Content)指用户原创内容：学校在戏剧课程的开发、实施过程中体现了鲜明的 UGC 资源机制，表现为"个体性的经验、针对性的指导和累积性的创生"不断积累，成为课程资源，在分享中指导实践，创生新的经验。

（2）创意启迪创意：以课本改编剧模块的历史改编剧为例，对于初次接触历史改编剧、缺少创新实践体验的高中生，用贴近学生实际的鲜活案例，尤其是学长们的实践智慧，给学生提供学习和借鉴。"历史改编剧"的任务经过几轮实施，积累了近200篇剧本，形成"一带一路与文明融合""古代中国的贡献""二战战败国的反省与改造""战争与和平"等多个主题群，学生可以从这些主题中生成和研拓剧本。

（3）流程示范：基于学生的个体性经验与教师的针对性指导，共同创生的"经典模仿剧流程、课本改编剧流程、青春原创剧流程"，是 UGC 资源的重要形式。在 UGC 机制下，自产生资源还体现在课程实施中师生价值观念的碰撞。

基于任务驱动的"戏剧人生"课程架构见表 2-10。

表 2-10　基于任务驱动的"戏剧人生"课程架构

项目	任务	活动	学科融合	审美经历	面向学生	展示平台
经典戏剧片段模仿	《威尼斯商人》片段模仿	揣摩剧本，评析人物 强化说词，舞台走位 策划表演，分享心得	语文——剧本与小传 英语——剧本与唱词 历史——时代与背景 美术——舞美与服装 劳技——空间与道具	感受美 欣赏美	全体学生	"有戏校园 精彩人生"迎新嘉年华 月末345才艺舞台 戏剧进校园
	《剧院魅影》片段模仿	观看剧影，了解梗概 小组商议，选定片段 练习唱词，制作道具 策划表演，分享心得				
课本改编剧本	语文课文改编	圈选素材，改编剧本 设计服装，选择音效 课堂表演，分享心得	语文——剧本与文学 历史——史实与虚构 美术——舞美与服装 音乐——声乐与效果	发现美 再现美	兴趣学生	"宜川杯"校内历史剧剧本征集大赛 "青史杯"全国高中生历史剧剧本大赛
	历史课文改编	检索题材，架构剧本 推敲史实，艺术加工 课堂表演，分享心得				
剧本原创表演	即兴表演剧本	选择话题，发挥想象 生成故事，打磨推敲 即兴表演，分享心得	语文——剧本与想象 心理——认知与建构 艺术综合——音乐与舞美 学生发展——生涯与指导	创造美 诠释美	志趣学生	"有戏校园 精彩人生"迎新嘉年华 月末345才艺舞台 上海市中学生话剧节 上海市学生艺术节 普陀区学生美育节
	创编青春原创剧	选定主题，梳理脉络 综合要素，排练剧本 包装宣传，策划演出				

案例2　大同中学"CIE课程"建设①

学校选择特色课程及其建设过程培养人才,对课程载体的选择并不是统一的,学校之间是有差别的。学校既要依据发展基础和学生的发展需求,又要站在课程培养人才的前瞻性和时代性角度进行选择与定位。

大同中学创建"CIE"特色课程,培养学生的潜在创新意识和创造能力。所谓"CIE"是英文Creativity(创造能力)、Innovation(创新意识)和Entrepreneurship(创业精神)的首字母缩写。该课程包括创造(Creative)——"创造模块",强调从无到有,培养学生的创造性思维,发明具有社会价值的新型物品;创新(Innovation)——"创新模块",强调学生的迁移、想象能力,在前人的基础上进行更新、迁移和改造;创业(Entrepreneurship)——"创业模块",重视学生实业精神的培育,将学生的创意实用化、产品化和产业化。在课程领导力项目中,继续完善"CIE"特色课程体系的建设,跨越学科课程与非学科课程,形成五季"CIE课程"。CIE课程主要以工程类学科为核心,涉及生物、材料、信息、环境等各领域,具有明显的跨学科特征;以具有现实意义的可操作的生活实例为教学载体,以学生为主体的团队活动为主要教学形式,开展与社会实践相结合的实践研究。从第二季"设计个性化门铃"和"电视新闻采编"到第三季的"设计制作纸屋顶"、第四季的"手机软件设计",再到第五季的"中药疗效与水源之对比","CIE"特色课程让学生掌握了"创新"这把钥匙,让学生在"求索、求新、求异、求变"的文化氛围下,养成突破自我、个性发展和创新精神,释放蕴藏在生命之中的智慧与力量。

案例3　嘉定二中 HEMST 课程②

嘉定二中结合"中国学生发展核心素养"所提出的必备品格和关键能力的具体内涵,从国家课程校本化实施和校本课程特色化融合两个方向进行统整梳理,明确了人文(Humanities)、工程(Engineering)、数学(Mathematics)、科学(Science)和技术(Technology)五大素养融合的校本特色课程,简称HEMST课程,具体内容见图2-5。

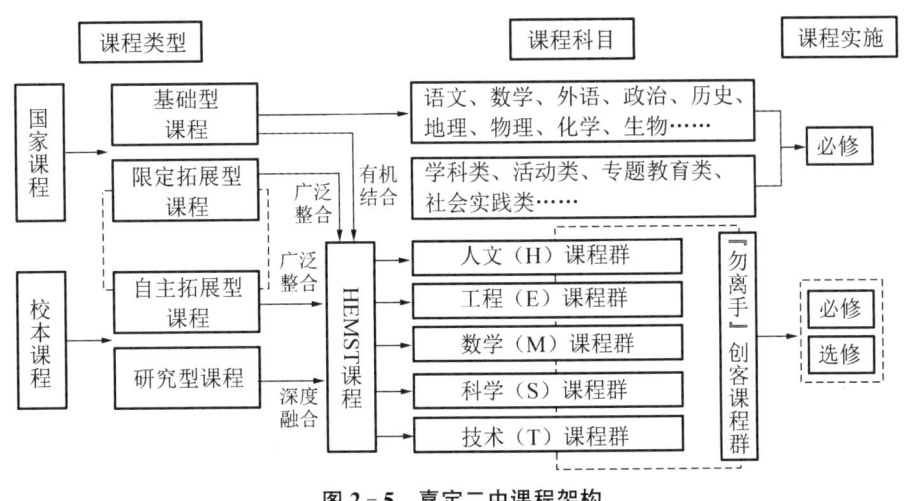

图2-5　嘉定二中课程架构

---

① 来自大同中学课程领导力项目结题报告。
② 来自嘉定二中课程领导力项目结题报告。

嘉定二中 HEMST 课程在实施科技教育中提升人文教育价值。在 HEMST 课程实施过程中，学生需要学习数学(M)和科学(S)的知识以及思维习惯，掌握技术(T)层面用以解决问题的方法和原理，然后在实践过程中通过具体的项目工程(E)灵活运用科学、技术和数学。人文把握科学方向求善，善为真导向；科技探索事物规律求真，真为善奠基。为此，学校教育更加需要理想信念、家国情怀、责任担当和文化自信，人文(H)课程来把握科学求善的方向。

2. 需求导向的特色课程建设

坚持以学生的个性发展为本是特色课程建设基本原则，特色课程在开发、设置、管理方面应发挥最大的育人功能，让每一个有潜质的高中学生都能获得充分的发展。

案例 4　风华中学构建"适性选择"课程①

特色课程以学生发展为核心，在学校构建特色课程过程中充分考虑学生的发展需要、兴趣特长与学习经验，论证与组织构建学校课程体系。上海市风华中学（以下简称"风华中学"）形成了五大特色课程群，将课程领域与课程类型进行纵横链接，培养全校学生"扎实的基础学力、充沛的生命活力和不竭的创新动力"。特色课程群的设置一方面有助于发挥课程门类的整体功效，促进学生某一类素养的优势发展；另一方面也有助于形塑学校课程特色，凸显学校课程体系的价值追求。上述内容示意如图 2-6—图 2-8 所示。

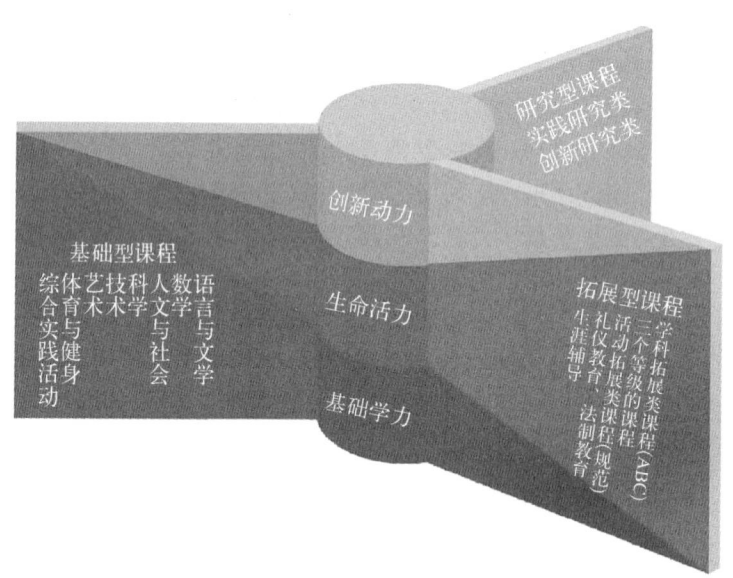

图 2-6　风华中学育人目标与课程结构之间的关系

---

① 来自风华中学课程领导力项目结题报告。

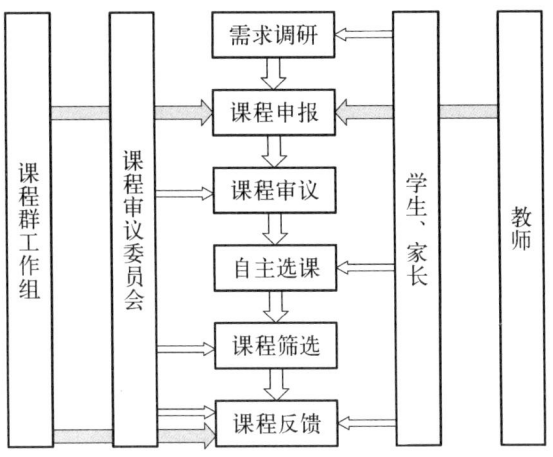

图 2-7 风华中学课程建设调研机制

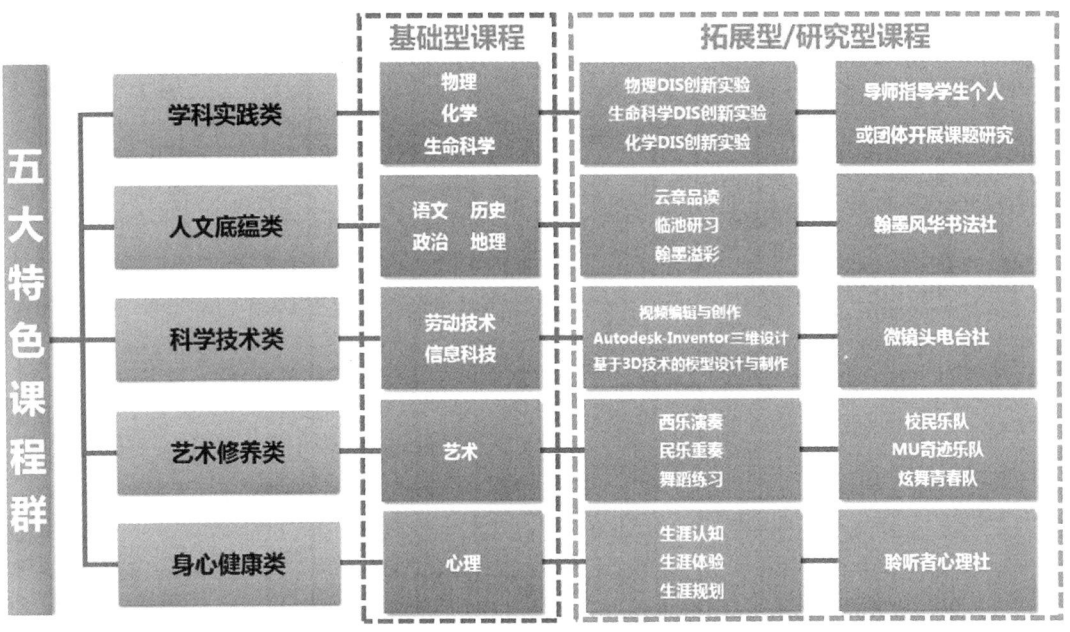

图 2-8 风华中学五大特色课程群

案例5 上戏附中设立"定制课程"[1]

上戏附中设立"戏剧影视表演、播音与主持、戏剧影视文学、舞台美术"四个专业班级,在专业人才培养方面,学校着力研究大中衔接,由专业师资为其提供适合高中学生身心特点的专业戏剧艺术课程。四个专业均由来自上海戏剧学院、上海音乐学院等一批专业艺术教师亲自授课,为学生艺术学习"量身打造"适合高中生身心特点的艺术专业课程,让专业学生可以"上品"。依托优质、资深的师资力量,对学生进行艺术教育,发挥他们的兴趣、个性与特长,以培养具有较高艺术素养、一专多能的艺术特长高中生为目标,重在学生艺术素养的培

---

[1] 来自上戏附中课程领导力项目结题报告。

养与自我艺术潜能的发挥。同时,艺术教育面向全体学生,为艺术院校选送艺术优秀生,为综合性大学输送艺术特长生,为社会培养更多德智体美全面发展的人才。

3. 资源导向型特色课程建设

所谓资源导向型特色课程建设就是充分利用地域性独特课程资源,以此作为学校课程建设的主要载体,构建促进学生发展、支撑学校特色发展的课程或者课程体系。由于学校所处的地理位置与社区环境各不相同,标志着学校所拥有的课程资源各不相同,致使学校培养人才的课程载体及选择各不相同。通过特色课程建设反映学校结合自身实际特点积极探索的足迹,满足学生个性发展需求的努力,进而反映学校培养人才模式的多样化。

案例6 松江二中建设"ESAS"课程①

松江二中探索"ESAS"特色课程的建设,将环境与文化传承等问题作为培养创新人才的立足点,结合学校已有的资源优势,开展以培养社会责任感、使命感为目标的创新素养培育课程的设计与实施,培育具有良好人文关怀与社会责任感,了解松江自然、人文、经济社会现状与问题,能为优化本土自然、人文环境及经济社会发展做出积极贡献的创新型人才,服务于建设科创、人文、生态的现代化新松江发展战略。将学校特色课程目标确定为:在培养创新人才的核心理念下,以学生所处的自然环境、人文环境和社会环境三类环境(Environment)问题为研究型课程内容的载体,结合学校已有的资源,从科学(Science)和艺术(Art)两大视角入手,开展以培养学生社会(Society)责任感为导向的基于创新素养培育的E-SA-S课程设计、实施与评价,最终形成基于学生创新素养培育的学校特色课程。学校进行了四腮鲈鱼项目课程开发、试点实施,学生创新素养的前测、后测,启动G60科创走廊项目等。松江二中"ESAS特色课程"图解如图2-9所示。

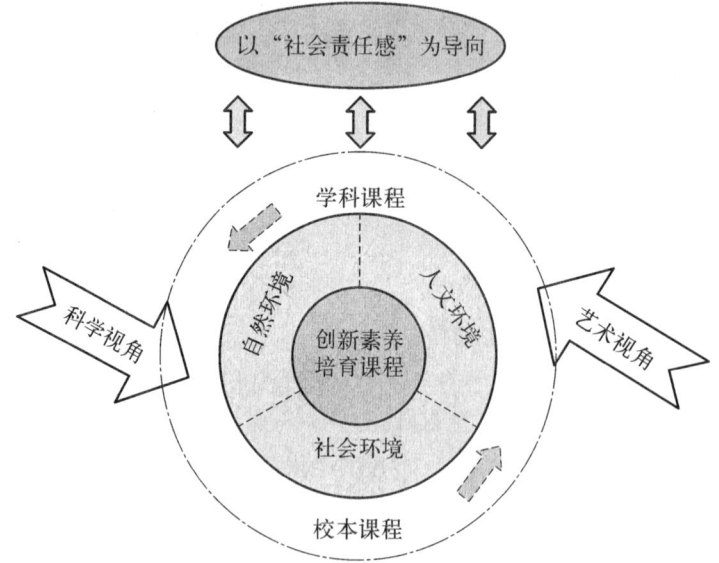

图2-9 松江二中"ESAS特色课程"图解

---

① 来自松江二中课程领导力项目结题报告。

案例7 扬子中学创建"生态寻梦"特色课程①

扬子中学位于崇明生态岛,以岛上资源为起点,以扬子江(长江)为轴心,培养学生的民族精神、文化认同和爱国情怀。建设"扬子文化千里寻""'生态岛寻梦'与'生态农业体验'"等特色课程,引领学生根植海岛,熟知家乡,树立建设生态崇明的豪迈激情。

4. 项目导向的特色课程建设

学校在长期的教育探索之中,形成了有一定影响力的人才培养项目或课题,并积累了大量的实践经验,例如体育项目、艺术项目、科创项目等。学校在课程领导力项目中进一步提升项目的能级,赋予专题项目更加全面的育人价值,并将其进一步建设成为具有引领学校发展的特色课程体系。

案例8 亭林中学创建"享受体育"课程②

亭林中学结合原有的"体育"特色项目,在创建上海市特色(体育)普通高中过程中,注重特色创建与学校课程建设、特色校本课程的关联,强化学校课程的特色,以此作为学校的核心办学思想,通过体育特色发展人、愉悦人。促进学生个体对待体育的态度,形成学校对体育教育的一种价值选择与内涵界定。并依据体育核心素养和在运动中强体、立德、增智、赏美的育人目标,从"健身"发展(对应强体)、"修身"发展(对应增智、赏美)、"砺身"发展(对应立德)三个维度,构建了学校以"享受体育"为核心的体育特色课程群(详见第一章第三节)。

案例9 上戏附中个性化"3D"课程③

上戏附中以艺术综合主题为载体,将艺术基础课、戏剧表演体验课、艺术专业课、艺术资源四个部分有机构成了个性化"3D"特色课程体系,为学生提供艺术主题的综合体验,增进艺术领悟,提高艺术造诣,培养能够发现美、体验美、创造美的综合性人才。

学校长达13年的特色创建历程,在学校特色上升为特色学校的关键时期和教育走向个性化的新形势下,逐渐将"国家课程校本化、校本课程特色化、特色课程专业化"的课程建设思路进一步发展为统整基础型、拓展型、研究型三类课程,构建以"定制课程(Directional Course)""菜单课程(Diverse Course)""资源课程(Dynamic Course)"为划分的既注重学生个性化发展,又充分彰显学校戏剧艺术特色的课程体系。三个维度的课程相辅相成,共同达成育人目标,为学生的幸福人生奠定基石。

上戏附中创建个性化"3D"特色课程,为学生提供丰富、可选择的课程资源的有效做法如下。

(1) 为全体学生"定制课程"

侧重于学校为学生提供适切的课程,其特征为定向、适切。语文、数学等高中10门基础型课程都属于定制课程。这类课程一方面注重在课堂教学中渗透戏剧元素,强调戏剧的四大核心概念,将"角色""体验""合作"贯穿在日常的课程教学中,让课堂在预设中有更多的

---

① 来自扬子中学课程领导力项目结题报告。
② 来自亭林中学课程领导力项目结题报告。
③ 来自上戏附中课程领导力项目结题报告。

"生成",有更多的思维火花,培养学生的创造力;另一方面又通过模块化、分层次的教学思想,为学生量身定制适切的课程。

(2) 为学生提供"菜单课程"

菜单课程是指鼓励个体学生自主选择,充分体现学生个性发展的需求,其特征为多样、自主。一方面凸显学校的戏剧艺术特色,开发出系列普及性的极富戏剧艺术特色的课程,以此助推戏剧艺术特色学校课程品质的整体提升;另一方面又兼顾学生个性化发展的需求,以各学科内容为基点开发出学科类课程,充分满足学生自主、多样化选择的需求。

(3) 为学生提供"资源课程"

资源课程是指学校开放办学,将优质资源引进来,并走出去,将课程的外延扩大,其特点是开放、动态。资源课程主要着眼于开发整合各方资源,为定制课程和菜单课程提供源源不断的动力。

第三节　个性化学程和走班制

每个人的发展都是个性化的,传统的人才培育形式难以支撑现代学生的个性化学习,这就需要学校提升课程建设理念,建立适应于高中阶段人才培养的课程教学与管理模式,不断丰富教育教学载体,丰富课程教学内容,重视每一个生命个体在学习过程中的生命体验和价值体认过程。学校自主创新课程教学的实施方式,不断创新服务于学生个性发展的学校育人模式。

个性化学程和走班制管理是保障每一个学生个性化学习的基本做法,也是高中阶段培养人才成长的两种方式。两者之间相互关联,存在着共通性,为学生提供了自主选择,使学生获得了更多的个性化学习机会。

一、个性化学程

学校不断创新人才培养模式,并以适合的课程结构支撑人才的培养过程,这种变化引发了课程管理方面和学生学习方式的改变。与此同时,学生学习方式的改变进一步推动了学校课程教学向学程学习的转变。

(一)个性化学程概念

1. 个性化学程的概念

(1)关于学程。《汉语大词典》把学程解释为"一个教育机构或它的分支机构开设的全部课程"。基于《汉语大词典》的解释,学程更接近于现代释义上对于学程的理解。学校为了帮助某特定群体的学生达到特定的学习主题所规划的学习经验总和,并且透过规划必修、选修科目及修课流程来达到学程教育目标。从这个角度而言,学程仍然指的是课程的实施内容与过程。现今,高中学校提供的课程往往以一个学期为单位来实现,没有长短课程之分。而学校提供学程,是把原来的课程切割为容易管理的、适合学制的模块,或者是课时数的科目。学校根据师资状况、学生的学习需求,提供学校层面的学程安排,学生按照自己的学程进行学习。还有把学程理解为学生的学习进度,如"'学程'不是统一的学程,是专属于他们的学习方式和学习进度。"[①]这个层面对于学程的理解侧重于动态的学习进度。

(2)关于个性化学程。个性化学程是指学校确立了不同的学程后,学生根据自己的学习需求和学习特点,来选择适合的学程。目前我国仍在进行基础教育的课程改革中,课程内容变得更加多元化,给学生的选择空间也越来越大,学生按照自身的学习需求和学习特点进行选择,这样就形成了真正的个性化的学程。

2. 个性化学程的形成背景

自上海"二期课改"以来,上海市高中学校就没有停止对个性化学程的实践与探索,随着新一轮高考的改革,再一次引起了教师教学和学生学习的改变。随着新高考学生选择性的

---

① 李希贵.学程管理[J].中小学管理,2015(7):51.

增加,走班教学的实行,使学校里普遍意义上的"班级"的观念正在淡化,在一定程度上,学校的部分课程已经取代班级成为最基本的管理单位。就当前国内新课程改革的趋势,无论是上海新高考的"六选三",还是浙江省的"七选三",抑或其他省市的高考模式,无疑都是让学生获得了更大的课程选择权,并且学生的课程选择基本都是通过走班形式来实现的。在这样的背景下,学生每个人都有自己的一张课表,并且按照自己的课表选择不同的学程,到学校的各个学科教室去上课。这样一来,从形式上看每个学生的学习方式和学习的进程安排也因此变得更加个性化;从内容上看学生也会选择适合自己兴趣以及职业方向的学程。

(二)国外个性化学程的做法

当今时代,科学技术在突飞猛进地发展,国际竞争也日趋激烈,世界各国纷纷进行了课程改革以促进基础教育的发展。通过查阅国际国内相关文献,从六个方面,以表格形式分别对芬兰、美国、德国、日本等国家的课程设置、学程理解与学程设置、学生的修习方式进行分析对比,以此为我国个性化学程的建设提供借鉴。具体内容见表 2-11。

表 2-11 芬兰、美国、德国、日本学程建设对比状况

国家	芬兰	美国	德国	日本
课程设置	课程结构分为三层:学习领域、科目以及学程,课程的最小单位是学程	课程从选择性分为核心课程和选修课程两大类,为学生提供丰富、可选择的学程。从课程难度分为一般课程、大学预备课程、职业课程与荣誉课程	证书制招生模式为导向的课程设置:实施学程制和积点制;学程分为必修领域和选修领域,每个领域包括不同的学程	课程结构丰富多元,普通教育课程包含 10 门学科,每门学科都由若干科目构成,2009 版纲要合计 48 门
学程理解	学程就是一门科目按照学习内容的多少和难度分层的若干个学习模块	学程是课程的组成部分,类似于科目	侧重于学生在选修领域和必修领域中选定后形成的学程计划	学程是课程的组成部分,类似于科目
学程设置	一学年分为 5—6 个学段,每个学段一般持续 6—7 周,集中开设 5—6 个学程,学生在每个学段内最多可以选择 8 个学程	每个学科领域下开设许多门学程(course)或科目(subject)。每个学程都有该学程的目的、内容简介、涉及内容维度和难度维度	高二年级正式打破班级制,规定所有的学生按照学程制上课,学生不再按班级上课,而是按个人选修的课程组织上课。学校把高二、高三年级划分为四个学期的课程段落。这四个学期学程制阶段设必修和选修课	国家课程、校本课程以及必修课程、选修课程,作为一个学科领域都由难度和内容不同的多元科目构成,学生可以根据自己的学习状况和学习需求以及学校提供的课程套餐进行个性化选择,形成自己的个性化学程
学程类型	模块化学程	核心课程和选修课程,课程下设学程	开设基础课和特长课	开设基础课和特长课,按课程班上课
修习方式	教师按照学段和学程组织教学,学生自主选科,学校统一安排课程和教室	共同基础的学习和多样化、个性化的学程选择;实行学分制	学生按照该毕业标准和个性兴趣选择基础课程、特长课程	学生自主选择与学校课程套餐式相结合

1. 芬兰高中不分年级制

芬兰国家的不分年级制改革[①],课程结构分为三级,分别是学习领域、科目以及学程,课程的最小单位是学程。学程就是一门科目按照学习内容的多少和难度分成的若干个学习模块。学程最小的学习单位是模块。模块化学程是芬兰课程结构的最低级单位。

表2-12 芬兰不分年级制母语和文学课程设置[②]

学程类型 \ 学科组	母语和文学
	芬兰母语
必修学程	语言、语篇和交流 语篇的结构和意义 文学的策略和解释 语篇和影响力 语篇、风格和文章脉络 语言、文学和文化特征
选修学程	高级口语交流技能 高级语篇技能(分析语篇和写作) 写作和现代文化

学科组、学科和学程这三个层次除了有个整体的目标与核心内容外,每个学科和学程都有各自具体的学习目标和核心内容。以上的教学目标都是由国家核心课程框架规定的,学校要按照国家核心课程框架执行。芬兰的不分年级制的课程在设置上无论是设置程序还是结构上都具有开创性。芬兰国家通过颁布国家核心课程框架来规定课程的内容与方向,地方政府和学校既要遵循核心课程框架,同时又有一定的自主权。课程以模块化学程为主,模块化学程从属于学习领域、科目和学程的三级课程体系。[③]

模块化学程改革使得学生在一个学程内可以集中学习一个专题的知识,这样就大大缩短学习周期。另外,芬兰学程的实施以及学生自主进行选课使得学生必须设置大量的、多样化的学程,只要所设置的学程的选修人数达到10个人,因此芬兰学校所开设的学程数量大大增加,多样化的学程周期可以较短。例如,芬兰的罗苏高中已经开设了300多门学程供学生选择。[④]

2. 美国高中学程设置

美国的课程体系中既有核心课程来保障高中阶段共同基础的获得,也有丰富多彩的选修课程。另外,各州也不仅仅限定核心学科领域中。就一所高中的课程设置而言,每一种学科领域往往包括许多门学程或科目,一所高中设置的科目会有几十甚至上百门,以供学生充分的选择[⑤]。基本的核心课程包括语言艺术、数学、科学、社会研究、体育与健康。选修课程

[①] 倪闽景.学程,普通高中课程教学改革的新突破[J].上海教育,2011(24):34.
[②] 李娟.芬兰高中不分年级制研究[D].吉林:东北师范大学,2014.
[③] 李勇,李俊杰.芬兰高中"不分年级制"教学模式及启示[J].世界教育信息,2008(4):55-57.
[④] 杨德军,李群.芬兰"不分年级制"高中课程改革及启示——以罗苏高中为例[J].教育科学研究,2004(2):52-54.
[⑤] 赵中建.普通高中的课程设置和学分制——美国拉德纳高中个案分析[J].全球教育展望,2003(2):30-36.

内容丰富多样,包括为升大学做准备的学生提供的高级课程,时尚、趣味、实用的社会与生活课程等。选修课涉及范围广,以满足学生各方面的兴趣爱好,开拓视野,发展其个性特长。例如,数学作为一个核心的学科领域,分设了基础数学、应用数学、代数和几何导论、代数1、几何、代数2、高级代数1、高级几何、高级代数2直到高级微积分BC荣誉学程等20门按照序列划分的学程,这一系列的学程供9—12年级的学生进行选择,并计入学分。美国的核心课程和选修课程内部是按照序列划分的一系列学程或科目,学程是课程的组成部分,类似于科目。大部分美国高中都为学生提供个性化、多元化的课程选择,既强调共同基础的获得[①],同时又强调学生学习过程的自主性和选择性。一般课程、大学预备课程、职业课程与荣誉课程,分别为学生提供丰富的、可供选择的学程。

3. 德国高中学程制改革

德国于1972年通过《关于改组中等教育第二阶段上完全中学高中阶段的协定》,对高中的课程进行改革,一方面在高中阶段打破了历来实行的班级授课制,代之以学程制,开设基础课和特长课,按课程班进行上课[②];另一方面,在高中阶段的考试中引入了积点制,规定学生达到一定的积点就合格毕业。表2-13是德国巴登-符腾堡州学程制所涉及的具体的课业领域内容。

表2-13 德国巴登-符腾堡州学程制的课业领域[②]

课业领域	必修领域	选修领域
语言-文学-艺术	德语、英语、法语、拉丁语、希腊语、俄语、西班牙语、意大利语、葡萄牙语、音乐、造型艺术	最晚于11年级开始的作为小组作业的外语:法语、拉丁语、希腊语、俄语、西班牙语、意大利语、葡萄牙语、汉语、日语、土耳其语、文学
社会科学	历史、地理、公共常识宗教、伦理学	哲学心理学
数学-自然科学-技术	数学物理、化学、生物	天文、画法几何、用计算机-代数方法解题、地质学、信息学
不属于上述课业领域的	体育	

学生根据以上的学程课业领域选择自己的学程,包括特长课程和基础课程,来制订个人的学程计划。每个学生必须要按照确定的课程计划选择母语、数学和一门外语作为核心学科,同时每学期选择包括2门特长学科和6门基础学科。由此看来,学生的个性差异以及学生自主发展的需求是国内外高中课程改革普遍关注的问题,学生可以根据自己的学习能力和个性化需求自主地选择课业领域,获得学分并完成学程,因此每个学生的特长课程和基础课程都具有差异性。德国的学程制改革满足了学生个性化差异和学生自主发展的需要。

4. 日本高中课程套餐式

日本课程改革规定低标准的共同必修科目的学习内容和必修学分,同一门学科开设水

---

① 李其龙. 国际普通高中课程改革趋势[J]. 全球教育展望,2003(7): 54-59.
② 张可创,李其龙. 德国普通中学高中阶段的学程制和积点制[J]. 湖北招生考试,2004(20): 60-64.

平或内容重点不同的多个科目,提供谓之学程的多种课程套餐。① 这样的课程改革的初衷在于增加课程的选择性和多样化。

日本的普通全日制高中开设了丰富多元的科目,其中面向所有高中生开设的普通教育课程包含 10 门学科,每门学科都由若干个学程或科目构成,到 2009 年版本纲要开设的课程有 48 门。以国语学科为例,国语学科分为国语表达 1 和国语综合,这两个科目作为必修课,其中国语表达 2、现代文、古典和古典阅读作为选修课,教学大纲对于这几个学程的规定都有差异。日本的学程设置与美国具有一定的相似性。除了上面表格中呈现的纲要科目,学校也设定校本课程,其中有的是选修,有的是必修。无论是国家课程、校本课程,还是必修课程、选修课程,作为一个学科领域都是由难度和内容不同的多元科目构成的,学生可以根据自己的学习状况和学习需求进行个性化选择,形成自己的个性化学程。这些学程的学分加起来要修满 148 个学分。日本的套餐式课程实质上是为了满足学生个性化的学习需求。另外,学生的学程选择权还得到学校保障,"如果学校设计多种类型的学程,学生选择任何一种学程学习时,都要允许学生自由选择该学程之外的科目。"①

(三)上海个性化学程实践探索

综上所述,个性化学程是实现差异教育的路径与方法,是学校自主发展的组成部分。其理论依据比较丰富,霍华德·加德纳的多元智能理论就是其中之一。他提出的多种智能,如语言智能、逻辑-数学智能、空间智能、音乐智能、身体运动智能、人际智能、自我认识智能等,指导人们以新的视角看待学生的个性与能力,并主动探索适应学生个性化发展的学程设置,注重人才的培养过程。

1. 个性化学程的"三化"

(1)"模块化"学程

育才中学模块化"学程纲要"开发案例,为探索高中学程制课程的开发提供了一些具体的经验。模块化学程纲要的开发,是把学科课程分为既相互独立又能够反映学科内容的逻辑关系的模块。② 每一个模块按照教学内容的层级来设定为三个模块,即基础模块、整体模块和研修模块。三个模块的内容是按照教学内容的深度和广度来划分的,并且每个模块是按照教学内容的深度和广度来确定的。模块化的学程制改变了传统的学期、学年制的教学进度,因为完整的学年被划分为多个模块,学生按照自己的学习进度和学习特点来自主选择模块进行各个学科的学习。③ 模块化的学程要求学生按照模块的安排自主决定自己的学习,这些模块只要在会考时间之内修完就可以,如此学生的课表各异,形成了个性化的学程安排。

育才中学个性化学程研究过程为学校带来新一轮的内涵发展,以学生个性化学程的学习点燃了教师的智慧和激情的火把。学校形成了教学相长、资源集聚与优化的办学机制,形成了学校课程整体设计图谱(见图 2-10)。学校构建"入学分班+行政班走班+走班科目选

---

① 沈晓敏. 日本高中课程的多样化特征[J]. 外国中小学教育,2012(12):51-55.
② 张德军,张浩. 构建多元学程体系、促进学生个性发展——上海市育才中学普通高中个性化学程设计的认识与体会[J]. 信息化建设,2015(12):183.
③ 张佳,蒋云. 搭课程改革平台,促学生自主发展——以上海市育才中学学程改革为例[J]. 教育理论与实践,2011(26):30-32.

择＋分层分类走班＋学程设计＋生涯指导"的课程选择路线图,详细建构模块化学程课程,在严格遵循上海课程标准基础上结合学校培养目标和学生实际需求,改变了传统课程组织方式,将课程选择权给予学生,为人才培养提供相对适合的课程基础。

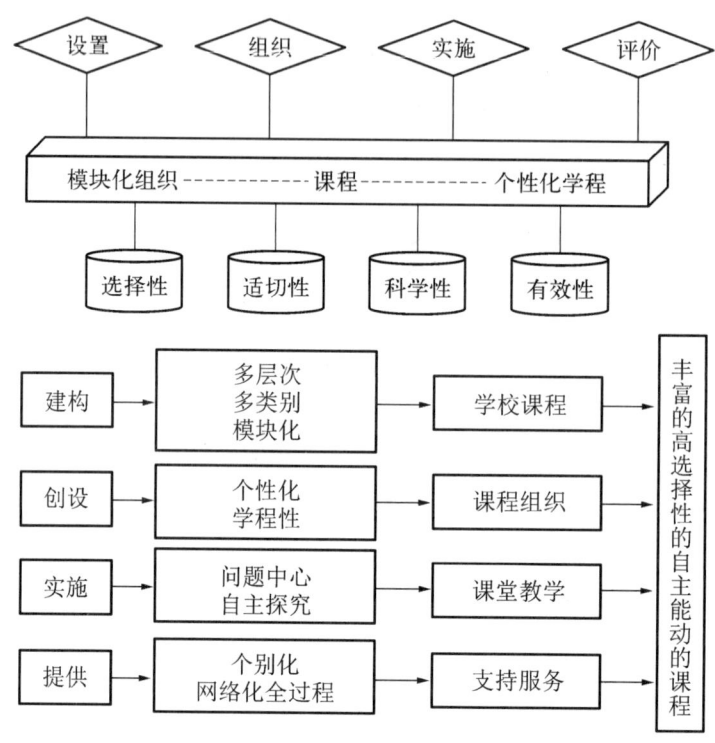

图 2-10　育才中学个性化学程的课程设计路线

育才中学在个性化学程建设中借鉴了微型课程的设计思想,根据学科课程标准和学科特点,考虑学习内容难度和学习时间跨度,结合学生实际,对教材进行科学的重组,将统一、长跨度的课程化解为不同层次、不同类别、小巧灵活的课程模块。模块的重组不是简单机械地划分,而是科学合理地统整。

以生命科学学科为例,上海市生命科学基础型课程和拓展型课程教材的四册十四章五十一节内容被划分为A、B两个层次,即1A—3A和1B—9B共12个模块。根据知识之间的关联和学生的接受程度,每个模块确立若干个主题,根据主题对原先教材中各章节的内容进行统整,并链接丰富的相关资源供学生自主学习。育才中学《生命科学》B层次的第七模块课程见表2-14。

(2) "序列化"学程

大同中学将学生高中阶段的学业生活划分为12个学程,并根据每个学程的具体阶段和特点,进一步规划和实施相应的学习任务,具体内容见表2-15。

(3) "优势化"学程

上海市市西中学(以下简称"市西中学")遵循扎根理论的形成路径,通过持续深入实践,提炼出"优势学习理论",即以优势学习评价、在优势学习环境、选优势学习时间、用优势学习方式、学优势学习内容、促优势学习发展,并从学校、教师和学生这三个层面践行了"运用优势评价/内容/方式/时间/环境"的策略。

表 2-14 育才中学《生命科学》B 层次的第七模块课程

模块序列	主题	主要内容	原教材分布	资源链接
生命科学 7B	遗传	一、细胞分裂	第二册第七章第二、三节	实验:植物花粉母细胞减数分裂的观察 资料:基因互作; http://www.bioon.com
		二、分离定律	第三册第八章第一节	
		三、自由组合定律	第三册第八章第一节	
		四、伴性遗传	第三册第八章第二节	
		五、遗传病	第三册第八章第四节	
		六、基因连锁和交换定律	第四册第三章第一节	
		七、孟德尔遗传定律的拓展	第四册第三章第二节	
		八、变异	第三册第八章第三节	

表 2-15 大同中学个性化学程序列

序列	学程主题
学程 1—2	生涯规划与选科指导阶段
学程 3—4	走班教学的适应阶段
学程 5—6	选课走班教学的正式阶段
学程 7	等级性考试的备考阶段
学程 8	等级考后调整阶段
学程 9—10	学生备考英语一考阶段
学程 11	剩余等级性考试科目的备考阶段
学程 12	高考及升学指导阶段

文科优势个别化学程:市西中学依托思维广场的大文科思辨教学,全体文科学科进入思维广场,重组开发人文社科类学习内容,以主题讨论任务单形式编排课程内容,提供学生充分的学习内容选择,让具有文科优势的学生能够充分利用优势进行讨论、思辨、表达,更尽情尽兴地学习。

理科优势个性化学程:市西中学依托各种创新实验室提供各类理科实验课程,将理科思维、动手实践、实验操作、实验设计等设计整合成丰富可选的学习内容。同时,学校开设了各类理科夏令营和冬令营课程,学生根据自己的兴趣和需要自愿选择报名参加,让具有理科优势的学生充分发挥自己的思考、创新、动手能力,开展更有效的学习。

科技优势个性化学程:市西中学依托创新实验室、科技社团和科技讲座等,将科技、编程、制作、研究等内容进行整合和设计,以 F1 in School、OM 等项目学习的方式,让具有科技优势的学生选择自己更适合的项目参加学习,在团队合作和项目切磋中,锻炼和提升综合能力。

2. 个性化学程的"三思"

(1) 思考新高考环境下个性化学程的系统管理

学校建设个性化的学程并不是一蹴而就的过程,需要进行大量的探索和付出很多的努力。个性化学程的课程体系会打破学校一味追求的工作的有序性和静态性,打破了原来控制——稳定导向的管理模式。而个性化学程的开发给予学生更多的自主空间和选择权,使得适应学生的课程结构变得更加灵活,学生的个性化学习需求将得到充分满足。学校也因此需要提供更加适切的保障,需要从师资条件和硬件条件等方面保障个性化学程的开发。一些热门的课程或者课程模块,由于选择的学生人数过多,学校的教师和教室的限制不得不使未选上的学生选择其他课程。因此,学校在课程的安排时,要保障资源的统筹安排,以适应学生的个性化学习需求。另外,个性化学程的开发也需要选课制和走班制等制度层面的保障,学生应根据国家课程的要求和个人的兴趣特长选择自己学习的课程和学程,需要考虑综合因素系统建构学校的个性化学程的管理机制。

(2) 思考学生选择个性化学程的实际需要

学校在新高考环境下,学生每人一张课程表,彼此之间互不相同,形成自己个性化的学程,这对学生的成长而言,机遇大于挑战。每个学生可以按照自己的兴趣特长与未来发展方向,有目的地加以选择,不仅提高了学生学习的积极性,也让学生对自己的未来有主动的规划。每个学生的学程都是个性化的,每个人的课程组合、学习方式、教学方式、时间、地点都不相同。个性化的选择范围变大、选择权多了,同时也要求学生要学会选择。这就要求学校在高一学生刚入学的时候,要对学生自主学习能力、学习方法、学校课程、自主选择方法、升学与生涯指导都有系统的培训,或者以课程的形式固定下来。学生对于课程的选择要避免盲目性,因此要求学生对自己的认知、特长和学习风格有所了解。学校要构建高中生发展指导的制度,对学生进行学习指导、生活指导和生涯指导。通过学习指导让学生树立科学的学习观,知道如何学习,为什么学习以及学习的意义;通过生活指导,让学生适应高中群体生活,包括人际关系处理、团队合作甚至男女同学正确的友谊关系;通过生涯指导帮助学生为自己的生涯规划、职业方向做准备,帮助学生养成现代社会所需的生涯技能。对学生进行发展指导,让学生学会选择课程,形成对自己发展有益的个性化学程,让学生在选择课程中成长。

(3) 思考个性化学程的资源平台建设

个性化学程的建设需要依靠完善的数字化技术。学生课程选择权的扩大、个性化学程管理、选课走班,对于学校课程与教学的管理都是一个重大的变革,需要信息技术提供教育数据平台。丰富的课程、选课走班、学生更大的选择权,这样的课程改革必然对学校的教学管理提出了挑战,学生的适应性可以通过发展指导来实现,而个性化学程的实现还是要依靠全过程、全方面的数字化技术服务系统。现在很多高中学校都已经开始建立数据库平台来管理学生的个性化学习状况。学校通过采用远程选课系统来管理学生的学程信息,完善学生的选课制度和学业管理系统。[①] 学校依托互联网信息技术,一方面能够规

---

① 张佳,蒋云.搭课程改革平台,促学生自主发展——以上海市育才中学学程改革为例[J].教育实践,2011(26):30-32.

范学生的课程管理,另一方面学校和教师可以利用课程改革过程中产生的大量数据进一步改进教学。

二、走班制

(一)"走班制"及其实践意义

1."走班制"概念

"走班制"是指上课的教师和教室固定,学生根据自己的学习能力和兴趣选择在适合自身发展的班级中上课。大部分学者对"走班制"的基本内涵可以达成共识,但解读的角度略有差异。有学者认为,"走班"是从学生的角度提出的概念,学生根据预先设定的学习计划,以"走班"的形式"流动"到自己将要上课的班级,这种形式打破了传统的班级授课制的束缚,实现了因材施教,个性化教学。也有学者从"班"的角度进行解读,"'走班制'是对'非固定班级'的通俗说法,它的学名叫做'无年级制',即'non-graded'。"尽管"走班制"改变了学生上课的形式,但是它并没有颠覆班级授课制,而是一种温和的改进;尽管是模糊了年级的界限,但是保留"班"的形式,在最大限度遵从个人自主选择的基础上以行政班的形式凝聚着学生的集体精神。

2."走班制"的实践意义

"走班制"改革是教育为了适切学生素质的发展所进行的转型性举措。学生要素质提升,教师素质就不能停滞不前。在实施"走班制"改革中,学校普遍都会面临教师结构残缺的困境,如缺少参与新课程制定的教师、缺少选课指导教师、缺少相关的教辅人员。此外,教师整体素质有待提升。首先,"许多教师的教学思维跟不上新课程改革的步伐……对'走班制'这种新型的教学模式始终抱着抵制、应付的心态。"其次,教师整体素质不平衡,特别是在教学素养这一层面,对同一任务,同一事件,其完成和处理水平有明显差异。最后,在师资分配时,有些教师会有疑惑:学生分层,教师也分层?这会导致被分配在C层的年轻教师产生一种"技不如人"的挫败感,而被分在A层的教师潜意识里会有优越感。

"走班制"的一大亮点在于把选择的权利交给学生。面对高考压力,许多学校都选择退而求其次,只在与高考相距甚远的低年级实行"走班制",从而把自主选择变成一句空话,使学生处于被动的地位。即便是在已经进行"走班制"的年级,"有些教师也不自觉地把'走班制'演变成一种快慢班的教学"。不恰当的教学层次和等级会导致产生标签效应、光环效应,这些都会给那些心智未完全成熟的中学生带来额外的心理压力,从而衍生校园中的"马太效应"。河北省某高中教师表示"走班制"虽好,但是其因素多而复杂,而且由于高考压力大,实施"走班制"还是有难度的。可见,有些教师把"走班制""高考""学生素质发展"看成了完全不同的三件事,认为"走班制"的实施不是在解决问题,而是在给各个主体施压。因此,教师作为教育改革的主力军应该提升对改革本质的理解。

(二)关注美国的"走班制"实践

美国高中是指9—12年级的四年制教育。美国的高中主要分为综合中学、普通中学、选择性中学和职业或技术中学。其中,综合中学是美国中学的主流模式和高中教育的主要渠道。表2-16主要介绍美国公立高中的"走班制"模式。

表 2-16　美国普通高中"走班制"的课程与管理体制①

课程类型	必修课	主要包括写作和演讲、美国历史、英语文法、文学、基础数学、科学、社会学、领导艺术、地理、经济等
	选修课	课程名称：AP 课程（the Advanced Placement Program）——大学预修课程 开设目的：旨在向学有余力的高中生提供大学水平的课程，是进入美国名牌大学的敲门砖
		课程名称：IB 课程（International Baccalaureate）——国际预科证书课程 开设目的：为 11、12 年级学生提供两年制的预科课程，为其进入大学学习并取得国际学士学位证书做准备
		课程名称：DE 课程（Dual Enrollment Transition Program）——双元学分课程 开设目的：学生在高中阶段修习大学课程所获得的学分在入读大学时能够得到大学的认可，同时又可算作高中毕业所要求的学分
课程管理体制		美国共有大小 50 个州，没有统一的学制、课程等标准，采取的是由国家指导、地方分权、学区决策、学校实施的层层分级的课程管理体制政策
选课指导制度		一名专业的辅导教师会负责几名学生在 4 年高中学习阶段所有的选课指导工作，学生最终选什么课由 3 个因素共同决定：学生过去的和预计测试的成绩、指导教师的建议以及家长的要求

由表 2-16 可知，美国高中"走班制"的课程设置独具特色，尤其是选修课，不仅门类多样，而且可以成为大学预修课程，其中 AP 课程或是 IB 课程等都是进入名牌大学不可或缺的重要条件，真正做到了高中与大学的接轨。除此之外，美国高考中的 SAT 和 ACT 考试一年可考 5—7 次不等，这在很大程度上缓解了学生的考试压力，给他们更多时间和机会去适应大学的学习。这些都是可供正在推行"走班制"改革的学校学习参考的。

（三）上海"走班制"的探索及经验

1. 走班制的"三式"

（1）广场体验式

市西中学通过开发"思维广场"课程，优化学校的"走班制"方案，完善高中课程与教学的组织形式，学校按照"制订方案—试点实施—反思小结—修改完善—推广实施—反思总结"的步骤，从较小规模的走班方案，逐渐发展为较大规模的走班。随着高考改革的推进，学生在学科与课程方面的选择呈现出清晰态势。"思维广场"课程向每一个学生开放，基于学生选择和学校发展的实际情况，学校再一次对"走班制"方案进行了调整与修订，逐渐成为学校安排课程与教学比较稳定和成熟的组织形式。学校通过"思维广场"转化而成的"广场式"走班管理，撬动学校课程与教学的深度变革，实现对"优势学习"的深入研究，荣获 2017 年上海市基础教育成果奖特等奖、2018 年国家基础教育成果奖一等奖。

---

① 表 2-16 来自笔者对杨琴硕士论文《美国普通高中"走班制"教学模式研究》的整理。

(2) 生涯指导式

走班教学有效实施的前提是需要对学生的选科进行指导,确保学生选择的有效性。为此,大同中学建立学生成长导师制,探索选科走班制环境下班级集体化管理和学生个性化辅导的机制建设,为学生提供个性化走班教学指导及学涯规划;探索"导师制度"的构建与完善,多渠道开展生涯规划指导,加强学生的自我认知,指导学生开展高中学程的规划;构建基于生涯发展的高中预备期导航、高中学业导航、高校生涯导航等序列化主题课程,整合、开发校外实践体验基地,形成多层次、广领域的指导课程序列;研发"学科选择、专业导航、生涯规划"指导工具,生涯测评软件的使用与档案袋管理、成长导师工作手册的设计与完善;制定《大同中学走班教学管理制度》《走班教学学科教师管理职责》,保障学校课程管理科学发展。

(3) 双班并举式

奉贤中学从学校的管理现状和学生的学习习惯出发,设计了具有学校特色的"双班并举"走班模式,即平行班和组合班并行存在、相辅相成的走班管理模式,可实现同一门课程中不同学生学习的时段可不同,每个学生形成一张个性化课程表。通过这样的"走班制"运作为学生提供分层分类学习,提供了同层学生之间更多的交流机会,更加有利于学生选修学科的学习,通过有序走班和规范管理确保学校有效推进课程教学的顺利开展。

"走班制"在高中学校里并非新鲜事物,随着新高考的到来,各学校加紧了推进"走班制"步伐,学校对其内涵与价值认同基本能够达成共识。但是,在实践层面仍然会出现一些问题:如学校如何分班、学生如何选课、教师如何管班等。

2. 走班制的"三需"

"走班制"在实践层面大致分为两种,第一种为全员、全科走班,以北京十一学校为代表;第二种是行政班与教学班并存的部分走班。课程领导力项目学校多数选择第二种实施方式,其实践研究过程和结果引发更加深入的思考。

(1) 需要学生及家长的理解和认同

实施"走班制"的本意是落实因材施教、以人为本的教育理念,为每一个学生提供个性多元、适应性较强的课程与学习选择。但在实际运作过程中有可能给学生造成一定的困扰,一方面容易让基础薄弱的学生产生自我定位的心理暗示,另一方面学生和家长对新高考环境下"走班制"的实行感到陌生,对新兴"走班制"具体内容产生困惑。基于此,学校在应用"走班制"培养人才时,首先需要指导学生明确"走班制"内容,让学生与家长一道确定其自主选修的方向与科目,增进对新高考环境下"走班制"的理解。

让学生和家长深入了解"走班制"的积极作用,是新高考环境下人才培养的重要举措之一。它需要学校拓展与学生和家长的沟通渠道,重视家长在学校课程教学改革中的地位,减少家校之间沟通的障碍,让家长充分理解"走班制"实施与高考的关系,明确"走班制"是学校顺利实施新高考改革的重要工作内容,让"走班制"人才培养方式深入人心。学校在系统规划基础上做到课改理念先行,通过专题讲座、会议、在线沟通等方式,形成学校与家长和学生、教师与家长和学生的多元沟通渠道,实现困惑共解、经验共享、气氛融通,共同推进"走班制"人才培养模式,共同助力学校的自主与创新发展。

(2) 需要创新"走班制"管理制度

课程领导力项目学校的行动研究证明,学校管理制度包括"教学管理制度、学生管理制度、学分管理制度等",其中"走班制"改革加大了此类制度的执行难度,给教师的教学管理带来一定的压力,需要学校选择符合实际的校本化方式,不断创新"走班制"的实施路径与方法,实现学校与家长共同管理、教师与学生合作管理等,让学生成为"走班制"管理的主体,参与"走班制"及其自主管理过程。

学校课程的校本化实施与实行"走班制"管理相得益彰。学校课程既要强调基础型课程的扎实性,又要考虑拓展型课程和研究型课程的丰富性和选择性。通过自主开发校本课程实现学校课程在学校文化基础上的融合与构建,不断丰富学校课程的内容与实施过程,逐步推进"走班制"的人才培养模式,着重培养学生的核心素养和关键能力,这是新时期高中学校自主发展的核心任务与重要举措。

(3)需要提升教师的适应能力

实行"走班制"是高中阶段人才培养的一种选择,这种方式对教师综合素质提出新的要求。在传统的教学模式下教师讲课水平如何,学生并不能自主选择,但在"走班制"的实施过程中学生获得自主选择权,这对教师的课程建设能力和教学水平均提出考验。实行"走班制"是适应新高考的必然选择,教师只有转变教学策略,学习领会并贯彻"以学生为本,以学生发展为本"的教育思想,并以此理念指导自己的备课、上课和学生管理等工作,注重每一位学生的个性发展和终身发展,不断提升自身的综合素养,才能实现教学方式与管理方式实质性的转变。"走班制"的实施使得班级概念逐渐消失,班主任也逐渐被导师所取代,这就导致教师职责的转变,教师由管理转向引领,对学生进行"三导",即学习指导、人生指导、心理疏导,面对新形势,其内心对自己专业发展需要有一定的诉求。学校应该给予教师专业成长和素养提升各方面的支持与保障,如任务驱动、项目引领、团队协作、专家指导、外出进修等途径,促进教师自主发展和自我实现,不断提升教师的综合素养。

与此同时,教师又是课程领导力项目不可或缺的生力军。学校课程开发、课堂教学改进、学校课程规划完善,每一项行动都离不开教师的实践参与和研究创新、教师的人文底蕴和科学精神、教师的跨界研修和协同发展。实践证明,课程领导力项目学校的大多数教师,更愿意成为学校课程的开发者和研究者,乐于在自己的课堂教学实践中展开研究与反思,不断调整与创新课程结构、丰富课程内容、灵动教学方式,从而实现学科课程标准与学校文化双向组合式的重新建构过程,教师的专业内涵与课程教学能力得到大幅度的提升。教师课程教学行为的"渐变"过程,既为学校顺利实施"走班制"提供了丰富多样的课程载体,也为实行"走班制"提供了最为宝贵的基础条件和师资保障。

第四节　整合利用社会资源

《国家中长期教育改革和发展规划纲要(2010—2020年)》明确指出:"加强学校之间、校企之间、学校与科研机构之间合作以及中外合作等多种联合培养方式,形成体系开放、机制灵活、渠道互通、选择多样的人才培养体制。"高中阶段是学生成长的重要转折点,也是人才培养的关键时期,整合利用社会优质教育资源开展适合高中学生的各类教育活动,为高中阶段的人才培养模式创新奠定物质基础,是当前高中学校合作发展策略的理想选择。

一、社会资源整合

社会是人才培养的大摇篮。人们对社会资源的定义是:为了应对需要、满足需求,所有能提供而足以转化为具有服务内涵的客体。社会资源包括有形资源和无形资源,如人员、场地、技术、知识和社会关系等。其中一些社会资源可以为教育服务,满足人才培养的需要,使其转化为促进学生发展的优质教育资源。

(一)社会资源

上海市是一座特大型城市,各类社会资源十分丰富。近年来,上海市教委、市教委教研室整体推进和调动社会各界力量,整合社会各界教育资源,开发建设一系列的社会教育基地和社会实践基地,服务于高中学生成长的需要。

上海市各类高等院校资源丰富,大学教师、大学设施、大学文化等成为高中教学多样发展的依托。上海市教委组织大学教师参与高中课程建设,整合大学优质资源,如创建"新科学、新技术"创新应用平台——双新课程平台等。

中共一大会址、名人故居等爱国主义教育基地;上海大剧院、美琪大剧院、逸夫舞台等可以为艺术人才培养提供服务的社会资源;上海作为国际金融中心和科创中心有丰富的社会资源,这些都可以成为人才培养的物质基础。

《上海市中小学专题教育整合实施指导意见(试行)》重点强调学校应依托各类社会资源,利用校内外各类公共资源,促进校内与校外、社区与家庭的合作,共同推进专题教育的实施。上海市高中可利用的社会资源例举见表2-17。

表2-17　上海市高中可利用的社会资源例举

主题	内容	社会资源
安全与防范	公共安全教育	上海公安博物馆 上海消防博物馆 上海禁毒科普教育馆 东方绿舟 上海民防科普教育馆

(续表)

主题	内容	社会资源
安全与防范	防灾自护教育	上海地震科普馆 上海地质科普馆 上海防灾减灾科普体验馆
	国防、民防教育	上海民防科普教育馆 上海公安博物馆
	毒品预防教育	上海禁毒科普教育馆
	诚信教育	上海市银行博物馆 中国银行行史陈列馆(上海分馆)
民族与文化	传统文化教育	上海博物馆 上海市历史博物馆 中华艺术宫
环境与健康	环境教育	苏州河梦清园环保主题公园 上海科学节能展示馆 上海太阳能科普教育基地
	健康教育	上海健康生活体验馆 上海人口和计划生育宣传教育中心 中国乳业博物馆
环境与健康	生命教育	上海中医药博物馆 上海长风海洋世界科普教育基地 上海植物园 中国烟草博物馆 航海医学科技馆
综合与实践	科普教育	上海科技馆 上海自然博物馆 上海海洋水族馆 上海大自然野生昆虫馆 上海隧道科技馆 上海天文博物馆 上海市石油化工科技馆 上海航宇科普中心

(二) 整合社会资源的意义

实践证明,高中阶段的人才培养模式与创新,需要整合学校内外的优质教育及其课程资源,打破行业壁垒,突破领域边界,由学校整合与利用各类社会资源,从文化、机制、技术等方面营造、共建、共享社会环境,建立学校与社会各级、各类机构之间沟通与融通的合作关系,发挥社会资源在高中阶段人才培养中的地位与作用,让社会优质资源成为促进教育目标实现的有效载体。

随着社会的进步与发展,高中阶段的教育改革不断深入。高中学校的教育目标正围绕立德树人根本任务,依据中国学生发展核心素养的指标要求,发展学生的关键能力,从而培养适应新时期社会主义建设的"全面发展的人"。学生应具备"人文底蕴、科学精神、学会学习、健康生活、责任担当、实践创新"六大核心素养。这些综合素养在人才培养之中并不是孤立存在的,各素养之间相互影响、相互联系、相互促进,共同发展,多种素养组合起来整体发挥作用。学生核心素养是一个养成过程,需要融入真实情境并在真实情境中发现真实问题加以解决,建立对真实事物的感悟与思考,不断自觉体认社会事物的教育意义。显然,高中阶段学校整合与利用社会资源,不断丰富课程设计内容,改进人才成长环境,对于新时期的人才培养有着重要的现实意义。

1. 学生的成长过程更具生活性

当前,学生在学校教育中大多数时间是在教室参与学科方面的学习,较少有时间走入社会、走入真实生活之中去直接发现和探索当下社会现象和社会问题。学生在学习内容方面,大多数时候面对的是学科知识体系内容,接受来自学科逻辑下的教育。学生获取学科基础知识固然重要,但其不应成为学生全部的学习生活,也需要接触现实社会生活,在真实、复杂的社会环境中感受、体验与领悟。人们在长期教育实践与探索中达成共识,即学生时期过于单一的学习生活不利于一个人的全面和综合发展。学校应从学生的成长需要出发,彰显人才成长环境应有的生活性,充分整合与利用社会资源,开发与开设综合性课程和自主选修课程,组织学生参与实践学习活动,让学生的综合素养在现实生活中得到锻炼与发展,让学生的认知、合作、创新和职业等关键能力得到培养与提高。

2. 学生的生涯规划更具适切性

高中是非常重要的时期,每一个人将在此阶段完成人生的一次重大转折,需要在此阶段对自己人生发展方向做出关键的选择,对未来职业生活进行初步的规划。高中学生如何生涯规划?学校怎样指导学生进行生涯规划?这是高中阶段各所学校十分重视的基础教育工作,它对高中学生未来发展有极其重要的作用。为了提高学生生涯规划的适切性,有效提高学生在生涯规划中的自主判断与选择能力,学校从现实出发选择整合利用各种社会资源,并依托资源之间的关联性,结合学校对每一个学生的学习基础、兴趣个性、专业志趣等基础数据所做的详细分析,指导学生结合自己的生涯规划,选择适合自己充分体验与研究的社会资源,通过课程学习或者项目实践等方式,完成高中学习生活中的职业体验和认知过程。学校整合与利用社会资源就是让学生更加全面、立体、身临其境地了解社会各行各业的职业特点与规则,为即将面临的至关重要的人生选择、职业规划奠定必要的基础,从而帮助高中学生寻找适合自己的专业志趣与职业理想。

3. 学生的成长环境更具时代性

整合和利用优质的社会资源,采取多种途径、多种形式,增加优质社会资源在教育中的覆盖面,并建立有效的资源使用与管理机制,基于培养人才的视角大力开发与高中阶段学生发展相匹配的社会资源,运用社会资源加强学校特色课程建设的力度,进一步赋予高中学校课程体系丰富内涵,使学校课程体系和关键领域的课程具有时代特征。通过提升高中学校与社会实践教育基地的契合度,有效发挥社会资源在人才培养中的地位与作用,充分利用上海科技馆、上海自然博物馆、东方绿舟、上海博物馆等社会公共资源,使其成为人才培养的有效途径。学校通过整合与利用社会资源,在丰富课程体系的前提下,进一步创新学校的特色校本课程实施与评价方式,进一步增加高中学生进行研学旅行、职业体验和社团活动的机会,使学生更多地体悟个人成长与职业视界、社会进步、国家发展和人类命运共同体的关系,进而帮助学生根据自身的兴趣专长选择人生发展方向,激昂家国情怀,增强社会责任意识和法治观念,践行社会主义核心价值观。

二、整合社会资源的实践探索及经验

为推进中小学学校充分利用社会教育资源,上海市教委颁布了《关于开展利用科普教育基地拓展本市中小学课程资源试点工作的意见》,上海市教委、上海市科委颁布《关于本市中小学利用科普教育基地拓展课程资源的实施意见》等系列指导性文件。课程领导力项目学校依据总项目组提供的研究指南,从整合与利用社会资源出发,与社会各界建立了多元合作机制,不断创新高中阶段的人才培养模式(见图2-4)。

（一）整合大学资源

1. 双新课程平台

"双新课程平台"是上海市中小学新科学、新技术创新课程平台的简称,由上海市教委教研室、上海师范大学科技策划与传播中心、上海科学技术出版社共同建设,是一项推动高中学校课程建设与创新教育发展的人才培养工程。双新课程平台致力于帮助高中学生接触科技前沿、经历创新学习过程,培养和发展学生的创新意识和实践能力,为创新人才的培养奠定坚实的基础。

双新课程平台主要由上海高校科学家牵头,参与研发一系列的高中课程,包括"准备创新、体验创新、自主创新"三个阶段的项目式课程。具体内容见表2-18。

表2-18 双新课程平台的课程内容

课程名称	领衔	分类
纳米检测技术的研究	上海师范大学	应用科学
离子液体的应用研究	上海师范大学	应用科学
中药功能性化妆品的研制	同济大学	工程技术
3D打印的技术和应用	上海励晶科技发展有限公司	工程技术
计算机程序控制	上海大学	应用科学
太阳能发电技术	上海电力学院	工程技术
大数据的奥秘	上海工程技术大学	应用科学
简易空气净化器的制造和功能检验	上海大学	工程技术
走进地理技术	上海师范大学	应用科学
印染废水的处理与分子筛	上海理工大学	应用科学
多彩的功能膜	上海工程技术大学	工程技术
益生菌真的益生吗?	上海师范大学	应用科学

上海市双新课程平台的两大特色如图2-11所示。

■ 一站式服务平台，助力学校打造特色科创课程

■ 三阶段项目式学习课程，助力学生提升创新能力

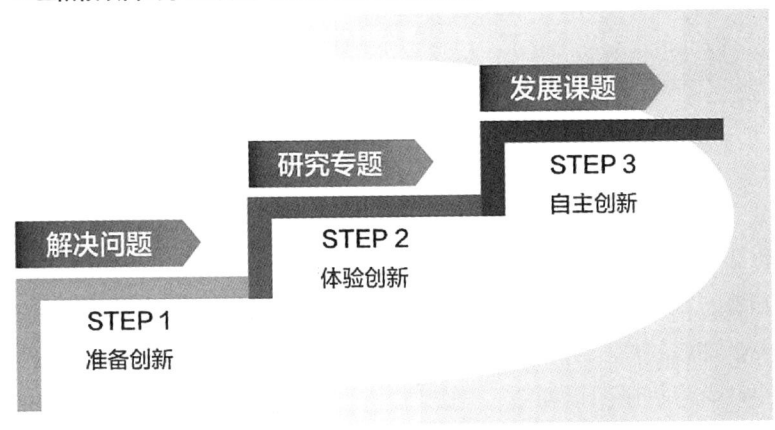

图 2-11 上海市双新课程平台的两大特色

2. 合作机制

课程领导力项目学校如莘庄中学、大同中学、宜川中学、控江中学等参与上海市双新课程平台课程的开发与研究，并在实践中建立了与大学之间、与学校之间的多元合作机制，如图 2-12 所示。

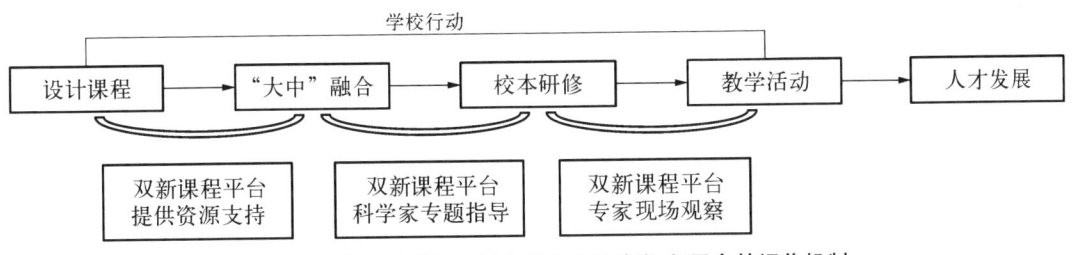

图 2-12 莘庄中学与大学合作利用双新课程平台的运作机制

(1) 设计课程——创建学校双新课程群

莘庄中学与大学院校合作，将双新课程与学校课程整合，依托学校现有的"精妙科技"等校本课程，建设了"双新"创新实验室和网络虚拟实验环境，开发实施金字塔式"双新"综合实

践课程群,注重培育有科学素养的创新人才。

莘庄中学在学校课程体系的组织架构上,对应学校的金字塔创新课程体系,在基础型课程中利用 Arduino 单片机,进行劳动技术课程的校本化开发和实施;在个性化课程建设中,以新科学、新技术理念为指导,整合大学提供的双新课程资源,开发建设拓展型、研究型课程,其中"计算机程序控制"和"多彩功能膜"课程就是整合各种资源后的特色课程;在金字塔课程群的最上端——荣誉课程开发建设具有面向少数学生的精品课程,如创新大赛课程。上述内容描述如图 2-13 所示。

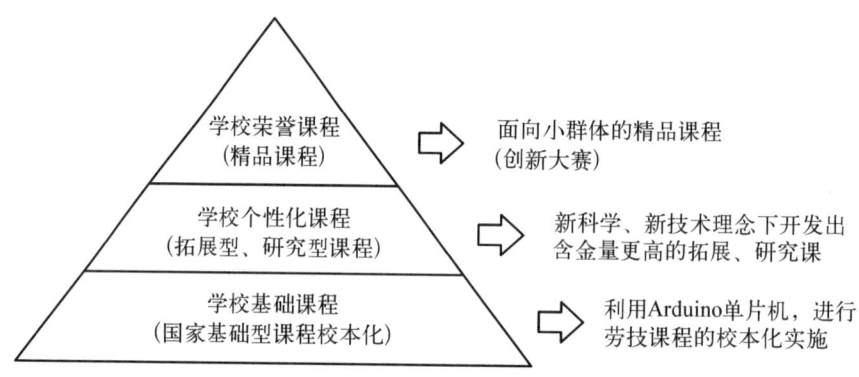

图 2-13 莘庄中学双新课程群的建设图谱

学校在双新课程群实施中,采取双新课程平台提供的实施路径与方法,在准备创新阶段为有意愿参与科技创新课题研究的学生打好学习基础,在体验创新阶段为学生提供实践体验与创新研究的环境,在自主创新阶段指导学生开展课题研究,促进学生高阶思维的发展。学校"双新课程"学习机制图谱如图 2-14 所示。

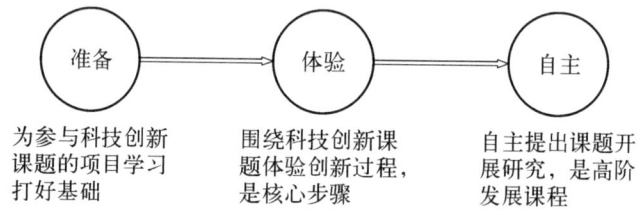

图 2-14 莘庄中学双新课程学习机制图谱

(2)"大中融合"——大学与中学"结对"共同发展

大学院校有许多优质的教育资源,一些科技创新课题经过加工可以转化为高中学校的课程内容,但是怎么转化成为最大的问题。采取"大中"融合方法可以得到解决。所谓"'大中'融合"就是将科技专家、课程专家和中学教师统整起来,建立"三结合"组织,共同探索。

① 由大学科技专家提出科技创新的课题,并领衔编制相关课程教学资源。这一过程中科技专家要深入具体高中学校,深入了解师生,学校一线教师一起参与课题优化,从而保持和凸显科技创新的本质与脉络,关注学校条件和学生基础,将科技的先进性和教学的可行性结合起来。

② 教师与科学家共同开发课程。将科技创新的实践者与中学科技创新教育实践者相结合,让双新课程更加符合中学教育的特征。中学教师提供丰富的教学实践经验,提出课题

转化的相关建议,并负责进行教学实践探索。

③ 中学教师与课程专家合作,从课程的"顶层设计"方面进行整体思考。建立以科技创新教育为载体的人才培养模型,中学教师与专家在对话交流过程中,提升双新课程的整体设计能力。

（3）校本研修——中学教师与大学教师开展专题教研活动

在高中合作学校里成立双新课程校本研修教研组,聚焦课程开发、教学实施、学生课题等内容,发挥教研组研究与分享的功能。来自多方面人员共同参与的教研活动是一件比较复杂的研修活动,需要制订细致的教研活动计划,定期开展相关的研修活动。在日常教学实施中,主动听取来自大学教师和教研员的建议,开展跨学科教研,建立研修互助的共同体。

（4）教学活动——科技专家和课程专家依据目标参与课堂教学观察和指导

学校教师和教研组开展双新课程教学活动,并不是"单独作战",而是有来自大学院校的科学家和教授、来自教育学院相关的教研员组建的团队共同参与。由双新课程平台制定课堂教学评价指标体系并运用它开展教学活动的观察与评价过程,指导项目学校一线教师的教学活动与双新课程的课程目标的一致性。

（二）整合校外教育基地

1. "场馆"和"基地"

教育基地是指在一定地域范围内集中相当发达的教育和比较完整的教育体系,在人才培养中发挥着不可替代的作用。社会资源变为教育基地需要满足一定条件。目前,上海市被列为中小学教育基地的社会场馆有 200 多家,表 2-18 列举的仅仅是其中一部分场馆和教育基地。这些社会资源在中小学生的成长中发挥着重要作用。例如,上海博物馆是一个坐落在上海城市中心的地标性博物馆,现已成为众多学校教育资源的依托。它提供的不仅仅是物化的保护文物,更是中华优秀传统文化的精神性集聚体。任何一个博物馆必将折射出一个国家、一个地域、一个城市的精神风貌,上海博物馆也是如此。中小学生走进该馆了解上海这座城市的发展脉络,深入研究和理解中华文明与文化发展,进而提升学生的人文素养。

学生在各种场馆里面的学习方式不同于课堂,是一种系统性随机的学习方式。所谓系统性随机方式是指学生在场馆里的学习过程是预先设定的,有一定的学习目标和活动内容。因此,为学生提供场馆里面系列化的学习材料和学习工具十分必要。由于这些学习目标不是常规意义上的学科教学目标,需要学校、教师与场馆和基地之间合作开发适合的场馆课程,促进学生的随机学习和多样化学习。

2. 合作机制

近年来,为了推进中小学拓展型课程和研究型课程的深入开展,为了更好地利用上海市一系列基地场馆的优质教育资源,市教委教研室以"场馆合作"行动项目促进学校课程领导力的进一步提升,大多数高中学校参与了此项行动。学校将上海博物馆、上海科技馆、上海自然博物馆等场馆里的教育整合到学校的教育教学之中,构建双向互动的合作机制,从理念构建、课程环境、互动平台、教学资源、学习方式、专业指导等方面,建立资源互补、教师互助、理念互通的新型人才培养模式。

控江中学在场馆合作中将"玩学合一"的课程理念进行有效落地,让场馆成为课堂教学的延伸升华,把课程资源、课程理念、教学方法、实施路径整合起来,建立了具有真实情境的"玩学合一"环境,有效改进了课程内容的实施方式,构建了学生价值体认的综合性体验平台。随着学校与场馆合作的逐步深入,学校可利用的教学资源也呈现多样化的发展态势,逐步完成丰富多元课程系统与结构的重构,使"玩学合一"理念引领下的课程内涵与品质得到进一步提升。①

嘉定区被上海市命名为"科学卫星城"。目前嘉定区有60多位两院院士,11家科研院所,109家科技研发中心,171家国家、市、区级企业技术中心,还有同济大学嘉定校区等6所大学。嘉定二中依托这些社会资源,发挥区域优势,拓展了与社会资源相关的校外实践基地共20个,其中与中科院上海分院等7家科研院所签订了教育合作协议,还与多位科学家、企业家建立民间往来和合作交流,建立了专题课程、课题与项目等内容的实质性合作关系。举办"未济大讲堂",邀请专家、教授来校上课,指导学校创建创新实验室;通过开展"走进中科院·走近科学家"系列活动,组织学生到6家科研院所参观学习的相关课程,丰富了学生经历和体验。②

扬子中学长期综合利用社会资源,为学生参与综合实践活动搭建平台。学校与崇明区图书馆、美术馆、科技馆、博物馆、生态馆、规划馆、禁毒馆等建立学生志愿者服务基地,定期组织学生参加志愿者服务;主动对接居委会、银行、医院、税务所、消防队、公交公司、森林公园等单位,组织学生开展小区环境小卫士、小小税务员、银行志愿者、敬老节慰问等实践体验活动;利用崇明岛域资源,围绕生态岛定位、沙洲文化、垦拓精神、家乡名贤、传播乡风、生态保护、绿色出行等组织学生开展"生态岛寻梦"综合活动,引导学生关注家乡发展、关爱社会;利用崇明岛外资源,以"寻扬子江文化,树扬子人精神"为主题,带领学生以崇明岛为起点,以扬子江(长江)为轴心,溯江一路考察长江流域的人文历史、民风民俗,以此培养学生的民族精神、文化认同和爱国情怀,丰实"两纲"教育实践活动,厚实学生品德根基,在探寻文化基础上指导学生进行研究性学习。学校在利用社会资源开展社会实践活动中为学生打开一扇认识世界的窗口,充分体现"课堂小天地,天地大课堂"的教育价值。

(三)整合艺术团体

1. 四方平台

四方平台是上戏附中利用社会资源的运作机制建设的,它是由上海戏剧学院等高校平台、上海市艺术教育中心、静安区戏剧教育联盟等市区平台、外省市和国外友好姐妹艺术学校国际平台组成的社会资源合作共同体。四方平台汇聚了上海市戏剧领域专业团队资源,戏剧的专题性强,多家机构以协助学校人才培养为目标,围绕戏剧艺术特色课程的有效实施建立联盟,展开合作过程。学校在培养艺术人才过程中长期与"四方"合作互动,凝聚了上海艺术关键领域的教育力量,为学生拓展艺术专业的体验环境,使学生有机会接触艺术名家的熏陶和艺术氛围的感染,培养学生发现美、体验美、创造美的能力。

---

① 来自控江中学课程领导力项目结题报告。
② 来自嘉定二中课程领导力项目结题报告。

2. 合作机制

上戏附中与四方平台的合作机制如图 2-15 所示。

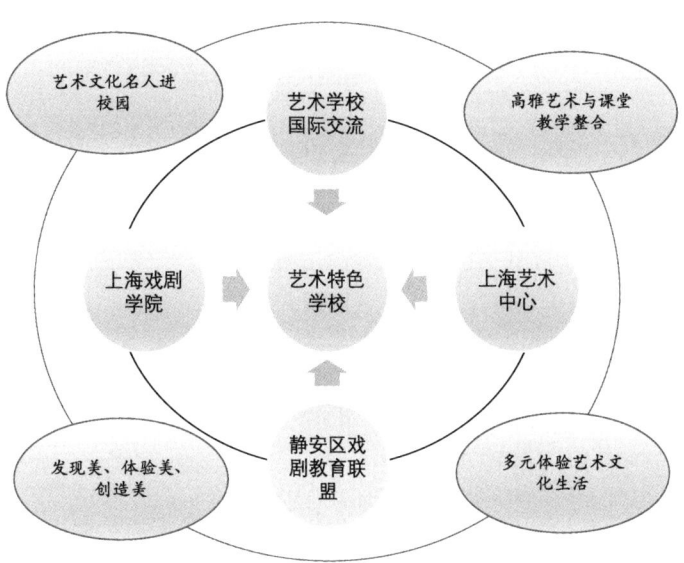

图 2-15　学校与四方平台的合作机制

上戏附中探索"艺术名人进校园"的人才培养模式,主要以艺术名人的独特经历、人格魅力影响学生,帮助学生提高自身的艺术素养。同时,让艺术专业学生能够在艺术、文化品质方面臻于上品,让非艺术专业的学生能够接受艺术熏陶。学校先后邀请东方电视台、上海戏剧学院等具有一定影响力的名人与学生进行面对面的交流,开展"文化名人进校园,高雅艺术进课堂"系列讲座。例如,国家一级演员佟瑞欣来校开讲第一课,分享他的个人经历,将自己热爱戏剧的种子播撒到每一个高中学生的心田,教育学生艺术的本真就是追求真善美。学校进行主题讲座活动设计,遵循感知、体验、内化、实践的教育过程,注重教育的完整性和严谨性,实现社会艺术资源开发利用的最大化,提升学校文化内涵,提升学生认识美的能力。

第三章

课程统整

当今全球教育都在关注学生的终身发展,主张在真实情境下开展知识运用与思维活动,注重发展学生的关键能力,倡导"各种关键能力最初在学校中培养,随后在一生中不断发展"的教学观念,为学校指明"效能"边界,将终身学习理念深深地嵌入学校的教育教学实践中。

2017年9月,中共中央办公厅、国务院办公厅印发《关于深化教育体制机制改革的意见》明确提出:要注重培养支撑终身发展,适应时代要求的关键能力。一是认知能力,要引导学生具备独立思考、逻辑推理、信息加工、学会学习、语言表达和文字写作的素养,养成终身学习的意识和能力。二是合作能力,要引导学生学会处理好个人与社会的关系,遵守履行道德准则和行为规范。三是创新能力,要激发学生好奇心、想象力和创新思维,养成创新人格,鼓励学生勇于探索,大胆尝试,创新创造。四是职业能力,践行知行合一,积极动手实践和解决实际问题。这四项关键能力,将是今后很长一段时间内中国基础教育改革与发展的核心。

当前,高中学校纷纷开展课程教学统整,发展学生关键能力。课程领导力项目学校分别从职业生涯教育活动、学科单元教学设计、统整社会实践活动等维度展开实践探索与研究。

第一节　课程统整与关键能力

贯彻落实立德树人根本任务,提升中国学生发展的核心素养,对学校课程教学改革提出了新的要求:学校课程教学要以科学性、时代性和民族性为实践原则,以培养"全面发展的人"为核心目标,探索学校课程统整的方式和方法,从文化基础、自主发展、社会参与三个方面入手,培养学生的人文底蕴、科学精神、学会学习、健康生活、责任担当、实践创新等素养,切实发展学生的认知能力、合作能力、创新能力和职业能力。

一、关键能力

"关键能力"是世界各国和国际组织最为关心的教育目标之一,是每个人适应复杂变化社会环境的必备能力。

(一)对"关键能力"的认识

"关键能力"最早由德国教育学家梅腾斯(Mertens)于1974年提出,旨在回应当时德国职业教育与社会发展对人才需求不相适应的矛盾。他认为关键能力是一些普遍的、可迁移的能力,在每个人终身发展、职业生涯和社会参与中发挥着重要作用;它们与每个学科、每种职业的具体技能并不直接相关,是知识、技能、认知的综合表现;它们能够帮助个体在不同场合和工作情境中做出判断、选择,应对职业生涯中不可预估的动态情况。从最初的定义可以看出,关键能力强调个体对不同职业的适应能力,其实质是个体在现代社会中的综合素养。随后,关键能力研究逐渐辐射到全世界,每个国家根据国情纷纷提出相似的概念。比如,英国称为"核心能力"(core skills),美国称为"基本能力"(foundational skills),新西兰称为"必要能力"(essential skills)。关键能力也逐渐从职业教育领域位移到基础教育领域,成为国际大型评估项目的参照框架。

联合国教科文组织在1996年发布的《学习——内在的财富》报告中论述了21世纪教育需以"学会求知""学会做事""学会共同生活""学会发展"四大支柱作为基础来发展,进一步对关键能力做出解释。此后,在2003年,又增加了"学会变革",组成五大支柱。

经济合作与发展组织(Organization for Economic Co-operation and Development,简称OECD)于2005年提出:促进终身学习的关键能力应包括互动工具、异质性团体互动、自主行动三个方面。

欧盟于2006年也提出了关键能力的核心素养框架,包括母语沟通、外语沟通、数学与科技素养、数字能力、文化意识与文化表达、主动性与创业精神、社会与公民素养、学会学习能力八个方面,并就终身学习的"八大关键能力"通过了一份欧盟理事会及欧洲议会建议案。

教育部于2014年印发的《关于全面深化课程改革落实立德树人根本任务的意见》中首次提出"核心素养体系"概念。2017年印发的普通高中各学科课程标准,将核心素养作为重要的育人目标。具体阐述为学生应具备的、能够适应终身发展和社会发展需要的必备品格和关键能力,是关于学生知识、技能、情感、态度、价值观等多方面要求的综合表现;是每一名学生获得成功生活、适应个人终身发展和社会发展都需要且不可或缺的共同素养。其发展是一个持续终身的过程,可教可学,最初在家庭和学校中培养,随后在一生中不断完善。2017年9月,中共中央办公厅、国务院办公厅印发《关于深化教育体制机制改革的意见》(以下简称《意见》)清晰地表明:学生应该具有扎实的基础知识和基本技能,而在培养学生基础知识和基本技能的过程中,必须强化学生关键能力培养,并特别阐明其重要性在于能够"支撑终身发展、适应时代要求"。

"关键能力"是个人实现自我、终身发展、融入主流社会和充分就业所必需的知识、技能和态度之集合,是可迁移并发挥着多样化的功能。其中,培养认知能力是引导学生具备独立思考、逻辑推理、信息加工、学会学习、语言表达和文字写作的素养,养成终身学习的意识和能力;培养合作能力是引导学生学会自我管理,学会与他人合作,学会过集体生活,学会处理好个人与社会的关系,遵守、履行道德准则和行为规范;培养创新能力是激发学生好奇心、想象力和创新思维,养成创新人格,鼓励学生勇于探索、大胆尝试、创新创造;培养职业能力是引导学生适应社会需求,树立爱岗敬业、精益求精的职业精神,践行知行合一,积极动手实践和解决实际问题。

(二)指向"关键能力"的课程改革

1. 国外指向"关键能力"的课程改革

进入21世纪,课程整合的理念已经成为教育界的共识,世界各国展开了实践层面的探索。例如,美国促进科学协会组织实施的《2026计划》,其主要目标是解决教育内容机械膨胀的现状,彻底脱离原有课程、教材的格局,打破旧有的学科框架,重新从文化中选择课程内容,实现课程内容的整合,进而从根本上解决知识分裂的问题。卡内基教学促进基金会原主席欧内斯特·L·伯耶(Ernest Boyer)就"美国对高中毕业生的素质目标要求如何?"进行调查总结,认为高中教育应达到如下四个基本目标:一是通过语言教学,帮助所有学生培养批判性思考和有效沟通的能力;二是通过核心课程,帮助所有学生认识自己、认识人类文化遗产、认识相互依存的世界;三是通过选修课程,为所有学生参加工作或继续接受教育做好准备,培养个性特长和兴趣;四是通过学校和社区服务,帮助所有学生履行社会和公民义务。

法国为打破学科分隔而开设了"研究性学习"课程,帮助学生在一般概念、各个学科、周围环境之间建立联系,加强学科知识内容的整合;德国围绕儿童的环境,通过"事实教学"的方法,整合初等教育的教学内容,整合范围涉及自然、社会以及家政、交通安全教育、性教育等广泛领域。

OECD组织在1997—2002年实施了大规模名为"能力的界定与遴选:理论框架与概念基础"(简称DeSeCo)的跨国研究计划。DeSeCo提出:"中小学教育并不能提供人生发展所必需的全部能力;能力在人的一生中不断发展和改变,能力的发展不会在青少年时期结束,而是会在成人阶段继续完善。"因此,DeSeCo将关键能力定义为"个人实现自我、终身发展、融入主流社会和充分就业所必需的知识、技能及态度的集合,在义务教育结束时学习者应该具备这些基本的关键能力,并且在后续的终身学习中继续发挥其基础性作用。"

在芬兰,尊重学生的天性是教育的一条重要准则,在课程改革中也是如此。芬兰在2016年8月正式实施的《国家课程框架》中特别强调对学生进行能力培养。能力培养目标被描述为七个领域:① 思考与学会学习的能力;② 沟通表达能力;③ 自我管理、日常生活技能与保护自身安全的能力;④ 多元识读(multi-literacy)能力;⑤ 信息技术应用能力;⑥ 工作能力与创业精神;⑦ 公民生活参与并为可持续的未来负责的能力。这七种能力涵盖知识、技能、价值、态度,也包含能在不同情境中使用这些知识与技能的能力。这七个能力领域的课程目标,是一个新的能力本位与专业教学相结合的导向,导向的是学生的综合素质以及与社会和谐并指向终身学习的能力。芬兰关于《国家课程框架》的相关规定及实施现状见表3-1。

表3-1 芬兰关于《国家课程框架》的相关规定及实施现状

相关规定	实施现状
内容选择联系实际生活	几乎每所中小学都向学生开设烹饪、缝纫、木工、金工等专用教室和课堂教学。通过不同学科教师之间的更多合作,培养学生解决真实情境中复杂问题的综合能力
科目设置多样化	学生可根据自身不同的需求选择科目,满足个性化学习需求
重视培养学生的国际交流能力和科技素养	学校开设有多种外语课程,为学生提供良好的外语学习环境。科技课程的设置与社会生活紧密联系,努力为国家的科技发展培养人才

从2016年8月起,由来已久的"主题教学"被芬兰教育部正式提出并大力推行。所谓"主题教学"(Teaching By Topic),即预先在教学设计中确定一些主题,如"欧盟""社区和环境变化"等,然后以这些主题为枢纽点,将课程相互渗透的学科知识统整形成学科融合式的课程模块,其中囊括经济、历史、地理等各种跨学科的知识,以主题贯穿学习。

亚洲一些国家也逐渐开始对课程整合的实践探索。日本在课程体系中专设"综合学习时间",目的是"追求跨学科的、综合性的学习"。新加坡教育改革中重点放在小学教育改革和大学前教育改革。其中大学前教育改革的内容为改革课程结构、改革升学考试制度、推出"高材教育整合计划"、注重教师的专业发展等,其特点及内容见表3-2。

表3-2 新加坡大学前教育改革的特点及内容

特点	内容
课程改革呈现灵活性和多元性	课程设置更广泛,学校类型更多样。允许学校让学生修读新的普通水准科目及特选单元。允许学生修读新的会考科目,作为额外的选修科目或替代现有的选修科目,如经济学、电脑及戏剧等
	设置更能调动学生的学习积极性、更有效益的母语课程,赋予语言课程更大的灵活性
基础教育改革呈现广泛性和全面性	重视表现性评价,扩大学校自主招生。以高中水平考试成绩和中学时的表现(列明学生在学术及非学术方面的表现)评定学生,作为进入大学的条件
	扩大课程辅助活动的范围。鼓励学生参加校园里的课外活动,中学生和初级学院在校生必须参加至少一项课程辅助活动

(续表)

特点	内容
教学上实施"少教多学"计划	裁减课程内容,使教师在设计教学时有更大的自主性,让学生可以腾出时间专注于学习核心知识及技能,也为学校课程提供更大的空间,使教师可以灵活地设计与安排校本课程活动
	改革教学法,教学方式上注重指导、理解及批判性思维的技能。要求教师在课堂上对学生加强批判性思维的培养和训练
	检讨评估方式,减少死记硬背,鼓励独立学习及研究性学习。每位高中学生都必修的一门课程——研究性学习

2. 国内指向"关键能力"的课程改革

高中课程改革立足于课程统整的角度强调了终身学习的愿望与能力,明确两种修习方式的分配,提供可选择的课程重组及修习内容,推出关注综合能力发展的评价机制。

2007年秋季,我国全面开始使用的高中新课程首次提出培养学生"终身学习"能力这一概念。2017年,教育部印发的《普通高中课程方案和课程标准(2017年版)》在2003年版的基础上进一步明确了普通高中教育的定位,强调普通高中教育是在义务教育基础上进一步提高国民素质、面向大众的基础教育,要为学生适应社会生活和职业发展做准备,为学生的终身发展奠定基础。2017年版高中课程方案进一步优化了课程结构的选择性和灵活性。考虑到高中学生多样化的学习需求,在保证共同基础的前提下调整必修课和选修课的比例,使课程形态更加多样化,为不同发展方向的学生提供有选择的合理化课程;增加了一些新的课程内容,保证课程内容的时代性;注重学生学习经验与生活经验的联系,为学生的活动提供重组的材料;课程内容的选择上由内容为主转向内容和能力多样性的结合。2017年版高中课程方案还规定学生所有科目都要学,有特定学科潜力和发展需求的学生在相关科目上可以多学、深学,做到发挥特长、因材施教。2017年9月,中共中央办公厅、国务院办公厅印发《关于深化教育体制机制改革的意见》,其中"关键能力"成为了公众关注的热点。

二、课程统整对关键能力培养的作用

所谓"统整",就是将两个或两个以上看似不同却相关联的事物或现象组成一个有意义的整体。

(一)课程统整

"课程统整"是指将学校课程中相关的课程及学习领域进行整合,通过加强各学习领域及各科目间的联系,增加学科内、学科间的相互关联。

课程统整方式有多元表达,有学者将课程统整为经验统整、社会统整、知识统整和课程设计统整四种方式;也有学者从学域、学科、学段、学程四个方面统整。不论采取哪种统整方式,其目的都是引导学生多元理解,帮助学生建立一种全新的认知方式,改善学生的学习过程,加强个体间的有效合作能力,促进深度合作,引领实践创新。

课程统整,最早从1932年开始被课程学者加以探讨,并成为课程领域长期的研究议题之一。现代的课程统整重启于20世纪80年代末期,众多学者从知识观转变、学习者需要、社会变革背景三个方面着手展现课程统整的依据与必要性。大家一致认为：课程统整契合了知识增长方式和学生认知能力的提升；促进了学生的综合学习，发展学生的合作与创新能力；促进了学生社会职业能力的养成。

由上述可见，课程统整是一个内涵丰富、外延广泛、存在一定争议和多元理解的概念。目前，课程统整可以理解为以教材为主要课程资源，贯穿学科与学段，将学习内容与学生的需求、发展相互结合与渗透，旨在提升学生关键能力与学习兴趣、促进学生核心素养发展的课程设计方式。对学校而言，课程统整需要对学校课程进行宏观设计，并为教师理解、把握和运用现有教材，整合课程资源提供支持。对教师而言，课程统整需要将所有教学资源进行梳理，选择最适宜统整的方式整合归纳，设计完整的教学方案，并在教学实践中不断调整与完善。对学生而言，课程统整需要表达自身诉求、主动探究与学习，将知识与经验运用到学习与生活之中。

课程统整致力于使原本分化的课程形成有意义的整体，逐渐由一种课程组织的技术手段上升为课程设计理念以及与之相适应的实践行动。根据价值立场，课程统整可区分出三类统整观：以雅克布斯(Jocabs)为代表的学科本位统整观，以比恩(Beane)为代表的社会民主主义统整观，以及我国学者结合两者形成的一种综合统整观。其中，我国学者倡导的综合统整观认识到课程统整既是学科内容及结构优化的设计，也关注学习者与社会的统一、学习者自身的健全发展。黄甫全将"课程整合"视为一种超越了学科课程的新型课程形态，实质是"一种采用各种有机整合的形式，使学校教学系统中分化了的各要素及其各成分之间形成有机联系的课程形态"，具有五个层次的内涵：① 相邻知识系列的整合；② 性质相近学科的整合；③ 为解决社会问题进行的人文、自然和社会学科的整合；④ 教育内容变化与文化发展间的整合；⑤ 针对学生需要的被漠视以及教育内容的割裂带来的片面发展，要实现其与文化的整合。

（二）以课程统整促进学生关键能力发展

教育的最终目标是培养人与生俱来的成长的可能性[1]，这反映了课程的人本属性。建构主义的学习理论、多元智能的智力发展理论、脑科学研究等已经成为课程统整的理论基础，引领着"基于学生视点，促进学生关键能力的持续发展"为目标的课程统整及设计。

课程统整促进关键能力发展具体表现在：

（1）学生基于自身背景和经验以整体、连续的方式来构建知识，要求课程寓知识于真实情境，多层次呈现知识，使知识内部、实际应用和个体问题产生相关性。[2] 经过整合的课程情境是充满意义的探究空间，有助于学生与学习环境和自身互动，形成有意义的、可迁移的认知结构。[3]

（2）一个人的能力是多方面的，除了认知能力，还有很重要的一部分是非认知能力，即情感、社会适应性、人际沟通交往能力等。众多综合实践活动的研究与实践者一致表达出智力的发展与运用需要在丰富、具体的综合环境中才得以实现与锻炼，分科课程难以做到。

---

[1] 钟启泉.现代课程论[M].2版.上海：上海教育出版社，2004.
[2] 韩雪.课程整合的理论基础与模式述评[J].比较教育研究，2002(4)：33-37.
[3] 于泽元，王丹艺.核心素养对课程意味着什么[J].现代远程教育研究，2017(5)：21-28.

(3) 脑科学研究证明了大脑可以同步处理多个学习领域。凯恩夫妇提出"全身心参与学习""情感和认知都是关键""问题本位的学习不应割裂部分与整体的学习"等学习原则。[①]

课程统整意味着学科课程教学需要从学习者需求出发,探索与建构学科之间关系,重构课程教学结构,让学生提供获得整体性学习经验,促进学习视野的开阔、知识之间的逻辑关联、综合创新意识与能力的持续发展。

三、课程统整的实践探索与经验

对学生"关键能力"的培养对于学校来说是一个新的挑战,需要学校进行课程教学的系统设计,需要学校、家庭、社会等方面的齐心协力和通力合作。其中,教师是关键,学校课程体系是载体,课堂教学是主渠道,学习评价是导向。对"关键能力"的培养是每一所学校都在深入研究与实践的内容,学校能够进行课程统整的方式较多。

新高考改革促进了高中学校的综合改革,上海市各高中学校大胆探索和实践,改革和创新教育教学模式,努力开拓出一条适合新的教育变革和发展的新路。如以"学程"统整课程教学,以"主题"统整课程教学,以"活动"统整课程教学等,并开展基于问题解决的实践研究。

表3-3 部分课程领导力项目学校实践研究例举

学校名称	拟解决的主要问题	解决的路径与方法
育才中学	构建怎样的学校课程框架? 怎样创设适应学生能力提升的个性化学程? 怎样发挥教师在学程课程中的创造力?	"整体和重点、全员和全方位"双结合方式
吴淞中学	学校课程体系中非高考科目有哪些? 在学生"关键能力"培养中的作用是什么? 非考试学科之间关联在哪里?	实施"体育专项化·科技艺术个性化"小班走班与长课时机制
莘庄中学	学校办学特色是什么? 怎样以办学特色统领学校课程体系建设? 怎样发挥教师在课程统整中的地位与作用?	资源体系支撑"DIY特色课程群"常态运行

(一)"三多一模"的统整策略

"三多一模"是育才中学在长期课程教学改革中总结出的典型经验,其中"三多"指"多层、多向、多类别","一模"指将学校现有的课程进行"模块化"组合。这种构建学校课程的实践策略是在严格遵循上海市学科课程标准的基础上,结合学校培养目标和学生实际需求,改变传统的课程组织方式。通过将课程内容模块化和个性化学程打通各类课程,将课程选择权给予学生,为每一个学生提供适合的课程。

例如,育才中学通过制订新一轮《育才中学课程计划》,形成了丰富且高选择性的自主能动型课程。育才中学课程结构如图2-3所示。

---

① Caine R N, Caine G. Making connections: teaching and the human brain[M]. Association for Supervision & Curriculum Development,1994:201.

学校从整体上建立由基础型课程、拓展型课程和研究型课程组成的课程体系（见图3-1），设置了思想政治、历史、地理、艺术等模块式课程群。

育才中学构建了STS课程群，实现了"三通"（见图3-2），即"学科内融通""学科间贯通""学科外联通"，尝试解决培养"全面发展的人"与"高中学科设置专业化，学科教学本位化"之间的矛盾。

学校根据国家颁布的课程标准和不同学科特点，借鉴微型课程的设计思想，考虑学习内容难度和学习时间跨度，结合学生实际，对教材进行科学的重组，将统一、长跨度的课程化解为不同层次、不同类别、小巧灵活的课程模块。

图3-1　育才中学课程体系

图3-2　育才中学STS课程群

在"学科内融通"课程中，各学科从STS的三个维度（科学、技术与社会），六个指标（学科认知、思维策略、建模试验、应用关联、理性精神、伦理价值）编写了渗透STS教学理念的教学示例。将基础性课程的内容与之相对应，为每位教师在课堂教学中渗透STS理念提供示范和理论支撑。实施"问题中心"教学，通过可视化的学习目标、激励性的评价标准、自适应的学习方式和提升成就感的分层作业，形成自主探究的课堂。

在"学科间贯通"课程中，以核心素养体系为基础，开发专题式综合课程，围绕某一主题，涉及不同学科的内容、问题和活动，综合应用多种学科知识。

在"学科外联通"课程中，开发以探究、体验为特征，以学生为主体的综合实践项目，通过项目学习，融合多学科知识，提升学生在复杂、不确定的现实环境中解决真实问题的能力。

育才中学模块式课程群见表3-4。

表 3-4 育才中学模块式课程群

课程名称							
思想政治	思想政治A	历史	历史A	地理	地理A	艺术	平面设计A	书法	声音合成与处理
	思想政治B		历史B		地理B		平面设计B	手工软陶	微视频编辑与合成
	时政热点评析		中外历史人物漫谈		旅游地理		奇妙沙画A	油画	分镜头绘画
	生活中的经济学		文博鉴赏		文化地理		奇妙沙画B	人物速写	打击乐
	法律诊所		百年上海变迁				剪纸	合唱	音乐剧
	经济漫谈		文化遗产漫谈				布艺	吉他	话剧

学校课程的"模块重组"不是简单机械地划分,而是科学合理地统整。以生命科学学科为例:上海市生命科学基础型课程和拓展型课程教材共四册十四章五十一节。学校将其划分为A、B两个层次,有1A—3A和1B—9B,共12个模块。根据知识之间的关联和学生的接受程度,确立每个模块的若干个主题,根据主题对教材中各章节的内容进行统整,并链接丰富的相关资源供学生自主学习,如生命科学B层次第七模块,具体内容见表3-5。

表 3-5 高中生命科学模块课程建设

模块序列	主题	主要内容	原教材分布	资源链接
生命科学7B	遗传	一、细胞分裂	第二册第七章第二、三节	实验:植物花粉母细胞减数分裂的观察 资料:基因互作;http://www.bioon.com
		二、分离定律	第三册第八章第一节	
		三、自由组合定律	第三册第八章第一节	
		四、伴性遗传	第三册第八章第二节	
		五、遗传病	第三册第八章第四节	
		六、基因连锁和交换定律	第四册第三章第一节	
		七、孟德尔遗传定律的拓展	第四册第三章第二节	
		八、变异	第三册第八章第三节	

学校在课程整体构建的过程中,力图把学生所有的学习经历统整在一起,其中最具代表性的是自主规划课程,即每天有80分钟交给学生自主安排,提供经典阅读、专项体锻、教师约谈、"真知育才"讲座、社团活动、自主实验、心理拓展训练等诸多菜单。学生提前预约、统筹规划自己一周乃至一个学程的学习,实现"无边界"的高效自主学习。

学校将每一学期划分成三段,每段称之为一个学程。高中阶段一共18个学程,每学程固定5个教学周,每个学程学生可以自主选择8个学科模块。由于每一个模块所需要的教学时间都是和学程相匹配的,就使得每一个学程内模块的组合有了多种可能,课程组织的灵活性大大增强,保证了课程高选择性的实现。

学校目前的学程设置中,语文、数学、英语和体育与健身这4门课程在18个学程全部开设,学生根据自己的实际情况在每一个学程中选择相应的层次或类别,其他学科学生均可以根据自己的兴趣特长、能力水平和发展志趣，自主选择学习的内容、层次、时间、时段和方式，实行跨年级走班学习，进而统筹规划所有学程的模块学习。更有学有余力的学生可以通过模块免修直接进入下一模块的学习，较其他学生更快地完成该学科的学习，从而获得更多可以自由支配的时间。

（二）"三修并举"的统整策略

科技、艺术、体育这三个学习领域属于"二期课改"三类课程中的"基础型课程"范畴。但学校怎样发挥这些学科在培养学生关键能力中的地位与作用，从整体上构建学校课程，为学生提供合理的自主学习空间，是值得思考与深入研究的问题。科技、艺术、体育课程不应该是孤立地存在于整个学校课程之外，而是应当成为整个学校课程的有机组成部分，在学校整体的课程模块与课程体系中发挥不可替代的作用。学校通过课程系统性建设与实践，采取普修、精修、专修"三修并举"的课程设置与实施策略，实现课程的选择性、操作性、实效性，让这些课程共同服务于学生全面而有个性的成长。

吴淞中学"体育专项化·科技艺术个性化"的课程建设，倒逼了整个学校课程架构的思考。学校依据《上海市普通中小学课程方案》和《中国学生发展核心素养》精神，结合校情、学情，设置语言与人文、数学与逻辑、科学与技术、艺术与创意、体育与健康、社会与文化、实践与服务等七个课程模块（见图3-3）。其中，实践与服务模块主要涉及综合实践类德育课程的设置，以年度主题的方式开展课程设计。

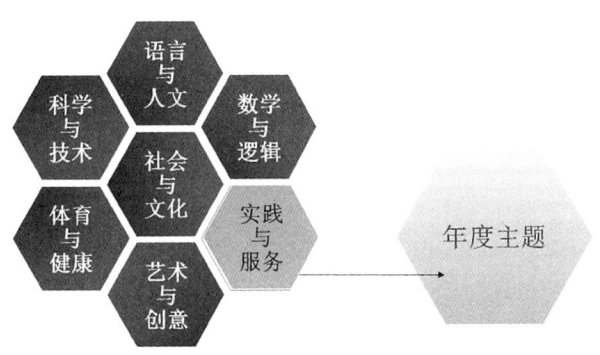

图3-3 吴淞中学课程模块

学校严格遵照国家课程标准，从"尽吾身之责，为民族之光"的办学思想出发，围绕"更有德性、更加健康、更具智慧"的学生培养目标，以"基础型""拓展型""研究型"三类功能性课程为基本结构，按照要求和结合学校实际将七个课程模块的内容以"普修""精修""专修"三种实施方式加以落实，形成课程体系架构（见图3-4）。吴淞中学"三修并举"的课程实施见表3-6。

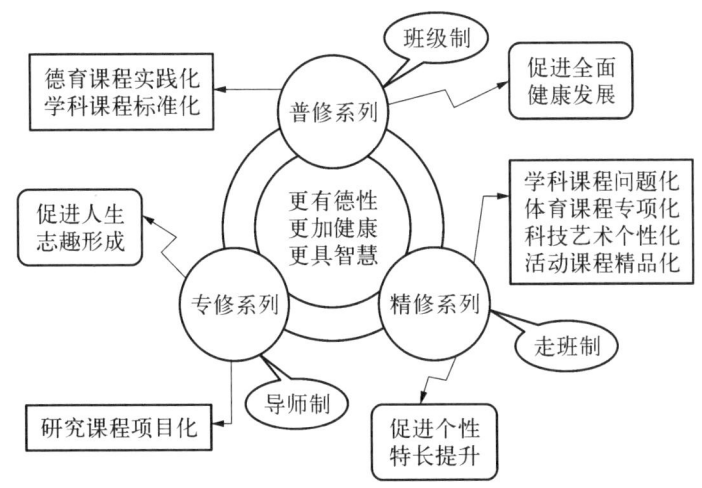

图3-4 吴淞中学课程体系

表3-6 吴淞中学"三修并举"的课程实施

实施策略	要点描述
普修	基础型课程： 以"基于标准学"为策略，以高考（语、数、外）与高中学业水平合格考的要求为评价要求，以培养学生的学科基本素养为宗旨确定课程内容展开教学，保质保量完成国家规定的教学任务。 拓展型课程： 专题教育及班团队活动由德育处依据年度主题规划课程内容，高一至高三所有学生普修；心理生涯辅导课程高一学生普修
精修	基础型课程： 高考科目以"研究着学"为策略，融合学业水平合格与等级考要求，以培养学生学科核心素养为宗旨确定课程内容，采用"工约导航"为主要实施途径展开教学，引导学生开展自主学习，转变学习方式，提高学习效益。非高考科目以"面向未来学"为策略，围绕7大课程模块开设精修系列课程；鼓励教师积极申报课程，组织教学。学生依据自己的兴趣与特长，按照规定的课时数进行选修。 拓展型课程： 以"带着兴趣学"为策略，开设拓展型精修系列课程。学校根据学生"+3"学科的选课情况，为准备参加等级考的学生开设学科拓展型课程，每周各2—4课时不等；鼓励全校教师围绕学校7大课程模块的要求，积极开设课程，将课程与学生生涯导航结合，偏重实践体验
专修	研究型课程： 高一、高二集中课时为科技艺术个性化专修系列课程；高三集中课时为研究报告辅导与修改。实行"导师制"。高一、高二分散课时为"研究风会"

学校的体育、艺术和科技课实施基于大单元的走班组织形式，保证学生基于兴趣的选择（见表3-7）。单课时80分钟的形式符合课程特点，让学生有体验，有成果。同时，保证开足开齐，并且把基础型、学科类拓展型、活动类专修型三类课程课时打通、融合，既保证政策规定课时要求，又利于校本实施，更有利于学生集中学习和综合素质的全面提升。

表3-7 体育、艺术和科技修习课时间表

学科	内容	高一年级	高二年级	高三年级	总课时
体育	规定（基础）	1×17周×3=51	1×17周×3=51	1×17周×3=51	153课时
体育	执行（基础＋专项＋活动）	1×17周×5=85	1×17周×5=85	1×17周×5=85	255课时
艺术	规定（基础）	每周1课时 1×17周×2=34	每周1课时 1×17周×2=34	每周1课时 1×15周×2=30	98课时
艺术	执行（基础＋拓展＋研究）	2×17周×2=68 2×17周×2×1/4=17 合计85课时	2×17周×2×1/4=17 2×17周×2×1/4=17 合计34课时	2×17×2×1/4=17 合计17课时	136课时

(续表)

学科	内容	高一年级	高二年级	高三年级	总课时
科技	规定（基础）	每周1课时 1×17周×2=34	每周2课时 2×17周×2=68		102课时
	执行（基础＋拓展＋研究）	2×17周×2=68 2×17周×2×1/4=17 合计85课时	2×17周×2×1/4=17 2×17周×2×1/4=17 合计34课时	2×17×2×1/4=17 合计17课时	136课时

（三）"一线三层五域"的统整策略

莘庄中学从实际出发，将 DIY 理念融入体验教育中，以"善德博学、健体尚美、灵动创意"作为培养目标，思考如何有效进行校本化实施；思考每类课程中如何凸显 DIY 特色；思考三类课程中如何培养学生的核心素养，最终形成能体现综合性、均衡性、选择性，具备"三精"特色的 DIY 课程体系（见图 3-5）。

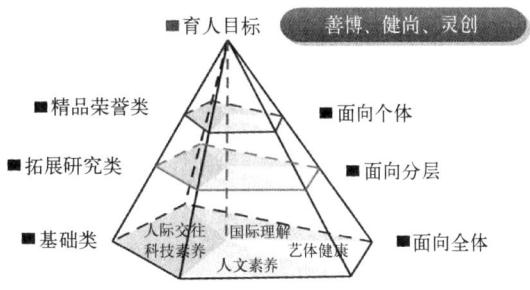

图 3-5 莘庄中学课程结构图

通过三年的特色课程学习，莘庄中学的学生基本达到"四个一"的核心素养，即掌握一门艺术技能，具有一项体育特长，受过一种科技训练，养成一生阅读习惯。2017 年，学校对 DIY 特色课程体系（见图 3-6）进一步统整，着重在细节和特色上加以完善。

莘庄中学不仅创设 DIY"人文、艺体、科技"三大学园，聚焦精品人文、精美艺体、精妙科技的"三精"特色，加强课程执行力，还做到体育课程专项化、"双新"课程常态化、阅读课程普及化、WAP 课程规范化。莘庄中学课程执行力一览见表 3-8。

表 3-8 莘庄中学课程执行力一览

体育课程专项化	教研组制订《莘庄中学基于体育专项课程的教学改进方案》，搭建课程体系。在结构上形成"2+1+1+1"模式，即 1 节 80 分钟的专项课，1 节 40 分钟的专项体能课，1 节 40 分钟的基础课，1 节 40 分钟的体活课
双新课程常态化	整合市双新课程与学校 DIY 特色课程群资源，依托"精妙科技"课程资源，建设创新实验室和网络虚拟实验环境，开发实施学校双新综合实践课程群
阅读课程普及化	自 2015 年 9 月，高一、高二的语文课以"4+2"模式进行，其中 2 为纯阅读课。同时开设政治读报课，并逐渐开设英语读报课、地理专题阅读、历史嵌入式阅读等。纳入常规课时，做到人人参与，力求全面普及
WAP 课程规范化	利用"华文基地"先天的资源优势，开设外教课以及每年寒暑假游学计划，纳入 WAP 全球使者课程体系

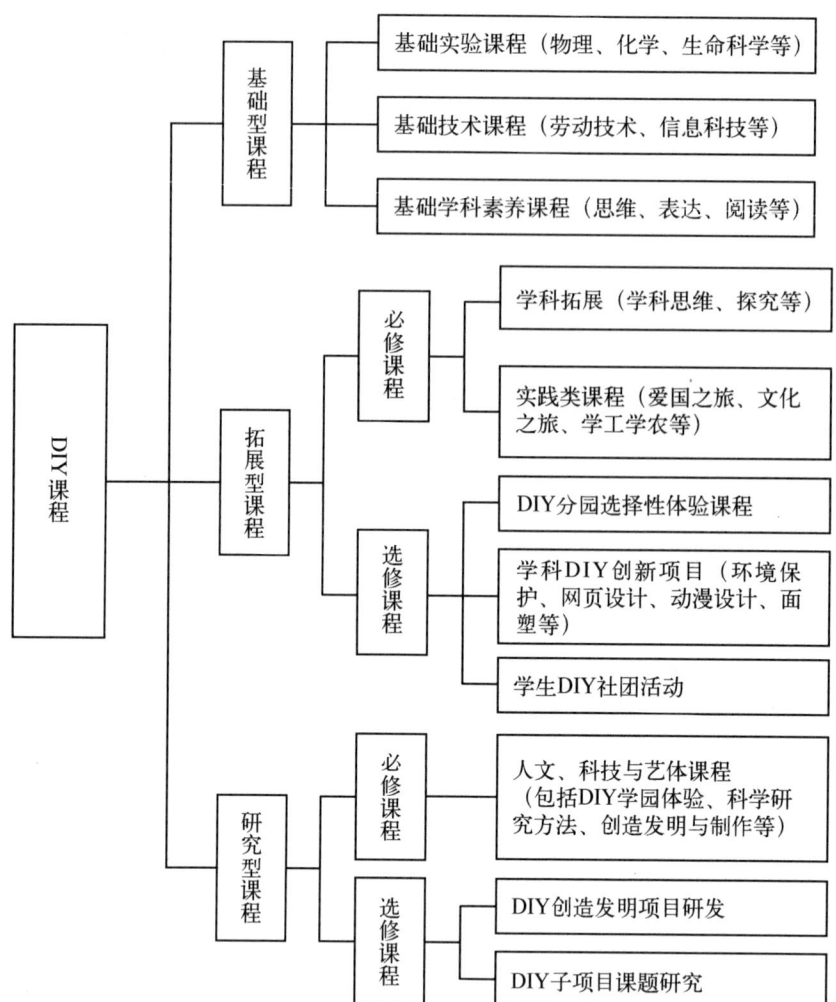

图 3-6 莘庄中学 DIY 特色课程体系

第二节　生涯教育

《上海市中小学专题教育整合实施指导意见(试行)》(以下简称《意见》),对中小学教育内容提出明确要求:坚持社会主义核心价值体系,不断挖掘中小学专题教育的丰富内涵,努力将专题教育纳入课程改革全过程,使专题教育成为学校坚持全面质量观,创新课程教学活动,提高办学水平的载体;使专题教育实施过程遵循学生的成长规律,引领学生的学习需求,促进学生全面而有个性地发展,让每一个学生健康快乐成长。《意见》为高中阶段学校开展专题教育提供方向性依据。

一、专题教育能为学生提供生涯体验

(一)专题教育

1. 教育内容

上海市教委针对不同学段学生身心发展的特点,梳理中小学各专题教育的内容,将专题教育内容归纳整合为"安全与防范、法律与道德、民族与文化、环境与健康、综合与实践"等五大内容主题,构建小学、初中、高中相互衔接的专题教育内容体系。并指导学校落实专题教育内容,建立体现上海特色的专题教育整合实施的长效机制。

2. 课时设置

中小学专题教育一般安排在拓展型课程的课时内进行,平均每周1课时。各学段专题教育可根据课程计划要求自行安排,课时可集中使用,也可分散使用。部分专题教育的内容还可安排在晨会、午会或校班会时段进行。

3. 实施要求

(1)总体要求

① 学校要将专题教育纳入本校课程计划,做到有课时、有教案、有评价。要根据专题教育的内容要求,结合本校的课程实际和学科教学要求,在整体的课程设置和各学科的教学目标设定中,有重点地体现专题教育的具体要求。

② 学校要结合"二期课改"强调的三维目标来体现专题教育的分层取向。要针对不同阶段学生的年龄特点和认知水平,基于专题教育内容的政治性、多样性、重复性,实施的时效性、科学性、系统性,评价的过程性、表现性和真实性等特点,实现教育目标的整合,体现专题教育的递进性。

③ 在实际操作中,教师要将落实专题教育的总体要求与班级的学科教学实际紧密结合,体现专题教育的针对性和适切性。

④ 要有整体规划,实现短期实施与长远目标结合,在市、区(县)两级教研活动与校本研修活动中,坚持通过相关学科教研和德育教研活动,有机融入专题教育内容。

(2) 实施途径

① 通过基础型、拓展型和研究型三类课程整合实施专题教育。各相关基础型课程的实施应有效结合各专题教育的内容要求,实行渗透式教育。拓展型课程实施专题教育应专课专用,系统化、显性化地实施有目标、有教材、有课时保障的专题教育。鼓励学校根据本校办学目标和特色,实施与专题教育相关的研究型课程,并引导学生根据自身兴趣和特长开展相关研究性学习活动。

② 实施专题教育可通过课堂教学集中主题活动、网络课程资源和实践体验活动等多种途径进行。

③ 依托各类社会资源,利用校内外各类公共资源,促进校内与校外、社区与家庭的合作,共同推进专题教育的实施。组织实践体验活动,强调体验、感悟和参与,促进学生提升综合素养。充分利用信息化手段和网络教育资源,使专题教育实施更具直观性、形象性。

④ 寓教于主题班会,充分利用晨会、午会、校班会时间,组织形式多样的主题班会,每周在晨会或午会时段安排一定时间的专题教育。

⑤ 加强专题教育与校园文化环境建设的融合。通过宣传栏、电子屏、校报、校园电视台、红领巾广播、黑板报等多种载体来统整专题教育内容,形成潜移默化的文化育人氛围。

(二) 高中生涯规划教育的内涵与意义

1. 生涯规划教育

生涯的英文为"career",指的是从事某种事业或活动的生活,包括经历、履历和职业等。"生涯"一词虽含有职业之意,但一般来讲,生涯主要侧重经历,强调过程。

生涯规划教育是一个庞大的系统,包含生涯认知、生涯探索、生涯定向、生涯准备、生涯熟练等步骤,最终促进个人生涯成熟,充分实现自身的价值。

高中阶段是人生发展的一段重要里程碑。高中学生面临着进入高等教育或进入社会的现实选择。如何在这个阶段设计好自己未来的角色定位与实施规划,对一生起着重要作用。很多失败者不是没有能力,而是角色定位不准;不是没有理想,而是推进策略不当;不是没有毅力,而是修炼方法不妥。生涯规划教育就是提高学生认识社会、适应社会、服务社会的能力,以及掌握自我认知、自我设计、自我修炼、自我管理、自我提升的方法与技巧,克服"一夜成名""一朝暴富"的浮躁心态,以最低的成本、最高的效率、最佳的方法,设计、选择和实践自己的人生之路。高中生毕业面临着高考志愿填报、大学院校和专业的选择等问题,而这些问题关乎每一位高中生的未来职业以及成长。

2. 生涯规划教育的意义

(1) 生涯规划教育是对个人未来发展的科学计划与安排。其要点是在对个人智能、性向、能力、价值观全面认识的前提下,准确把握国内外及本地区政治、经济、社会、文化发展趋势,选择学业或职业,寻找出适合本人的生涯路径和生活方式,并作相应的学习、修炼与准备。

(2) 生涯规划教育作为一种科学方法,在学生发展中具有独特魅力。生涯规划教育是以激励、差异、合作、动态、体验、尊重、短距为基本原则,并以高尚的价值观为指导的。生涯规划教育的目的是建立在奉献社会、服务社会基础之上的个人发展,而不仅仅是个人谋生、谋职、谋财的手段。人生目标的实现,要靠正义、博爱、诚信、自律、劳动来获得。如果忽视了这一点,把方法作为目的,就容易出现为个人发展而不顾一切的结果。

(3) 生涯规划不是简单职业规划,它是实现人生理想的奠基工程。生涯规划的内涵很广,除包含职业规划这方面,还包括生活规划和财务规划以及实施的技巧与策略等。例如,何时恋爱,怎样交友,怎样与社会和谐相处,选择何种生活方式,家庭怎样发展等。又如,如何理财,如何投资,如何避险等。再如,人生跨越式发展阶段往往存在于某种机会之中,怎样创造机会、发现机会、把握机会等。总之,一切与人生有关的事情以及要达到目标的策略都需要规划。

(4) 生涯规划教育活动是多彩的,能为学生提供丰富的职业体验机会。例如,组织学生走访流浪中心,让学生认识贫困,服务穷人,明确"服务社会是生涯规划的起点""帮助别人是为自己创造机会"。培养学生财务规划和理财能力,给每个学生设立一个虚拟账户,发给一笔虚拟货币,以股票市场实时指标为标准,以模拟方式进行股票投资。

二、职业生涯专题教育活动的现状与趋势

在课程改革的强有力推动下,学生的选择权得到较大的满足,但如何正确使用这种权利又成为制约改革成效的重要因素。给予学生足够的生涯规划教育指导迫在眉睫。

(一) 国内外学生职业生涯专题教育活动的现状

1. 国外中小学生职业生涯规划教育情况概览

中学生职业生涯规划教育在国外广受重视,美国六岁就开始职业生涯规划教育;新加坡有专门的中学"教育与职业生涯规划"网络系统;日本则是在高中扩大职业课程选修课;加拿大采取"读书—工作—读书"的职业教育方式。

(1) 美国职业教育从 6 岁开始

美国有一个国家职业信息协调委员会,指导发布职业和培训的计划信息,制订职业发展指导规范和职业教育规划,并发布《国家职业发展指导方针》。该指导方针提倡职业教育从六岁开始,规定要求孩子学会对自己的兴趣、专长、特点、能力等进行自我认识;要进行"教育与职业关系的探索",研究教育与职业的关系,了解职业信息的获得和使用、工作与学习的关系、工作与社会的关系等;还要学习职业决策和进行"职业规划"。

(2) 新加坡推出 ECG 网络的"小学版"

新加坡推出 ECG 网络("教育与职业生涯规划"网络系统的实验计划),以帮助小学生展开职业规划。系统通过有趣的互动游戏、角色扮演和一连串问题,让小学生进一步了解自己的兴趣与专长,提早展开职业规划。

(3) 日本高中扩大职业课程选修科目

在日本,职业生涯教育是在各个阶段的学校教育中进行"职业生涯"观念和"职业生涯"准备的教育。无论是小学、初中还是高中、大学,都认识到职业教育的重要性,并根据其理念付诸实践。从 2006 年开始,日本的《高中学习指导要领》就扩大职业课程的选修科目,同时为普通高中和职业高中提供了职业教育课程所必要的设备、实习与实验经费。

(4) 加拿大安排中学阶段"职业日"

加拿大学校从小学到中学,教师会安排不同的"职业日"邀请学生家长或社会人士到班上作职业介绍。通过这种介绍,让孩子从小立下职业目标,指导自己在高中阶段的选课。中学阶段还提供丰富的选修课以及让学生参加相关的课外活动等俱乐部,拓展学生个人兴趣爱好。大部分学校还设立专职的学生顾问,为学生在读期间或高中毕业后的各种选择、困惑提供咨询帮助。

2. 我国生涯规划教育现状

我国很多地区的高中生涯发展教育并不完善,生涯教育较为缺失,其表现为:学生对自我生涯发展认知度不高、职业意识淡薄、职业目标或专业目标模糊、生涯决策自主意识不强、知识欠缺等。具体如:① 高中生对自己的个性与兴趣的了解程度较高,却不了解自己将来适合从事何种工作;② 高中生仅对常见的社会流传度较高的职业,如医生、教师、律师、公务员等有较多了解,对其他职业了解不多,甚至对职业要从事的一些具体内容了解几乎没有,即使有也只是从父母或电视中获得,偏向表面化、理想化;③ 高中生不知道将来自己可以选择什么样的学校和专业,对自己的未来发展感到茫然,面临的职业选择、职业困惑,大多通过父母和老师解决;④ 对于哪些是重点大学和非重点大学以及大学所在的区域、特色及专业设置等基本情况知之甚少。

目前,经过新高考初期的蓬勃发展和走向专业化阶段的发展,不少地区学生的生涯教育活动的开展已逐渐走上正轨,以我国浙江省为例,区域内高中生涯规划教育已然形成了极具浙江特色的新样态。从多次调研及学校的实践经验来看,目前主要呈现以下特征。

(1) 生涯规划课程成为高中学校"标配",课程群和学科渗透成为专业化的主要代表

在新高考方案公布之后,浙江省教育厅教研室组织多次调研,其中学生修习生涯规划课程的比例从76%提高到98%,生涯规划教育课程已成为各高中的"标配"。除了"普及"生涯规划教育通识课程之外,浙江省的高中还就"如何提升课程专业性""如何加强生涯规划课程与学科课程的联系"等问题进行研究,逐渐形成了建设生涯规划课程群和加强学科渗透两种殊途同归的课程发展路径。

(2) 学生生涯体验方式越来越丰富,学校与外部的资源整合正在加剧

在高中阶段,生涯规划教育最有效的途径是体验和咨询。前者让学生得到了实践的反馈,后者则是一对一解答了学生内心的疑惑。因此,随着高中生涯规划教育的不断发展,学生的生涯体验方式也可以不断丰富。从目前来看,浙江省学生的生涯体验可以归纳为直接体验和间接体验两大类。直接体验包括现场体验实践、参观了解以及生涯人物访谈等。间接体验包括专业人员讲座、家长讲座、校友回访、学生资料查找汇报以及各种社团文化活动、生涯规划大赛等。

生涯体验方式的丰富还促进了学校与外部资源的整合,特别是家校之间的互动。生涯规划教育使得学校不再是高高在上的象牙塔,而将教学与日常生活、与学生的未来发展紧密结合,学习也就有了自由生长的"根"。

(3) 学校管理体系正在经历重构,生涯规划教育成为新形势下学校管理的中轴

新高考带来的不仅仅是学生选择的压力,还有学校管理方式的变革。为适应新高考制度下的教学管理新常态,高中开始尝试对教学管理范式进行变革。生涯规划教育不仅仅是为学生的选择服务,更是打通学校各项工作的中轴。浙江省的指导意见提出学校要"成立生涯规划教育工作小组,建立指导中心,协调各部门工作"。生涯规划教育指导中心成为一个新的管理中心出现在浙江省的高中。

(二)高中生涯规划未来发展的方向与趋势

随着选择性教育理念被越来越多的人所认同,生涯规划教育活动在经过蓬勃发展之后将走向专业发展。

1. 生涯规划教育活动的课程越来越"专业"

国家或者省市级层面将组织专家对生涯规划课程的内容进行重新梳理,形成一系列可供学校选择的教材、教参等材料。此外,课程的专业化还体现在教师、教学活动、教学目标、课程群、专业资源和评价方式等方面。

2. 生涯规划教育活动的功能越来越"多元"

随着学生选科选考和选课走班被越来越多的学校所接受,新的教学管理秩序亟待建立,而将生涯规划成为学校管理的轴心,成为学生德育的有效载体,成为促进家校、校校和学校社会之间的有效纽带等或许是一种思路。生涯规划教育将成为日常教育教学中不可或缺的一部分。

3. 生涯规划教育活动的对象越来越"下移"

对于生涯规划教育来说,单纯在高中进行相关教育活动显然有些晚了。生涯规划教育的下移并不只是简单的延长生涯规划教育的周期,而是根据学生的不同阶段突出不同主题,如幼儿教育的理想教育、小学教育的生涯感受、初中教育的生涯观念和学业规划以及高中的生涯决策和实施等,这一体系的建立将成为生涯规划教育的主要研究内容。

4. 生涯规划教育活动的场所越来越"社会"

区别于其他主干学科,生涯规划教育因与职业和专业的紧密关系,必将与社会形成广泛接触。从目前来看,生涯规划教育的社会化主要体现在两个方面:一是生涯体验基地的建立。无论是直接体验还是间接体验,学生都需要进入明确的职业场所,这就需要学校与社会各机构、公司达成协作,建立多样化、多形式的生涯体验实践基地。二是职业(专业)数据库的建立。对学生来讲,未来充满了未知。尽管信息社会提供了丰富的数据,但学生获得某一职业(专业)的完整情况仍较为困难,因此必须通过建立职业(专业)的数据库,以视频、图文和案例等方式,为学生查找、了解、分析、比较和明确相关专业和职业提供支持。

如果说课程改革给予学生足够的选择权来选择适合自己的教育,那么生涯规划教育的萌芽与不断发展正是给予学生一对翅膀,为学生的选择提供动力和保障。

三、职业生涯专题教育活动的实践探索及经验

上海各高中学校在实施生涯规划时的策略或措施可以分为三类:一是整合学校各类活动凸显其对生涯的指导,如微讲座、参观、模拟活动等;二是依托学校的心理课程开展,有测评与分析,通过课程认识自我、探索自我、认识外部世界等;三是向专业机构购买服务,帮助学生了解自己的职业倾向,初步了解自身的职业倾向,并以此为参考,选择适合的课程和志愿填报。

（一）主题引领、纵横链接的"生涯＋"样态

生涯教育划分为内生涯和外生涯两个部分。内生涯是指从事一项职业时所具备的知识、观念、心理素质、能力、内心感受等因素的组合及其变化过程。外生涯是指从事职业时的工作单位、工作地点、工作内容、工作职务、工作环境、工资待遇等因素的组合及其变化过程。不论哪一种生涯教育都与学生成长的过程直接相关，学校结合课程教学实际为学生提供体验性活动是一种必然的选择。

控江中学的生涯教育以"培育内生涯素养，拓展外生涯眼界"为目标，坚持以活动为立足、以学生为本、以未来方向建立"一横一纵"的学生生涯发展指导范式，通过"生涯＋"的各类校园生活，分年级，分维度地落实生涯教育（见表3－9）。

表3－9 控江中学生涯教育横贯线："生涯＋"的校园生活

主题名称	目标描述
"生涯＋"理想信念	从生涯发展的角度推进学生思想道德教育，关注学生发展需要，访谈优秀学长，引导学生将培养核心素养作为自身发展的内驱力，将国家发展与自我价值的实现作为共同目标
"生涯＋"自主规划	学生通过填写生涯作业单完成自主规划内容，除学情的自我分析，还在寒暑假完成生涯主题作业，如"建立更好的自己""和爸爸妈妈工作一天""职业行业探索"，同时作为自主规划的一部分
"生涯＋"专业导航	学生在浸润式的生涯辅导专业导航课程中实践，全身心体验学科与专业。选修课、拓展课、研究性学习及社团活动不零散无序，而是如同穿在一串项链上的珍珠般相映成趣
"生涯＋"心理辅导	广义的生涯教育涉及学生发展的方方面面，而狭义的生涯教育是心理辅导中的一个部分。心理课程中的生涯部分帮助学生了解生涯规划的概念及意义，了解生涯规划的步骤及任务，学会制定及实施生涯目标的技能，了解职业选择中的自我认定，探讨自己的职业价值观，通过个性及职业测试全面了解自己的兴趣及个性特质
"生涯＋"主题班会	学校从2017年开设针对班主任的生涯辅导的培训，并将生涯指导作为主题班会的常设主题内容之一
"生涯＋"专业测评	学校对学生进行阶段性心理测评。对高一学生入学时的测评着重生涯方面，第二学期的测评着重心理以及学习方面
"生涯＋"校园岗位开放	学校开放涉及学校各个组织架构、管理环节职位的"勤工助学"岗位。开放职位规范操作流程、过程管控及预期结果，提升职位体验带给学生的过程感受和收获
"生涯＋"社会实践活动	学生的社会实践活动主要包含学科类及社会类。学校尽可能提供更多的实践岗位，让学生在完成社会实践的同时体验生涯教育的职业感
"生涯＋"大型校园活动	每年举办两场以生涯为主题的大型校园活动，分别是大学专业巡礼和职业行业巡礼。除此以外，学生在大到运动会、艺术节、校园开放日，小到中午广播、飞鸽传书等活动中体验挑战，培养能力
"生涯＋"家校互动	学校开展主题包括"如何做高中生的家长""家有考生""创和谐家风、伴青春成长"等家庭教育工作坊活动

学校在"玩学合一"课程理念引领下，对课程教学活动进行"纵横链接"，确立了"一横一纵"的指导形式，分年级、分维度提出了相应的发展目标和实施方案（见表3－10）。

表 3-10　控江中学分年级、分维度落实生涯教育纵贯线

维度	年级	内容组成	实施方案
学业发展	高一	1. 了解学校课程体系、模块，自主选课 2. 适应高中学习，了解高中学习的特点 3. 了解自己的学习类型、学习风格、学习习惯等 4. 培养良好的学习习惯，学会制订计划、时间管理等技能 5. 了解记忆的类型、种类及遗忘规律，学会利用记忆的特点识记 6. 加3学科选科指导	1. 以生涯课为载体进行学业指导，探讨适合自己的学习方法，学习并实践应试策略与技巧 2. 利用班会课实施系列指导，有针对性地在各年级开展专题讲座，主题如各学科学法指导、选科指导等 3. 通过测试问卷帮助学生了解自己的学习风格等 4. 各学科渗透学法指导 5. 进行个别和团体心理辅导 6. 文科周、理科周等校园活动
学业发展	高二	1. 加3学科选科指导 2. 学法巩固完善，记忆、时间管理、计划执行等	
学业发展	高三	1. 学习提高应试技巧 2. 考试心态调节 3. 缓解学习压力	
生涯发展	高一	1. 了解生涯规划的概念及意义 2. 了解生涯规划的步骤及任务 3. 学会制定及实施生涯目标的技能 4. 学习如何了解职业世界 5. 培养初步的生涯规划的意识	1. 在新生入学时开设生涯规划概念的专题讲座 2. 利用心理辅导课进行生涯专题探究辅导 3. 在学校常规的军训、学农及国防教育、心理周活动中加入生涯发展内容，如给三年后的自己写一封信、模拟面试会等 4. 有针对性地召开生涯发展主题班会 5. 利用社团活动进行生涯主题的研究型学习 6. 定期开展生涯发展巡礼活动，请校友及家长与学生分享大学专业、大学生活、职业状况、从业感受等 7. 开展生涯发展学业实践，实地去了解大学 8. 开展生涯发展职业实践，考察体验职业 9. 借助心理测评软件帮助学生进行生涯规划 10. 通过个别和团体心理辅导帮助学生进行生涯规划 11. 举行高考填报志愿讲座
生涯发展	高二	1. 通过"生涯发展巡礼""行业职业巡礼"了解大学教育与大学专业、未来职场与工作素养 2. 通过实践考察了解职业 3. 绘制个人家庭生涯树 4. 了解职业选择中的自我认定 5. 通过个性及职业测试全面了解自己的兴趣及个性特质 6. 探讨自己的职业价值观	
生涯发展	高三	1. 实践生涯规划的具体步骤，初步确定生涯目标 2. 详细了解自己目标院校的录取分数、专业设置等情况 3. 整合分数、兴趣、个性特质各方信息，理性填报志愿	

(续表)

维度	年级	内容组成	实施方案
生活技能发展	高一	1. 高中生活适应 2. 科学认识健康及心理健康 3. 了解自己,悦纳自己,建立自信心 4. 学习应对心理危机,发现并完善自我的社会支持系统 5. 认知自己和他人的情绪,能够管理自己的情绪,学会调节自己的情绪及心态 6. 掌握问题解决的基本方法 7. 培养团队合作意识,学会团队合作	1. 主要通过心理辅导课进行生活相关专题探究辅导 2. 个别和团体心理辅导 3. 健康、安全等主题讲座 4. 班主任辅导,如个体辅导,开展一些相关主题的班会课 5. 军训、学农、国防教育实践活动 6. 运动会、艺术节等各类校园活动 7. 18岁成人仪式
	高二	1. 学习沟通并掌握各种沟通技巧方法,提升人际交往技能 2. 了解友情与爱情,培养健康的异性交往观念、态度与行为 3. 了解自己的价值观 4. 回顾生命历程,探讨生命的意义与价值 5. 性心理专题:性别自我认同,性自我保护等	
	高三	1. 学习并体验压力纾解的各种方式,实践并掌握适合自我的放松方法 2. 学会调节自己的情绪与心态 3. 树立责任意识,勇于承担	

(二) 学程递进、生涯导航的实践范式

范式(paradigm)的概念和理论是美国著名科学哲学家托马斯·库恩(Thomas Kuhn)提出并在《科学革命的结构》一书中系统阐述的。范式在学校教育教学中主要是一个师生群体共同的愿景、目标、技术等。

大境中学自2007年起开始探索学生生涯规划教育,通过逐步构建相关课程体系以实现对学生的生涯教育和指导,并进一步完善学校"学习素养"课程结构。并建设"指引未来的航向——学生生涯规划"课程教育体系,为探索新高考制度背景下高中学生生涯规划教育的实践与探索积累经验。①

(1) 学校围绕着"为学生未来导航"这一愿景与目标,通过以涉及学生学习、生涯、人生目标等各个方面为内容的调查,发现最突出的问题反映在学生个人人生规划存在不足。如"你是否为自己做过人生规划?比如你想要考什么大学、是否出国、倾向的职业?"等,只有11.51%的学生确认自己已经做好大致的人生规划,约35%的学生还没有做过人生规划或认为高中生没有必要做人生规划,有约25%的学生判断自我目标和计划比较模糊,觉得可以过一天算一天,不用想那么多。

由此,学校认为有必要对学生进行生涯规划的系列教育,以此为重点来推动学校相关德育工作的开展。

---

① 案例引自大境中学。

(2) 学校围绕着"为学生未来导航"这一愿景与目标,在生涯规划课程的开发中,突出强调学习引导、情感体验和理想信念的教育重点,开展途径多元、方法多样的教育活动,为学生未来发展、终身发展奠基,根据三个年级学生的认知特点和成长规律,在实践中形成分层递进、有机衔接的课程教育序列(见表3-11)。

表3-11 大境中学生涯导航课程简介

年级	目标	课程	简介
高一	认识自我,规划学习	校园学习心理剧	通过组织学生编演校园生活中的人和事,营造一种心理自助和互助的氛围,使学生学会调适心理状态、减缓心理压力、解决心理问题
		零距离接触	帮助学生提高规划意识,充分认识自我,让学生走出校园,和名人、名校友、名校进行零距离接触
		我的高中发展规划	每个学生着手制订《我的高中发展规划》,认真规划高中三年的学习生活
高二	认识社会,体验职场	走进职场	开展"职业一日体验"活动,借助家委会资源,整合社会力量,为学生提供职业见习的场所和机会,让每位学生都走向社会,明确自身的责任,修订符合自身特点的发展规划,提高规划高中学习生活的能力
高三	认识职业,规划未来	人生规划·职业导航	全面开设以学习理想、学习潜质和学习选择三大板块组成的系列课程,引导学生根据个人的实际情况规划未来的人生选择,让每位学生描绘个人的发展规划图,思考未来人生(见表3-12)
		我的未来我做主	立足高三学子,开设"我的未来我做主"课程,开展三个层次实践体验

表3-12 大境中学人生规划·职业导航简介

系列	模块	形式
学习理想	核心价值	宣讲提升
	理想信念	党校学习
	公民意识	成人仪式
	学长引领	对话座谈
学习潜质	心理调适	心理辅导
	学法指导	知识讲座
	实践体验	多种形式
	交际口才	知识讲座

(续表)

系列	模块	形式
学习选择	专业探索	拓展课程(兴趣导向)
	择业理念	职业价值观测试(个人性格)
	职场需求	模拟招聘(社会取向)
	志愿填报	辅导报告(专业介绍)

（3）学校围绕着"为学生未来导航"这一愿景与目标，成立生涯规划教育课程建设指导小组，对课程建设进行计划、组织、实施，确保课程的落实。在实施过程中将教师主导与学生主体相结合，既注重教师的主导作用，又充分调动学生自我发展的积极性、主动性，把主导性和主体性结合起来，加强教师在教育中的主导性建设，体现课程实施过程中的客观规律。

（4）学校围绕着"为学生未来导航"这一愿景与目标，注重与社会资源的整合。课程设计既有效利用学校资源开展校内活动，也不断挖掘并有效整合校外教育资源，形成教育合力。比如关心青少年成长的社区单位，比如机关、企事业单位、高校、豫园、上海科技馆、JA中国(青年成就)等。

市东中学成立了高中学生生涯规划项目工作小组，由校长担任组长，分管高中教学和德育的两位副校长担任副组长，保证项目工作运作的顺畅；教导处、德育处、年级组长和班主任确保项目工作的执行力；心理教师为项目设计提供专业指导。从高一新生进校开始学校就启动生涯规划指导工作，一方面利用高一年级心理课的时间，对生涯规划进行初步介绍；另一方面利用班会课的时间，开展生涯规划的讲座和测试，由学生完成YF－MBTI职业性格心理测试，形成每位学生个性化的数据结果分析报告，并进行个性化的课程学习。市东中学的生涯规划指导安排见表3－13。

表3－13 生涯规划指导安排

内容	目标
学生动员讲座：如何做好学生生涯规划？	1. 明确学生生涯规划的主体是学生本人 2. 了解学生生涯规划的心理学判定维度 3. 初步了解国家专业以学科门类大类到细分专业的体系
家长动员讲座：如何做好学生生涯规划？	1. 明确学生生涯规划的主体是学生本人 2. 明确家长在学生生涯规划中的主要职责并全面配合校方各项工作 3. 了解学生生涯规划的心理学判定维度 4. 初步了解国家专业以学科门类大类到细分专业的体系
YF－MBTI职业性格心理测试报告解读会	1. 明确报告中性格类型对学生的意义 2. 明确报告中提供的个人优劣势分析的意义，合理扬长避短 3. 明确报告中提供的职业群的具体含义 4. 明确具体职业对应的高校招生专业 5. 再次回顾教育部专业细分体系及细分专业中的逻辑关系 6. 筛选出学生个人心仪目标专业6个

（续表）

内容	目标
个性化专业认知课程学习：每位学生都将有 6 讲属于自己的个性化的专业认知课程在线听课权，利用暑假时间上线听讲	1. 明确专业在高校所学内容 2. 明确专业未来就业情况及发展趋势 3. 明确专业在各个层次高校的招生情况及最低录取分数线 4. 明确专业对学生的个人素质能力要求（包括学习能力、专业素养能力）

第三节　学科单元教学设计

学生的认知过程就是以已有的知识结构来接纳新知识的过程,也是新知识为旧知识所吸收,旧知识又从中得到改造和发展的过程。学生的认知过程存在渐进规律、抽象规律、差异规律和有序规律等。教育需要关注和遵从学生本身成长和发展的基本规律。通过单元整体教学研究,可以更好地把握学科目标,从更大的范围实现学科的价值,以学科价值统领教学,落实学科核心素养的培养。

一、学科单元教学设计的背景与意义

"单元"这一概念源自赫尔巴特学派的课堂结构,逐渐拓展到学科内容、活动经验、学问等单元类型。国内学者自20世纪70—80年代开始对单元关注,但是多数处于个别学科、个体研究层面。随着课程改革的深化推进,从双基(基础知识、基本技能)到三维目标(知识与技能、过程与方法、情感态度与价值观),再到核心素养发展的过程中,单元教学设计的重要性越来越凸显出来。

单元教学设计研究,无论是落实学科核心素养的需要、教师专业发展的需要、还是学生核心素养培育的需要,都有极其重要的研究和实践意义。

(一)学科单元教学设计的发展历程与背景

1. 学科单元教学设计的发展历程

从世界的范围看,单元教学起源于课堂结构研究。19世纪80年代,德国的赫尔巴特(Herbert)首次开展课堂结构研究,把课堂结构分为"明了—联想—系统—方法"四个方面。随后,德国教育家戚勒(Ziller)和莱因(Rhein)继承和发展赫尔巴特的形式教学阶段,构成了"预备、提示、联合、总结和应用"五段教学法。[①]

赫尔巴特学派试图把教学阶段建立在心理学的基础上,使教学能按照合理的步骤进行。19世纪末和20世纪初,五段教学法盛行于欧美各国。美国著名的教育家杜威(Dewey)则把课堂结构概括为"组织教学—复习旧知—讲授新课—巩固新知—布置作业"。美国教育心理学家莫里生(Morrison)进一步指出:指导学生学习,主要是指导他们获得一个完整的生活经验,这种完整的生活经验就称为学习单元。

"五四运动"时期,单元教学开始传入我国。梁启超在1922年提出"文章不能篇篇讲,需一组一组讲"。这个以组为单位的教学模式就接近于学习单元教学,一组课文既可指内容相关的几篇课文,也可指形式相同的一组课文。

20世纪70年代后,我国开始实行教育改革,单元教学受到了教育工作者尤其是语文学科教育工作者的关注,不同类型组合的单元教学方法相继问世,促进了语文教改的发展。

[①] 顾明远.教育大辞典[M].上海:上海教育出版社,1998.

1981年,徐汉华在"单元教学设计中的'一、二、三'原则"中指出:单元是语文教材形成科学体系的关键环节,体现了教材和教学的规定性、阶段性和系统性。但单元教学的设计,历来为一般教师所忽视。这一方面是教材的缺陷所造成的;各单元缺少明确的统一要求,有些单元的选材也不严格,破坏了整个单元的教材结构。另一方面,与语文教学研究中对单元教学的忽视有关。

2. 学科单元教学设计的研究背景

"二期课改"强调知识与技能、过程与方法、情感态度与价值观(以下简称"三维目标")。有专家指出"三维目标"是总体目标,应该是跨课时的,甚至是跨学期,跨学年的,难以落实到每一节课。一节课只能对应一个目标或两个目标,不可能对应太多的目标,但是"三维目标"应该在一个完整的单元教学设计中有所体现。离开了单元设计,课时计划也就是停留于碎片化、知识技能训练而已,增加了学生的学业负担,影响了教学效率。

在"应试教育"的背景下,很多教师基本没有单元设计的概念,很多单元设计也仅仅是教材单元、知识单元设计。针对这些问题,2015年,"基于核心素养的单元教学设计——全国第十届有效教学理论与实践研讨会"在上海举行。华东师范大学钟启泉教授指出,"核心素养"是当今国际教育界的潮流,有"核心素养—课程标准(学科素养/跨学科素养)—单元设计—课时计划",这是环环相扣的教师教育活动的基本环节。

还有研究者倡导学校的课程开发和课堂转型必须从单元教学设计做起,倡导基于"核心素养"的单元教学设计,应当成为中国中小学教师研修的重心;教师掌握整体化有序设计单元教学的基本程序,是实现有效教学、达成提高教学效率之目的首先需要解决的问题。

(二)单元教学设计是统整课程教学的表现形式

课程与教学是实施学科教育的根本,但是从课程走向教学会产生落差。因此需要学科教研介入,利用技术层面上的协调处理来减少落差。学科教学设计是用于减少落差的技术之一,它是课程与教学之间的重要环节,也是提高课堂教学质量的有效途径。

在课程改革发展的不同阶段,学科教学设计研究有不同的侧重点,认识也在不断地深入。在上海"一期课改"的实施过程中,开展了关于"教学目标与课堂教学设计"的研究,着重提出一种设计课堂教学的基本思路和方法,并确定"以教学目标为指向,以重点难点为突破口",以"情境问题活动"为教学基本过程。在"二期课改"的实施过程中,开展了"以自主、探究、合作学习为标志"的学科教学设计的研究,确定"情境探究—应用"为教学基本过程。近几年,教学工作的主要任务转为深入学习和实践"基于课程标准的教学与评价"的理念,由此提出了开展"目标导向活动"的学科教学设计研究。

随着课程改革的深化,在上海中小学课程改革的多年实践中,全面开展了基于学科核心素养的"学科单元教学设计"研究。

1. 学科单元教学设计的研究

学科教学中的"单元"一般是指"同一主题下相对独立且自成系统的内容整体"。也可以这样解说:单元是一组相互关联、先后有序的教学内容组合,有相对的独立性;单元是基于学科核心素养,以相关主题与任务为线索串联起来的教学内容单位,有关内容的组成符合学科知识发展的逻辑顺序和学生的认知规律,有明显的结构化。

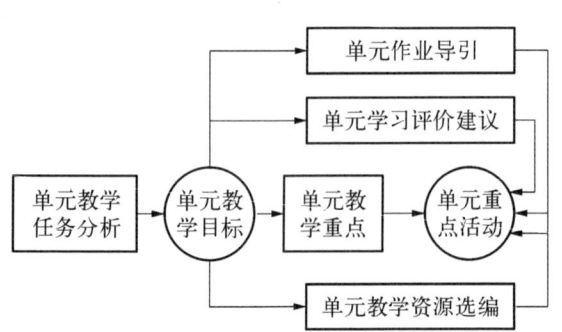

图 3-7 学科单元教学设计的路径及各环节之间的关系

"学科单元教学设计"是为实施学科课程而以一个单元为整体进行一种系统化、科学化的教学设计。在学科单元教学设计中,凸显了教学过程的整体性、递进性、关联性等。

如图 3-7 所示,在有关学科单元教学设计的基本环节中,单元教学任务分析是起点,单元教学目标是核心,单元教学重点是价值所在,单元重点活动是关键;而单元作业导引、单元学习评价建议要融入教学活动之中,并以单元教学资源选编支持教学活动开展。

2. 学科单元教学设计的作用与意义

(1) "单元教学设计"是落实核心素养的重要途径

核心素养包含正确价值观念、关键能力和必备品格。课时教学着眼单一的情境、内容和方法,容易产生碎片化、顾此失彼、一叶障目等设计缺陷,无法系统达成基于核心素养的教学目标。单元则是围绕某一专题,具有内在结构、相对独立、自成系统的学习单位。立足单元进行结构化课时教学设计,有足够的时空系统考虑核心素养的落实,可避免上述问题。

(2) "单元教学设计"是解决现实问题的迫切需要

长期以来,学校的教研组活动侧重研讨学期课时计划和课时教学设计,缺乏针对单元整体和结构的教学研讨。教师已经习惯"课时设计"思维,而课时设计对素养培育的局限性显而易见;常常出现课时设计精益求精,却始终"只见树木、不见森林",忽视对单元的结构化分析,缺乏对单元整体学习价值的挖掘。

(3) "单元教学设计"促进形成具有学科特色的单元规划和设计框架

以奉贤中学为例,理科类学科的单元规划基本围绕知识的内在逻辑关系建构,部分并列内容根据认知特点进行调整。如物理学科的单元规划基本按照教材原有章节,仅在复习阶段以跨章节的专题或方法为线索进行横向、纵向重组。数学、化学和生物学科单元规划也是基本按照教材体系建构,局部做些调整。文科类学科的单元规划则比较灵活,组合方式较多,如可以根据学生认知特点打破原有教材编写顺序进行重组。以语文学科为例,目前的单元规划打破了原有的教材体系,在实践中形成行之有效,体现了奉贤中学的特色。

(4) "单元教学设计"能拓展形成具有学校特色的个性化教学范式

单元教学不是课时教学的简单组合和切分,而是在基于标准理念下聚焦单元结构特征,挖掘学习价值的过程,包括学习过程和方式的优化。主题单元教学设计的研讨聚焦单元视角,使教学设计更贴近课程标准的理念和要求,开始关注学科核心素养的落实,教学过程中进一步拓展具有特色的个性化教学范式,学习方式不再单一,学生参与面更广、参与程度更深;课程资源的开发更丰富有效,课堂上学生的学习体验更真切、获得感更强。

二、实践创新及经验

课时教学着眼单一的情境、内容和方法,容易产生碎片化、顾此失彼、一叶障目等设计缺陷,无法系统达成基于核心素养的教学目标。单元是围绕某一专题,具有内在结构,相对独立、自成系统的学习单位。立足单元进行结构化课时教学设计,有足够的时空系统考虑核心素养的落实,可避免上述问题。

(一)《单元教学设计指南》相关活动设计

长期以来,学校的教研组活动侧重研讨学期课时计划和课时教学设计,缺乏针对单元整体和结构的教学研讨。教师已经习惯"课时设计"思维,而课时设计对素养培育的局限性显而易见;常常出现课时设计精益求精,却始终"只见树木、不见森林",忽视对单元的结构化分析,缺乏对单元整体学习价值的挖掘。

由此可见,"基于核心素养的单元教学设计"是学校进一步深化课程教学改革的必然选择,而学校、教研组(备课组)和教师对《单元教学设计指南》(以下简称《指南》)的正确使用至关重要。

1. 学校活动

《指南》提供给各教师进行单元教学设计的规范和指引,但现实中教学设计总是包含着很多不确定的知识,有很多种解释。《指南》是按照学科视角、学科逻辑来撰写的。学校在使用时需考虑学校教育工作的整体性,作用在学生身上的全面性,从实际出发,结合学生发展核心素养和学科核心素养,用好《指南》。学校要结合学科间有关联的实情,开展跨学科的单元教学设计的尝试。

单元教学设计没有固定的流程,可以借助《指南》中各部分内容进行演绎式的单元教学设计,也可以从学校单节教学设计的基础进行归纳式的单元教学设计。基于后者,通过"单元规划—汇总内容—发现问题—基于单元要求调整"等自下而上的做法,有效衔接单节课教学设计和单元教学设计。

奉贤中学初步形成以"学生发展核心素养"为中心,以"奉文育贤、激发潜能"为特色,以"单元设计"为抓手的学校课程计划,系统描绘了学校今后的课程改革方向和路径。

如图3-8所示,学生发展核心素养位于学校课程图谱的中心,并以此为基础构建具有学校特色的激发潜能课程体系。不同类别的课程培育核心素养的不同方面,每个学科都承担着培育各自学科核心素养的任务。因此,核心素养、关键能力的培养是以课程体系为载体,最终通过各学科的单元教学设计落实的。

学校选择基于问题解决的行动研究,根据已有的基础条件和各方面资源,制定相应的行动研究策略,具体表现为以下四个方面(见表3-14)。

表3-14 奉贤中学单元教学设计的解决问题对策汇总

策略	实施
专家引领和理论学习	1. 积极邀请相关专家到校指导和互动 2. 为教师推荐购置"学习科学"的最新研究成果等图书、杂志
实践案例探索	以案例或课例为抓手开展行动研究,点面推进,循环迭代优化
以校为本和继承发展	基于学校发展脉络,继承原有成果进一步创新发展
展示研讨与合作共享	搭建舞台,展示、研讨、合作、共享,助推研究的全面和深入

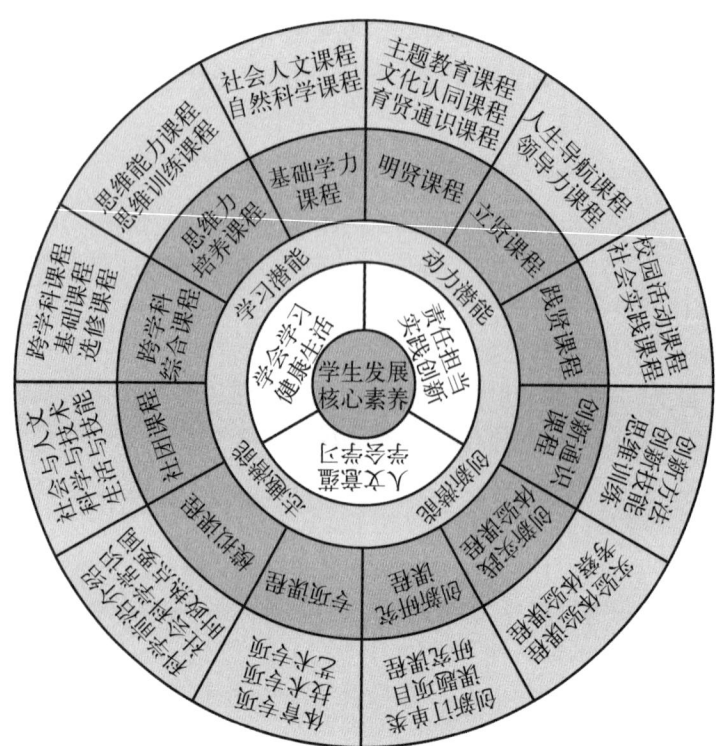

图 3-8 奉贤中学课程图谱

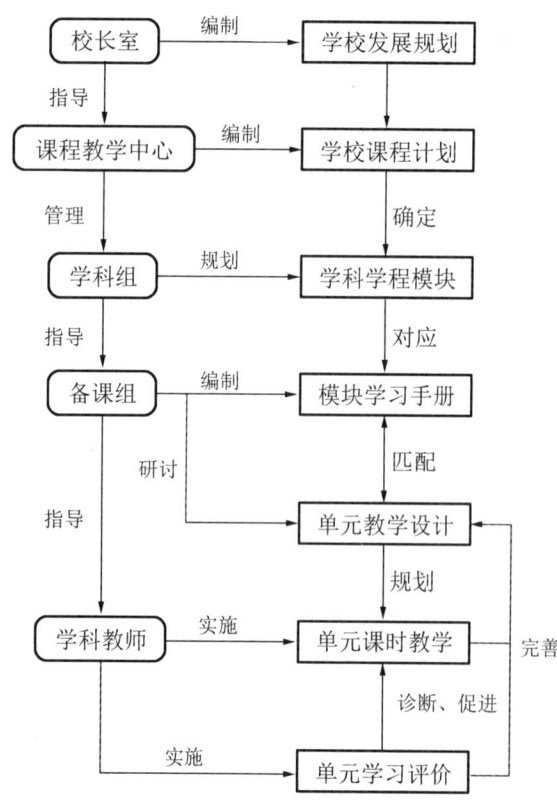

图 3-9 奉贤中学教学行动路径设计

学校制定了从课程发展规划到课堂教学的行动路径(见图 3-9),其中"单元教学设计"处于课程链中承上启下的关键位置,成为课程标准能否落地的关键环节,单元设计质量直接影响课时教学的有效性。

2. 教研组活动

与以往教研、备课活动以工作布置为主的情况相比,以单元教学设计为载体的教研备课活动对教师的专业发展、课程标准的落实、学生核心素养的培育的推动作用显而易见。在教研活动中关注整个学科各单元的规划、单元目标的设计,在备课活动中关注单元评价和关键活动的设计,同时还开辟出教师个性化发挥的空间。

上海市教委教研室副主任陆伯鸿指出,基于学科核心素养背景下的教研组(备课组)备课活动可以这样开展:针对一个单元教材的教学内容进行备课,讨论学科单元教学设计,重点关注对教材的结构化处理;在备课讨论中,着重明晰"单元教学任务分析—单元教学目标—单元教学重点—单元重点活动"这样一条线,尤其要抓住单元重点活动。确定单元重点活动后,还要进一步明确学生在活动中经历什么过程、培养什么能力、认识什么方法、得到什么情感体验、实现学科育人价值;并对此进行重点研讨,形成共识,进而完成单元重点活动设计。再讨论单元作业导引、单元学习评价建议、单元教学资源选编等,最终形成学科单元教学设计方案。①

教研备课活动可以聚焦在单元教学设计的任何一个环节,有时从一种关键活动、资源(如文本或科学工具箱)或者评估计划(如数学问题的解决、外语学习中的对话、技术项目)入手更有意义。

在提升课程领导力项目实践研究中,风华中学结合自身的特点,在教学设计中强调"情境—探索—应用"的教学基本过程,取得了一定的收获。但在不断推进的过程中,传统的单课时教学由于受其视野与内容的影响,问题也愈发显现,如:① 单课时教学设计的视野不能看到本节课在整个单元中的位置。虽然每课时都有活动重点,但若将所有课时活动重点合并,就会出现重复、无逻辑关联的现象,课堂教学无法回应单元教学的重点。② 在日常的教研备课活动中,课堂教学研究仍是重要选项,而且往往以公开课为载体,形成备课、听课、评课等一系列课堂教学研究。虽有一定积累,但对教师专业发展的引领不够,基于学科核心素养背景下的课堂教学,需要进一步加强课程意识,强化教学设计中的整体性。③ 学校备课组活动主要采用主备制度,即每次备课活动从教学内容和教学方法两个方面进行单个教师主讲,再由组内教师讨论后确定教学设计。但教师之间的差异、任教班级中学生的差异,都不能通过这样的备课形式来达到好的效果,甚至有时会流于形式,效果不尽如人意。

在《指南》的引领下,学校教研组围绕学科单元设计,从学科单元设计编制和应用出发,经历跨学科交流和融合、学校特色层面的提炼建议,再到教研组备课组活动的开展和回应式课堂研究,逐渐深入、不断探索,形成了"课程标准的细化解读、学科学情分析、单元知识结构梳理、细化课时目标和课堂内容、反思与调整教学实践"五个环节。风华中学"单元教学设计"实践流程如图3-10所示。

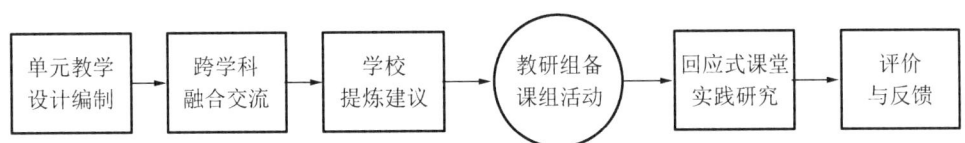

图3-10 风华中学"单元教学设计"实践流程

在跨学科交流、融合的研究中,学校各学科基于初步成果之上,组织各学科教研组"由分至合",将各自在"学科单元设计"研究中获得的经验进行分享和交流。学校项目组以提升教学目标的系统性、改善学生课堂学习的有效性、增强作业编制的针对性和确保评价的合理性为目标,提出了"学科单元教学设计"的研究路径,如图3-11所示。

---

① 陆伯鸿.学科单元教学设计的研究与应用[J].上海课程教学研究,2018(4):14-15.

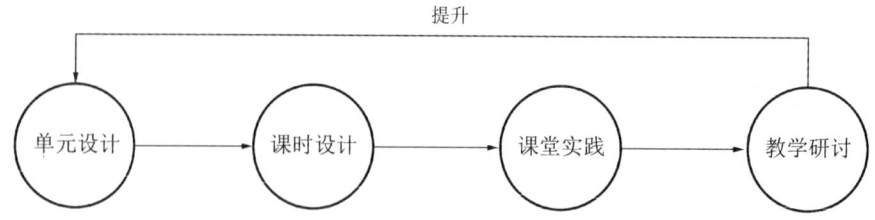

图 3-11　风华中学"学科单元教学设计"研究与实践的路径

在学科提炼建议阶段,学校各学科教研组备课组基于单元教学设计开展活动,主要分为以下三个层面。

(1) 以教研组为主体开展,主要研究和实践内容为对单元的整体解读、结构梳理和关键活动设计,以化学学科为例:

一是对教材的结构化处理,明确单元关键活动。化学学科单元教学设计案例结构如图 3-12 所示。

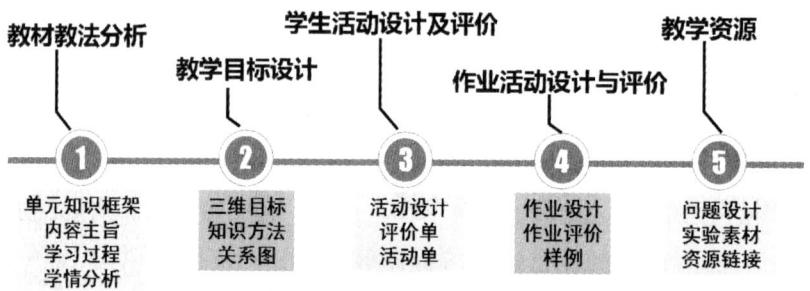

图 3-12　化学学科单元教学设计案例结构

二是确定整个单元的总体规划和目标,利用问题链、流程图、属性表刻画单元教学的总体框架结构。化学单元总体规划见表 3-15。

表 3-15　化学单元总体规划

单元主题		化学反应速率与化学平衡
单元活动目标		1. 化学反应速率的概念、影响化学反应速率的因素、可逆反应、化学平衡、影响化学平衡移动的因素、勒夏特列原理及其应用 2. 对化学反应的认识由定性上升到定量,培养观察、记录、设计以及比较、归纳、推理、分析与综合解决问题的能力 3. 认识化学理论对化工生产实践的指导作用,形成科学决策的意识
课时活动目标	课时活动1	(1) 根据化学反应速率的表示方法解决有关化学反应速率的计算 (2) 根据化学反应速率的表示方法解决化学反应速率的测定方法 (3) 合理使用定性、定量方法判断化学反应速率的快慢 (4) 认识浓度、固体反应物表面积对化学反应速率的影响

(续表)

单元主题		化学反应速率与化学平衡
课时活动目标	课时活动2	(1) 利用控制变量的实验判断外界因素对化学反应速率的影响 (2) 归纳外界因素对化学反应速率影响的结论 (3) 能从微观角度解释外界因素对化学反应速率的影响原因
	课时活动3	(1) 通过 v-t 图从化学反应速率变化角度解释浓度对化学平衡移动的影响 (2) 利用控制变量的实验判断浓度对化学平衡移动的影响 (3) 归纳外界因素对化学平衡移动的影响结论
	课时活动4	(1) 理解物质结构对性质的影响,能从氮分子的结构解释反应难以发生的原因 (2) 应用速率平衡知识推理解决合成氨适宜生成条件的选择,感悟化学原理对化工生产的重要作用,形成关注科学发展和技术进步的意识
跨课时活动任务		【化学反应速率】一炷香的时间 香的燃烧是一种化学变化,在古代常被人们用作计时工具。为什么古人习惯用香的燃烧来记录时间?这种计时方式是否准确?通过化学反应速率的学习,完成香燃烧速率的测定和影响因素的研究,用科学探究的方法解答这些疑问
		【化学平衡】自制酸碱试纸 自然界中的一些植物汁液遇酸碱会有颜色变化,通过研究其中蕴含的化学原理完成酸碱值试剂的制作
课时活动任务		1. 哪一组大理石与盐酸反应得最快? 2. 如何加速过氧化氢的分解? ……

问题链:在教研组,通过以下问题链来体现三维目标,如何对跨课时活动的设计进行融合?

① 跨课时活动如何体现单元学习目标?

② 跨课时活动的综合性是否适合?

③ 课时活动的设计是否体现学科逻辑顺序、学生认知规律、单元学习重点、单元学习重点的有机融合?

④ 活动设计如何突出"问题解决"特征?

⑤ 活动过程是否体现了有助于学生自主建构知识和体验知识获得的方法?

⑥ 活动评价的设计是否做到客观、有操作性?

(2) 以备课组为主体开展,主要研究和实践内容为基于校本化单元教学设计规格提炼和主备单元活动设计,其中包含大概念确定、过程性评价设计和课时活动设计,以历史学科《美国独立战争》一课为例,具体内容见表3-16。

表 3－16 《美国独立战争》一课教学设计

环节 1：讲述"五月花"号轮船及《五月花号公约》的故事，引出北美殖民地的建立，进而以"《五月花号公约》中的哪些关键字成为未来美国立国的基本原则"设问，从中探寻北美移民民主意识的源头。

设计意图：通过"五月花"号轮船及《五月花号公约》的故事，渗透其与北美人民的民主自治意识、契约精神的联系。

有效回应的融合：【新旧知识的回应、情境体验】通过历史故事导入新课，激发学习兴趣，复习启蒙思想的主要内容，利用学生已有的知识，探究未知的知识。

环节 2：播放《扬基歌》，结合《扬基歌》的创作背景提出问题："《扬基歌》折射出当时英国人怎样的创作意图？"引导学生运用歌词的内涵探讨北美殖民地与宗主国之间的矛盾。并以"结合上述历史信息，说说这样一首带有明显歧视意味的歌曲在北美殖民地的英军中盛行折射出当时怎样的社会现状？"为设问，引导学生运用所学知识分析美国独立战争爆发的原因。

设计意图：通过揭示《扬基歌》所折射的创作者的历史认识、民众的社会心态以及时代特征，学习美国独立战争爆发的原因以及以《扬基歌》为代表的音乐作品的证史价值，并通过"建模"，为《法国大革命》中文学艺术作品证史路径的学习奠定基础。

有效回应的融合：【问题回应】通过提问和启发，帮助学生寻找解读《扬基歌》的角度，促使学生产生足够的学习动机主动参与之后的探究活动。引导学生思考《扬基歌》的证史价值，为下一课《法国大革命》中学习文学艺术作品的史学价值奠定基础，培养历史思维能力。

（3）以教师为主体开展，主要研究和实践内容为具体化课时教学方案、实施教学并反思。

对于单元教学中单元的重点活动，每位教师在课堂教学中都需要根据学科课程标准、学科教学基本要求和教材要求，针对现阶段学生的特点，结合自身的特长，设计更为个性化的课堂教学设计，并以此作为基础进行备课组活动。风华中学教研教学活动实施路径如图 3－13 所示。

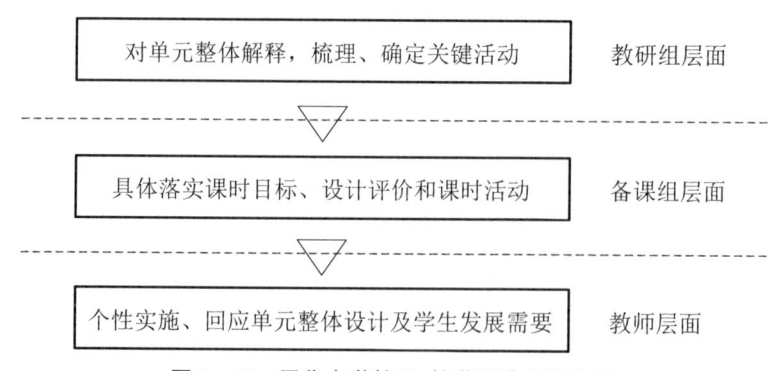

图 3－13 风华中学教研、教学活动实施路径

基于"单元教学设计"，风华中学从"单元教学设计"为起点，通过细化、分解、落实，形成"教学设计"与"课堂教学"之间的呼应，进行"回应式课堂"的实践与研究。

3. 教师活动

学科单元教学设计体现了一定的整体性，学科课堂教学设计有明显的局部性；"单元教学"与"单课时教学"之间是"线"与"点"的关系。教学过程由若干教学活动构成。若单元重点活动落在进行课堂教学设计的课时内，则此活动就是课堂重点活动，设计的其他活动应与之融为一体。

学科单元教学设计完成后，进入课堂教学设计。单元教学设计中的单元重点活动是每位教师在课堂教学中必须落实的，其他内容是教师个人进行课堂教学设计的重要基础。教师根据学科课程标准、学科教学基本要求和教材要求，针对学生的特点并结合教师自身的特长，设计个性化的课堂教学方案并付诸实施。

教师在学科单元教学设计的基础上进行学科课堂教学设计，要将教学任务分析进一步细化，将教学目标进一步分解。另外，还要针对学生实际，结合学科单元教学设计，确定课堂教学难点；参照所提供的单元作业导引、单元评价建议、单元教学资源选编等，具体设计课堂教学过程。

整体规划单元中各课时教学设计，有的课时教学设计侧重于过程与方法或者学生学习兴趣的激发，有的课时教学设计注重于学生学习方式的改变等；还要考虑各课时教学设计之间的递进及关联，从单元教学设计到单元中各课时教学设计，单元教学目标不仅要分解，更需要合理分配，并注重目标与内容的关联。同时，针对教学内容特点和结合学生的学习实际，用心理化、问题化、操作化、结构化等方式组织教学内容，进行长、短课时的教学设计。这样先见"森林"，再看"树木"，有利于确定"树木"在"森林"中的位置，通过单元教学设计，让教学过程更加聚焦"关键能力"及其发展过程，使课堂教学设计更有针对性，提高课堂教学效益。

(二)《学科单元教学指南》的应用经验

学科单元教学设计要关注整体性、相关性、学段性、学科性和综合性。《指南》为学校、教研组和教师提供了单元教学设计的规范和指引，发挥着实践"工具"的指导作用。如建立模型，通过图表为主、文字辅助的呈现方式，将各种内在因素之间的关系表达清楚；又如编制学校指南，提炼普适性的核心要素；再如通过回应课堂的教学评价量表以反馈并改进学科单元教学设计。

1. 以"工具"为支架，架起主题单元设计与课堂教学之间的桥梁

扬子中学通过对学科课程与教学指南编制的"要素、途径、方法、使用"等的研究与应用，深刻认识到学科教学必须从"课程—教学—评价"的学科整体性研究导向出发，尊重学生成长规律，促进学生学科核心素养的形成和发展。

(1) 由编制教学指南切入，深研教材体系，提升领悟水平

学校引导全校教师学习课程标准，深入研读、理解教材。全校教师在与标准、教材、学生等多重维度的对话中，逐步提升课堂教学的实施水平。

(2) 由确定研究的目标和路径入手，构建学校教学管理新模型

学校确定实践目标和路径：解读高考新的政策，研究学科课程标准—研究学校发展定位，分析学生发展现状—收集文献资料，借鉴成功经验—选择学校优势学科，编制学科课程与教学指南—课堂实践检验指南编制的有效性—修正与完善所编制课程与教学指南—区域共享课程与指南。

(3) 由提炼研究的重点内容与成果入手，追求学校教学管理新突破

学校提出"重点突破、分项攻关、循序渐进、积累成果"的工作思路。在明确单元教学设计指南要求和要素的编制的基础上尝试多学科推进与重点学科的编制。

(4) 在单元指南研究实践中注重实践,推进教学新跨越

通过单元教学设计指南的编写与校本实践,顾及"点"与"面"的关系,提升单元教学的整体性,注意"前"与"后"的一致,提升单元教学的科学性,逐步推进教学工作的新转型、新跨越。

2. 以"工具"为支撑,助推学生从知识到能力

"课时"常常把教学内容碎片化,导致知识点的处理缺乏全局性的掌握,限于较低层次的知识技能。单元设计立足打破"课时"的束缚,基于核心素养整合不同的教学策略,是指导一线教师学习、解读并执行课程标准的指导性文本。

控江中学学科单元教学指南的研制分为:① 明确主旨,形成共识;② 化解难题,分科施策;③ 优化框架,订立范本;④ 精制文本,领航学科四个阶段,旨在建立新高考制度下从高一到高三的学科课程与教学实施的校本化方案。

在第二阶段"分科施策"思路的引领下,学校分步渐进式地推动了学科教学指南的研制工作,具体如图 3-14 所示。

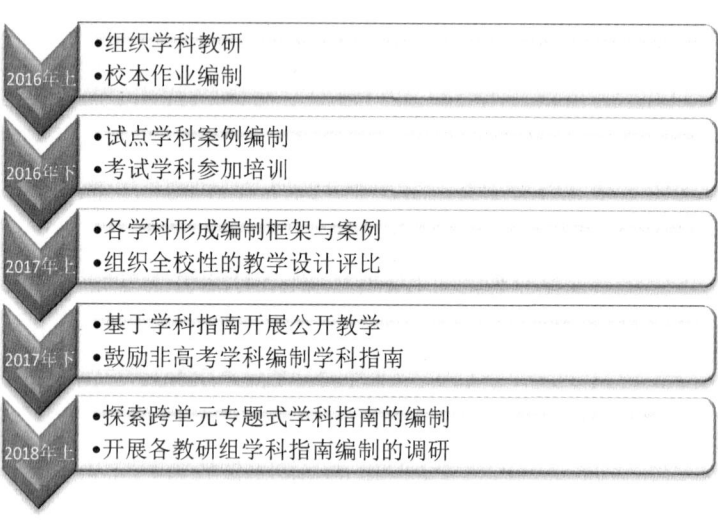

图 3-14 控江中学学科教学指南研制

"优化框架"是为文本更能符合学科教学的内在逻辑,通过清晰的呈现发挥其指导功能;"订立范本"既是对以往研制工作的总结和激赏,也是对持续开展研制工作的指引。

学校的重要组织策略是把《指南》的研制工作与每学期的"匠心·匠艺"杯教学设计评比活动相结合。这样的组织方式有三个优点:一是通过两项工作的融合,既不增加教师的额外负担,又解决了教学迫切问题;二是通过较为专业的评审,可以为学科指南的质量提供校外第三方评估;三是通过评比活动,不仅让各学科和大多数教师参与其中,也能在良性竞争中不断提高《指南》研制水平。以此途径,学校在众多成果中找到并确立了优秀范本,通过优秀范本的及时反馈和激励推动了编制工作有序进展。学校不仅汇总范本成册,还搭建发表交流平台,给予教师不同维度的鼓励。

学校非常强调总体研制方向和关键要素的呈现,倡导加强教材的结构化研究、加强学习活动的设计研究、加强作业设计和评价反馈的研究。以物理学科为例:物理学科教学指南根据上海市中学物理课程标准,结合上海现行高考制度和学科教学基本要求研制。学生在进行单元

复习时可以对整个单元的知识要求、内容框架、重点知识点、解题方法等方面有清楚的把握,教师则在进行该单元的教学前对本单元各部分内容的要求、重点、难点、实验等有所了解。控江中学单元教学设计指南主要分为九个模块,分别是:单元概述、课程标准、思维导图、教学目标、活动设计、要点辨析、例题精析、课后练习、题目属性。九个模块及其功能见表3-17。

表3-17 物理学科单元教学设计指南模块及其功能

内容模块	模块解释
单元概述	主要对每一单元的学习内容有一个总体了解,并且指明这一单元和前面单元的关系,指出所涉及的方法,培养学生哪些方面的能力等
课程标准	让教师和学生都能明确包含哪些知识点以及每一个知识点的学习水平
思维导图	通过框图或树状图的形式呈现整个单元的知识点脉络,各知识点的关系,以及主要的内容、公式等,以便于学生能对整个单元的内容框架理解得更为具体和形象
教学目标	明确各个知识点的具体要求,每部分所用的研究方法,学生在学习过程中的体会,应有的态度,教师在教学中可以渗透的人文教育
活动设计	主要是每一单元可以开展的学生活动或教师演示,给出相应的建议
要点辨析	针对教学过程中的重难点,进行详细解析,以便学生能理解和掌握
例题精析	通过一定的例题,对单元重难点涉及的知识和方法详细诠释,帮助学生尽快理解并能加以应用
课后练习	针对合格考和等级考,设置分层练习,体现不同的要求,减轻学生负担
题目属性	对课后练习题目的知识点、难度、答题时间等做出设定,以便对题目的设置情况和学生的答题情况做出评价

单元教学设计指南的编制进入"精制文本,领航学科"阶段,助推了学生从知识到能力实现了高效建构。控江中学实施《指南》后效果例举见表3-18。

表3-18 《指南》实施后效果例举

学科	效果	例举
化学	利用"单元整体教学设计"帮助学生进行观念建构的教学模式	1. 采用"基于真实问题解决"的单元教学设计策略 2. 根据学生已有的认知水平,由浅入深地进行"问题—解决"的教学设计 3. 打通三类课程的边界,将研究性学习体现在基础型课程、拓展型课程的教学活动之中
地理	在学生学习效果以及教师教学效果的评价要素上取得重要突破	1. 根据实际的需要设计不同的教学评价方案,对学生进行多层次、多角度、多方面的评价 2. 评价方式多元量化呈现,以全面反映学生的实际情况 3. 在教学评价上体现发展性、过程性、多元性、主体性的统一
生命科学	重视学习活动的设计	倡导以学生活动为主体的情境、任务的设置

3. 以"工具"为支点,撬动教与学全新方式的改进与落实

主题单元教学设计不能只停留于撰写,需要经过细化、分解,进而落实到课堂,形成教学设计与课堂教学之间的呼应,形成两者间的共进。

风华中学以"回应式课堂"的实践与研究反馈"主题单元教学设计"。"回应式课堂"一方面以单元教学设计为起点,以课堂来回应单元教学的整体设计;另一方面回应学生不同的发展需求,以学生全面而有个性的发展作为课堂回应的终极目标,实现课堂从"传递中心"向"对话中心"的转变。

第一轮聚焦于如何更好地进行单元教学中分课时的细化处理;如何能更多地将学生活动设计、课堂评价和各类教学资源等单元教学设计中的内容落实到课堂中;如何更好地回应学生在课堂学习中的需求。第二轮的主题课堂竞赛以"单元教学视野下回应式课堂的实践与研究"为主题,对学科单元教学设计及回应式课堂作进一步理解深化。学校设计了包括8个维度26项指标的"回应式课堂教学评价表"(见表3-19),确保指导有针对性,评价有科学性。

表 3-19 回应式课堂教学评价表

考察领域	分解指标	分值	序号	指标在课程中的体现	得分
教学设计 (20分)	教育理念	10	1	教学设计体现学生的主体地位,引导学生积极、主动地参与学习	
			2	课程设计考虑到班级学生在知识、经验、能力和兴趣方面的差异,教学活动适合全体学生参与	
	目标导向	10	3	教学目标符合课程标准和学生实际,呼应单元教学目标,科学、合理、可操作	
			4	教学目标明确、具体、有层次	
			5	教学内容和教学手段明确体现教学目标,为实现目标服务	
			6	有与教学目标相适应的课堂评价方法和评价标准	
课堂实施 (60分)	课堂结构	10	7	教学环节安排合理,循序渐进,衔接自然,逻辑性强	
			8	层次清晰,重点突出,教学容量和节奏适合绝大部分学生	
	……	……	9	让学生充分了解教学目的,引导、鼓励学生确立个人学习目标	
			10	运用教学策略,激发并维持学生的学习兴趣和好奇心	
	……	……	……	……	
			……	……	

在日常教学中实施主题单元教学设计需要注意以下问题:① 理清确定教学内容是基于哪些方面的,适合于什么样的教学方法,应该按什么思路来进行;② 整个主题单元框架的构成,应该以什么为主线,以什么为辅线,要设置哪些步骤,如何才能进行完整的设计;③ 要注

意问题的设计方向,既是一个问题,更是给学生指定了一个研究或者思考的方向,引导学生沿着确定的路线前进,并能达到预期目的;④ 如何整合内容的综合性和跨学科性的问题,需要哪些准备工作,学生要准备什么,教师要准备什么。这些准备不仅是物的准备,还是能力、知识以及经验等多方面的准备。

学校通过多学科推进、多力量整合、多步骤落实、多方面咨询等途径积极面对问题,生成对策。语文组着眼于课堂中主问题的设计,从学生预习时遇到的问题着手,引导学生关注语言文字中的逻辑关系,培养学生的思维能力;数学组着眼于学生的活动设计,在单元中创设与知识点有联系的学生自主活动,促进学生的积极思维;历史组以史学思想方法为核心,单元规划意图和课堂设计环节紧密相扣,循序渐进达成"过程与方法"维度的教学目标;化学组突出学生自主探究方法与知识技能之间的关联,增加学生活动时间的占比,增强研究的主动意识;物理组以作业设计为核心,设计习题属性表,提供习题目标、习题类型、习题难度、预估时间、参考答案、习题意图等多项维度内容,与单元知识目标紧密联系,体现"减负增效"的理念。

一直以来,在教学中如何让课堂教学更有效,如何让学生的学习突破以往学习过程中知识的支离破碎,如何形成对学生长效性能力的培养等,都是值得思考的问题。以主题单元的方式进行设计与教学是一个全新的研究。合理的"主题单元教学设计"能使教学内容达到高结构化,能在最大限度上发挥知识迁移的效能,帮助学生实现高效建构。其价值体现为:① 有利于促使教师深钻教材与新课程标准;② 有利于教师在教学意识中将培养学生的能力和思维发展作为重要目标;③ 有利于教师设计出适合教师、学生的个性化方案,有利于展示教师的特长,培养学生的个性。通过主题单元教学的实践,学生整体性学习的意识逐步成型,但任何一种好的习惯需要持之以恒,这还需要不断探究新的落实方式,促使好习惯的持续性,并将好的习惯内化为学生的一种"学习品格"。

第四节 统整社会实践活动

综合实践活动是从学生的真实生活和发展需要出发,从生活情境中发现问题,转化为活动主题,通过探究、服务、制作、体验等方式,培养学生综合素质的跨学科实践性课程及活动;它超越了学科、课堂等常规形式,使学生置身于"活生生"的现实学习环境之中,综合地"习得"现实社会及未来世界所需要的种种知识、能力、态度的一种模式。[①] 综合实践活动是贯穿于基础型课程、拓展型课程和研究型课程的一种课程组织形态,也是发展学生综合素质和"关键能力"的重要途径。

一、综合实践活动及意义

当前培养学生的科学素养是中学教育的核心目标之一,其培养过程需要学校结合新时期课程教学新形态,不断改进课程的教学方法和教学形式,使学生在课程观察与实验中发展能力,具备直接同自然、社会、文化等互动的环境,从而认识周围世界,建立科学思维方式和科学态度。这种科学素养的培育理念隐含了"综合实践活动"课程的本质。德国哲学家海德格尔(Heidegger)尊奉生活世界,他认为只有生活世界才是真实的世界。人对世界的认识不是在思想中对它进行抽象,而是在与万事万物打交道中认识世界的。"综合实践活动"正是立足于这种"人本主义教育"和"整体教育论",主张激发兴趣、张扬人性,强调人才的"德、智、体"与"知、情、意"目标的和谐统一发展。

(一)多元实践活动发展学生关键能力

以多元探索实践加强中学生多元智力的健康生长,旨在通过教育改革实验和教育科学研究,进一步探索现代学校实施素质教育,深入地研究提高学生的创造性,促进学生智力与人格的协调发展。

1. 丰富活动的选择性,发展动手实践能力

诺贝尔物理学奖得主朱棣文教授认为:"中国的学生学习很刻苦,书本成绩很好,但是动手能力差,创新精神明显不足。""纸上得来终觉浅,绝知此事要躬行"的道理很简单,在真正的教学中却往往容易忽视实践活动,导致学生对知识的理解停留在书本层面,即为"纸上谈兵"。顾名思义,多元探索实践活动,重在探索与实践。要给学生动手的机会,如果不去实践,不去尝试,就永远不可能得到成长。

2. 促进同伴的互助性,发展合作分享能力

小组合作研究活动是指学校组织学生自主组建小组,选择与申报高中阶段主要的研究性课题,小组成员之间自主分工合作,每一个成员按照个人爱好和经验基础,按照小组共同的目标与任务,在一定时间内共同完成课题的研究过程。

[①] 钟启泉.综合实践活动涵义、价值及其误区[J].教育研究,2002(6):38-39.

这种活动方式,可以促使学生不再只从自己的角度考虑问题,更能协调、全方面地考虑到同伴的想法。在合作活动当中学习他人的优点,更加懂得尊重别人,也使自己能在团体中更好地被他人接受。每个人虽然是作为单独的个体存在,但也是社会群体当中的一员,培养与他人合作的能力,不仅是在学习上,在任何事情上几乎都是必不可少的。

3. 激励成长的过程性,发展实践创新能力

通常所说的创新和创造是指区别并凌驾于现有的事物,所以创新能力的培养有两个要求:① 要具备一定的基础积累。只有这样,才能对事物拥有基本认知,才谈得上去创新;② 要具有丰富的想象力。创新就是创造与现有事物不同的事物,所以丰富的想象力是不可缺少的。

越来越多的人诟病目前的教育体制,认为这样的教育方式抹杀了学生的想象力和创造力,导致每个学生在同样的教育方式下像是被复制出来的机器人。其实每个学生在思想的深处都蕴藏着无穷的想象力,教师要做的就是挖掘、保留并且激活它。教师要充分发挥学生自身的特点和想象力去创新、去创造。

(二) 教育部《中小学综合实践活动课程指导纲要》的相关要求

在课程改革日益深化的进程中,相关性政策、方案(或纲要)的出台,为学生参与综合实践活动起到极大的推动和保障作用。2017年教育部颁发《中小学综合实践活动课程指导纲要》(以下简称《纲要》),将综合实践活动纳入国家课程体系,提出明确的要求。

1. 基本理念

《纲要》指出:以培养学生综合素质为导向,强调学生综合运用各学科知识,认识、分析和解决现实问题,提升综合素质,着力发展核心素养,特别是社会责任感、创新精神和实践能力,以适应快速变化的社会生活、职业世界和个人自主发展的需要,迎接信息时代和知识社会的挑战。课程开发面向学生的个体生活和社会生活,面向学生完整的生活世界,引导学生从日常学习生活、社会生活或与大自然的接触中提出具有教育意义的活动主题,使学生获得关于自我、社会、自然的真实体验,建立学习与生活的有机联系。课程实施注重学生主动实践和开放生成,鼓励学生从自身成长需要出发选择活动主题,主动参与并亲身经历实践过程,体验并践行价值信念。课程评价主张多元评价和综合考察,要求突出评价对学生的发展价值,充分肯定学生活动方式和问题解决策略的多样性,鼓励学生自我评价与同伴间的合作交流和经验分享。提倡多采用质性评价方式,避免将评价简化为分数或等级。要将学生在综合实践活动中的各种表现和活动成果作为分析考察课程实施状况与学生发展状况的重要依据,对学生的活动过程和结果进行综合评价。

2. 主要目标

《纲要》总目标为:学生能从个体生活、社会生活及与大自然的接触中获得丰富的实践经验,形成并逐步提升对自然、社会和自我之内在联系的整体认识,具有价值体认、责任担当、问题解决、创意物化等方面的意识和能力,并从这四个方面制定高中学段目标。

(1) 价值体认。通过自觉参加班团活动、走访模范人物、研学旅行、职业体验活动,组织社团活动,深化社会规则体验、国家认同、文化自信,初步体悟个人成长与职业世界、社会进步、国家发展和人类命运共同体的关系,增强根据自身兴趣专长进行生涯规划和职业选择的

能力,强化对中国共产党的认识和感情,具有中国特色社会主义共同理想和国际视野。

（2）责任担当。关心他人、社区和社会发展,能持续地参与社区服务和社会实践活动,关注社区及社会存在的主要问题,热心参与志愿者活动和公益活动,增强社会责任意识和法治观念,形成主动服务他人、服务社会的情怀,理解并践行社会公德,提高社会服务能力。

（3）问题解决。能对个人感兴趣的领域开展广泛的实践探索,提出具有一定新意和深度的问题,综合运用知识分析问题,用科学方法开展研究,增强解决实际问题的能力。能及时对研究过程及研究结果进行审视、反思并优化调整,建构基于证据的、具有说服力的解释,形成比较规范的研究报告或其他形式的研究成果。

（4）创意物化。积极参与动手操作实践,熟练掌握多种操作技能,综合运用技能解决生活中的复杂问题。增强创意设计、动手操作、技术应用和物化能力。形成在实践操作中学习的意识,提高综合解决问题的能力。

（三）美国中学生实践活动启示

美国中学一般周末都是双休日,每天通常在下午3点左右放学,家庭作业极少,所以学生有非常充裕的时间参加课外活动。整个社会也会想办法为学生参加有益的课外活动创造条件。

中学生的课外活动大致可分为两种类型:一种是学生参加学校内的课外活动,包括学习室活动、学生会活动、俱乐部活动、运动会、志愿服务活动等。尤其是在高中,这些课外活动所起的作用越来越大,其中最普及的是俱乐部活动。活动内容非常丰富,与文化俱乐部、体育俱乐部一样,社会俱乐部也吸引了很多学生。另外,作为学校设施的运动场、体育馆、游泳池、礼堂等,会在星期六、星期日全天开放,并且这种称之为"学校公园"的设施在不断增加中。另一种是学生在校外开展的。美国的社会教育设施和设备都十分齐备,各州、各学区都有若干个学生课外活动阵地,其中图书馆、博物馆、动物园、植物园、公园、宇航馆、天文馆、水族馆、美术馆、科学普及中心、艺术中心等都在业余时间和休息日免费向中学生开放。学生可以在这些场所开展各种活动,如在科普中心做一些物理、化学等科学实验。另外,到了暑假,许多高校为普及科学和吸引考生,还举办各种类型的夏令营,将学习寓于娱乐。有的夏令营每天有著名教授主讲大学课程,有的开放学科实验室,让中学生做一些大学基础实验。在课堂之外,学生仍可接收到一些理论和实验方面的知识训练与实践体验。

学生的社团活动被看作是美国教育内容的组成部分。每年开学是各社团大张旗鼓招收会员的日子。社团活动超过四五十种,可分为学术性、娱乐性、体育活动和社区活动。学术性的社团涉及自然科学、数学、电脑、写作、编辑、辩论等方面。一年里,学术性社团会员可参加几次比赛。娱乐性的社团有话剧社、合唱团、乐队、舞蹈队、摄影社、桥牌社、未来农民社、少年企业家社等。体育类的社团包括各种运动校队、体操队、啦啦队等。各社团会员要参加几次义务服务,为提高活动质量而举办交流经验会。许多课外活动有定期表演、校际比赛、州选拔赛、全国大赛甚至世界大赛。各社团经费来源,除收会费外,主要靠勤工俭学,如学生帮人洗车、扫庭院落叶、扫雪、推销礼品和演出门票等。

每年暑假,各州首府都会为高二学生举办为期一周的模拟政府活动,限一名学生参加,首先要经过考试。参加者要加入一个模拟的政党,然后开展竞选州长、市长、议员的活动。最后竞选当上"州长"的学生,可以到本州的州长办公室同真州长一起办公一天。

美国各学校把课外活动作为帮助学生增长才干、适应社会、体验人生的重要措施,经常进行考核,认为从中可以看出学生的竞争心理、责任感、领导能力和人际关系。据专家研究,课外活动表现突出的学生,很可能将来是学术或政治方面的优秀人物。

从2004年启动,面向纽约市公立教育系统的"城市优势"是由纽约市议会资助,美国自然历史博物馆联合纽约市教育局及其他文化和教育机构发起,以支持中学生科学探究教学的教育项目。参与这个项目的机构包括美国自然历史博物馆、布朗克斯动物园、纽约水族馆、纽约植物园、纽约科技馆、皇后区植物园、布鲁克林植物园、史丹顿岛动物园等。

这个庞大的项目缘起于纽约市对中学科学教学的评估。纽约市要求所有公立学校的初中学生在八年级要完成一个名为"Exit"的科学探究学习课题,作为录取高中的一项参考指标。Exit探究课题遵循纽约州制定的数学、科学和技术的教学标准,特别是其中的"分析、探究和设计"标准。该标准要求学生能自主提出问题,形成假设,并按照一定的研究方法,借助常见的工具,通过探究得到结论。Exit探究课题建议学生可采用以下四种研究方法(见表3-20)中的任何一种进行探究。

表3-20 探究课题的四种探究方法汇总

方法	描述
对照实验 (Controlled Experiment)	学生选择感兴趣的研究问题,确定需要控制的变量,设计实验。研究的问题类型如:不同的涂层对防止金属腐蚀的效果有何不同?水的酸碱性如何影响伊乐藻的生长?
实地考察 (Fieldwork)	学生通过实地考察收集数据获得第一手的资料。研究的问题类型如:太阳阴影的方向和日照长短有什么关联?动物园里的大猩猩最常出现的行为有哪些?
二手资料研究 (Secondary Research)	学生通过研究现有的数据集来获得答案。典型的研究问题是"在某个时间段中,X因素是如何影响Y因素的?"比如:在过去的50年中,飓风发生的频率和强度有什么变化?在这类研究问题中,学生通常借助现有的数据库资料,比如美国航天航空局所提供的历史数据来进行数据分析
设计研究 (Design Project)	学生确定需求,并完成一个设计来满足需求。比如:设计一个容器,能使冰冻的物体运送更长的距离而不融化;设计一个太阳能小车,使之能行驶更长的距离

二、整合资源的探索及经验

上海市高中学校结合实际情况,主动研究探索学生开展实践活动的路径与方法(见图3-15),统整基础型课程、拓展型课程、研究型课程相关内容,对学生参与实践活动的组织管理形式进行创新,对校外实践活动过程进行分析,在明确学生参与实践活动的价值意义基础上,对学生亲历实践活动与能力发展的关联进行研究,并形成了相应的研究成果。学校建立了自主实践的活动统整模式,如市西中学的"思维广场"空间、松江二中基于现实问题的ESAS课程、曹杨二中"浸入式"的"道德生活体验场";形成了多元实践的社会统整策略,如扬子中学利用地域优势的"生态岛寻梦系列活动"、上戏附中以艺术领悟为目标的"幸福之旅"、吴淞中学的美育协同育人机制;开发基于问题解决的主题统整路径,如控江中学的"玩"中学等。

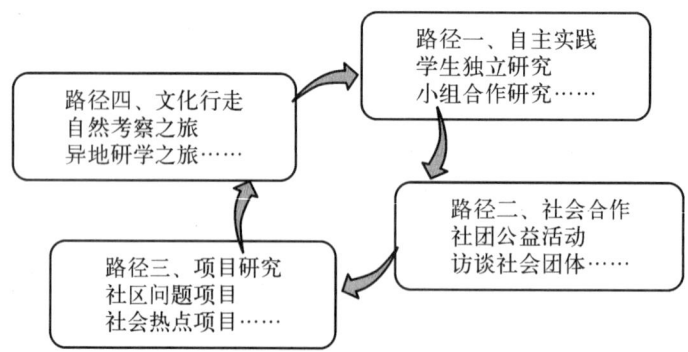

图 3-15　中学生综合实践活动的路径与方法

（一）自主实践

依据皮亚杰（Piaget）的建构主义理论，学生在自主实践模式下的综合实践活动，对于知识建构过程有着深远的意义。学生参与社会实践活动十分强调学生亲历社会的价值体认过程，强调培养学生的创新精神与实践能力、规则意识与关键技能，强调培养学生的综合素质。这些教育目标虽然有多个来源，但其中一个来源特别有意义，那就是它来自学生的实际生活与实践经历，来自学生的自主实践过程，由学生个体在已有学习经验基础上建构了新的学习经验。它是通过"发现—体悟—归纳—表达"模型，是学生有一定的实践阅历后自然而然的呈现。自主实践活动的形式丰富，载体较多，如课题、项目、生活、创作、设计、探索等都可以成为学生的自主实践载体。通过独立研究或合作研究等形式培养学生的自主性，进而提升自主管理的核心素养。

1. 拓展"思维广场"空间，引发学生的深度学习

市西中学将整个校园拓展为"思维广场"，包括从正式学习到非正式学习的连续空间，向真实（社会）和虚拟（网络）拓展并形成的多维度学习空间，如图 3-16 所示。这样的多功能教学环境支持并引导学生选择适合自己的学习内容、方式、时间、空间等开展学习。

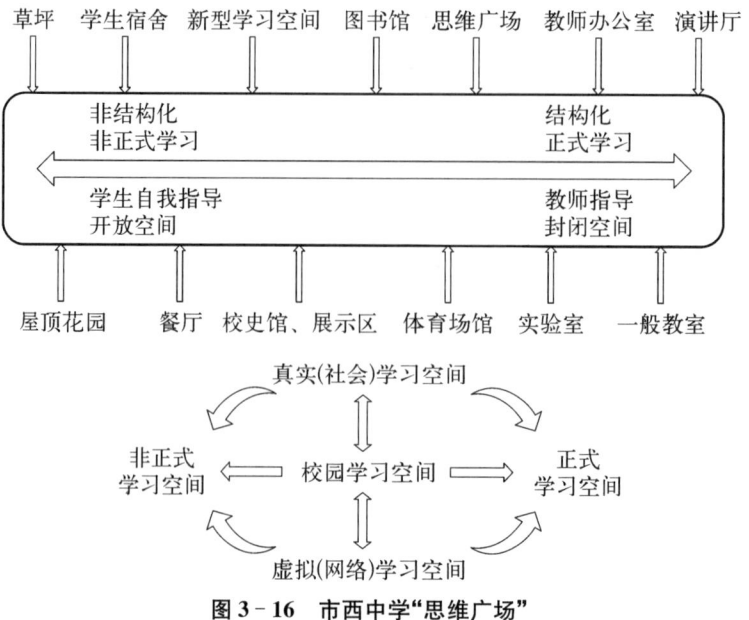

图 3-16　市西中学"思维广场"

运用思维广场,学校通过教学实践,变革传统教学方式,形成"目标引领—自主研习—合作研讨—思辨提升"的教学流程,如图 3-17 所示:基于教师发布的任务单,学生自主选择并开展适合自己的学习,最后用不同方式总结反思,完成学习任务。

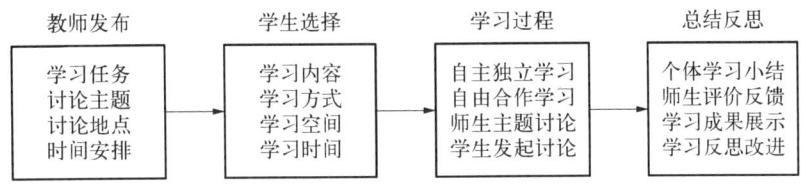

图 3-17 市西中学"思维广场"环境中的学习任务单

在任务单确定的学习目标引领下,学生在学习内容、方式、时空、伙伴等方面具有充分自主选择权,根据自己的偏好和需要,选择自主独立学习或自由合作学习,再有针对性地参加师生主题讨论,甚至根据需要自发展开讨论,在"智者对话、思维激荡"的讨论学习过程中,充满了思维挑战、对话辨析、交流分享等挑战性因素,促进学生思考,学生学习积极性受到激发,主动进行知识建构,掌握学习主动权,认识自己的学习优势,感受深度学习的愉悦,更好地引领学习与发展,并进一步转化为学习的内在动力,转变学习习惯,改善学习行为,实现学习的深度变革。思维广场的学习历练,激发学生的学习动机和兴趣,增强学生的学习优势自信和自主学习意识,提升学生的学习能力和思维品质。

2. 解决现实问题,发展学生的综合探究能力

松江二中高二学生在"基于学生创新素养培育的 ESAS 课程建设研究"过程中,围绕松江"四鳃鲈鱼"从不同视角提出自己感兴趣、值得研究的问题,并涵盖了如环境、文化、经济等情境的不同侧面,而且热情非常高。他们以小组形式解决基于跨学科具有一定挑战性的真实难题,自主决定解决问题的方法以及需要采取的活动,收集大量的信息,综合、分析,进而衍生出知识。整个过程中教师承担着指导者与建议者的角色。整个自主实践活动的流程为:背景学习、问题聚焦、方案设计与论证、项目研究、成果交流与评价。学习过程中,学生以项目学习笔

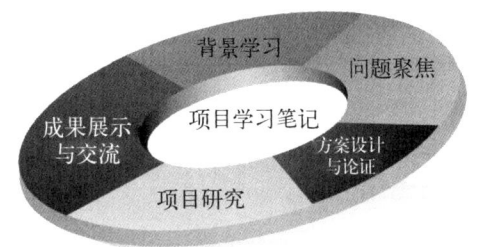

图 3-18 松江二中自主实践活动流程图

记的形式全程记录学习过程,设计序列化表单系统化地呈现学习进展,如图 3-18 所示。

(二)社会合作

综合实践活动具有开放性、动态性等特点。学校通过与社会多方建立合作"共同体"等方式,如学校与社区合作、学校与学生家庭合作、学校与社会组织合作等,发挥教育的社会整体性功能、促进学生全面发展,促进学生综合学习能力的持续增长。

在学校有效整合社会优质教育资源的前提下,学生参与社会合作实践是主动拥抱社会、突破边界、走向能力成长的能动变化,是自觉应用调动社会上可以为之所用的相关学习资源,自觉与社会各界人员建立联系,自主发展合作精神与实践能力的一条有效路径。

1. 整合地域文化资源

扬子中学主动对接居委会、银行、医院、税务所、消防队、公交公司、森林公园等单位,组

织学生开展各种公益活动,如小区环境小卫士、小小税务员、银行志愿者、敬老节慰问等。还组织学生参与"国际自行车比赛""中华传统节日——端午节""孔子文化节""爱心暑托班"等大型活动的志愿者服务。

经过多年积淀,特别是近三年的项目实践,"扬子人"学校社会实践活动顶层设计了"'生态岛寻梦'与'生态农业体验'"课程。该课程通过课内与课外联动的方式,进一步挖掘崇明优秀的文化资源。根据崇明文化、崇明发展等特点,结合校本课程,学生自己确定考察主题,如"走进崇明民俗文化""整合课程资源,传承瀛洲文化""走进家乡名人"等开展课题研究。活动形式主要有参观考察、调查研究、文化展示等。课程系列下的"生态岛寻梦系列活动"社会资源有崇明规划馆、生态专题资料、各乡镇特色资源等,具体包括"关注家乡发展、家乡这样崛起、追寻家乡名人、挖掘崇明文化、保护家乡生态、遥想家乡发展"六个阶段。扬子中学利用社会资源开展实践活动例举见表3-21。

表3-21 扬子中学利用社会资源开展实践活动例举

形式	内容
参观崇明规划馆	了解家乡历史与文化;了解城市规划和未来展望;纵览三岛总体规划模型;奠定"寻梦"系列活动的基础
听取"生态建设"专题报告	学生通过相关专题资料开展视频学习,了解崇明三岛的规划与发展
考察乡镇发展现状	学生考察户籍所在地的乡镇,调查生态现状,了解基于生态的经济发展策略,观察民风民俗的变化,总结一个成果,提供一条建议
举办"生态岛寻梦"展示活动	以班级为单位,举行主题班会,或主题宣讲,或调查成果展览,形式多样,不拘一格;举行校级层面的"守望家园"主题演讲比赛或"沐浴家乡风"主题班会展评

学生通过系列课程的实践,深切体会到:只有知家乡,才能更爱家乡;爱家乡,才会锐意进取,自强不息。

2. 整合多边人力资源

吴淞中学开设有艺术创客导学、魅力戏剧、多元的世界经典歌舞文化、影视艺术初探、音乐戏剧等美育特色课程。学校把师资队伍建设作为美育工作的重中之重,努力建设一支师德高尚、业务精湛、结构合理、充满活力的高素质教师队伍。

学校在鼓励有艺术特长的教师开设个性化课程的同时,通过社会合作的方式外聘高校、少年宫、少科站和专家团队,破解了美育教师紧缺的问题。学校积极聘请书法、布艺等高水平的艺术家和民间艺人进校园。不仅因地制宜地成立书法、布艺、创客导学等大师工作室,还把布艺课程延伸至与街道社区相互联系的创客家庭体验,建立学校、家庭、社会多位一体的美育协同育人机制,推进美育协同创新。

(三)项目研究

项目驱动教学源于杜威的实用主义教学理念及库珀的体验式学习理论,是建构主义学习理论下的一种教学方法。他们认为学习结合了体验、感知、认知与行为,其核心理念是以真实问题为载体,激发学生探究兴趣,唤起其深度思考,在体验中建构新的知识,提升能力。其基本流程为:选定项目—制订计划—活动探究—作品制作—成果交流—活动评价。学生在习得必需的基础知识后,了解项目开发的具体流程,自主选题进行研究、学习。通过这种教学方式,学生的学习从知识本位向能力本位转变,真正做到 STS(Science、Technology、Society)学习。学生将科学技术应用到生活中,提高解决实际问题的能力。

1. 从"问题"出发研究项目

宜川中学在"飞行创想"课程中开展以项目行动为方式的综合实践活动。学校就如何在问题生成、问题统整、问题筛选的基础上,整合基础学科,形成课程,建设匹配的创新实验平台,开发创新实验项目,最后变为课程的课时计划。课题组通过研讨,形成课程架构的基本流程,如图 3-19 所示。

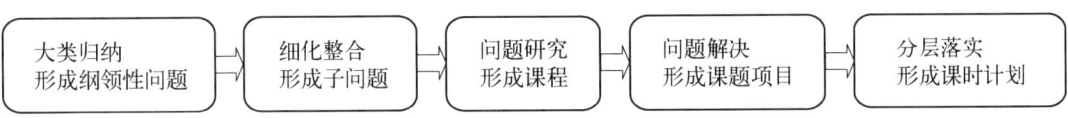

图 3-19 宜川中学课程架构的基本流程

在此基础上,学校围绕课程的建构、实施、评价等难点进行突破,从跨学科纲领性问题出发,勾连基础学科知识,产生子问题,形成了以"飞行·创想"为主题,基于"模拟、控制、风洞、导航、视觉"5 个创新平台包括 24 个基础实验和 28 个创新实验的课程架构表(见表 3-22)。

表 3-22 基于问题导向的"飞行·创想"课程架构

纲领性问题	问题视角	子问题示例 通识(G)、选择(O)、深度(R)问题	关联学科	实验活动 基础实验(或活动)	实验活动 创新平台实验(或活动)	实验平台 模拟	实验平台 控制	实验平台 风洞	实验平台 导航	实验平台 视觉
大飞机为何落户上海?	影响大飞机项目选址的因素有哪些?	在大飞机落户问题上,有上海与西安之争,为何最后花落上海?(G)	政治、历史、地理	文献查询、研讨构建两城对比图						
	大飞机项目会带来哪些影响?	大飞机落户上海会带来哪些影响?(G)		主题辩论						
大飞机为什么能飞上天?	飞机跑道设计有哪些秘密?	绝大多数飞机起飞前为何要在跑道上滑行?(G) 飞机跑道的延伸方向如何确定?(O) 为什么航空母舰的跑道可以比普通跑道短?(G) 海南三沙永兴机场跑道是如何建设的?(R)	物理、生物、地理、化学、劳技、信息	加速度传感器测加速度 向心力演示实验 电解质中的电化学腐蚀	飞机模型风洞吹风升力实验			1		
	升力从哪里来?	1. 飞机的升力哪里来?(G) 2. 飞机遇到气流如何保持稳定?(O) 3. 如何制作一架飞机模型?(R)		气体压强测量实验 DIS 力的相互作用实验 吸盘实验(伯努利方程) 鸟类翅膀的长度与飞行速度的对比实验	飞机模拟驾驶实验 飞机模型风洞吹风实验(升力) 飞机模型风洞吹风控制实验(机翼改变测升力) 新型气动外型飞行器设计(同等翼展或同等翼面等)	1	1	1		

(续表)

纲领性问题	问题视角	子问题示例 通识(G)、选择(O)、深度(R)问题	关联学科	实验活动 基础实验（或活动）	实验活动 创新平台实验（或活动）	模拟	控制	风洞	导航	视觉
飞机为何不会迷失方向？	飞机如何感知外界？	如何在太平洋上确定自己的位置？(O)	物理、地理、化学、生物、数学、信息	三轴加速度实验 力矩平衡实验	皮托管空速测量实验 基于图像外部环境识别实验 设计助盲导航系统			1	1	1
	飞机如何通信？	飞机如何与地面安全对话？(O)		电磁波发射与接收实验逻辑电路实验器	海明码编码\CRC编码实验 异或加密、解密实验				1	
	如何设计飞机航线？	如何设计上海到纽约的最佳航线？(O)		对流实验 不同含氧量下燃烧实验	飞行航线模拟驾驶 不同航线对比实验	1				
飞机如何飞才能更安全？	如何进行飞行环境管理？	哪些物品不能托运，为什么？(G)	物理、化学、工程	原电池的极端环境测试 强磁对通信电路干扰 动物毛发与皮肤细菌检测						
	飞机如何应对突发情况？	飞机上如何防治火灾？(O)		合成材料阻燃试验 灭火剂毒性实验	温度传感实验 烟雾传感实验					
		什么样的天气影响飞行？(O)		静电实验	极端天气模拟飞行	1				
	人类如何用智慧避免空难？	空难发生的原因对比分析(O)		铝合金航模疲劳测试 DIS实验、碰撞实验 空难典型案例分析研讨	双发失效实验 所有液压系统失效实验 升降舵卡阻实验 空难解决方案验证（活动）	1				
如何为飞机安一个"家"？	什么是好的？	为什么上海第二机场选址浦东？(R)	综合地理、政治、劳技	好机场标准研讨（活动）	对设计好的机场实验检验					
	家安在哪？	上海为什么建第三机场？(G)		同类案例分析（长沙国际机场、新加坡樟宜机场）						
	家如何设计？	如何设计一个机场？(R)			跑道设计实验 机场设计实验（3D设计和模型搭建）					

在这个"飞行·创想"课程架构表中,有别于传统的实验室课程,体现了以下特点。

(1) 低结构性。课程模块间没有严密的逻辑结构,"通识(G)"问题面对所有学生,"选择(O)"问题面对兴趣学生,"深度(R)"问题面对特长学生,长短不一、灵活可变,学生可以根据兴趣,随时随机加入课程学习,增加了课程内在的选择性。如学生既可以对"大飞机项目为何落户上海"这个问题感兴趣,也可以对"飞机为什么能飞上天?"这个问题感兴趣,不同学生、不同时段,学生都可以做出选择。

(2) 高融合性。"问题"基于真实的生活情境,为了"解决问题",必须打破学科间、领域间的界限,强调学科间知识的整合、应用与创新,增加了课程外在的生长性。例如,解决"飞机为什么能飞上天?"这个问题要综合运用物理、化学、生物、地理、劳技等知识。

(3) 强实践性。强实践性是课程实施的主要特征,课程以解决问题为导向,学生或基于实验平台,动手实验;或基于生活热点问题,开展主题研讨等;也可以根据研究问题,外出参观考察,实地调研等,增加了课程多维的体验性。

这样的课程是怎样开发出来的呢?开发流程如图 3-20 所示。

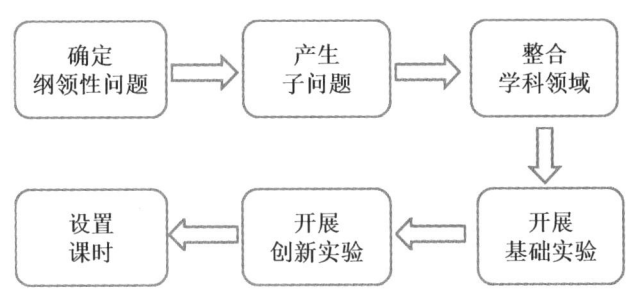

图 3-20 问题导向的课程开发流程

那么问题从哪里来?问题生成有哪些维度呢?学校通过探索,认为可以从多个角度引导学生产生问题,示例如图 3-21 所示。

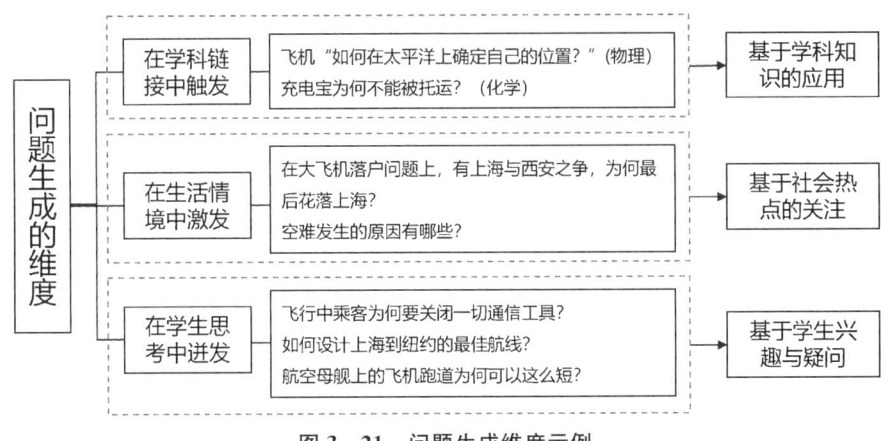

图 3-21 问题生成维度示例

问题导向的课程实施流程如图 3-22 所示。

2. 以"创新"视角研究项目

双新课程可以分为三个阶段,分别是准备创新阶段、体验创新阶段、自主创新阶段。准

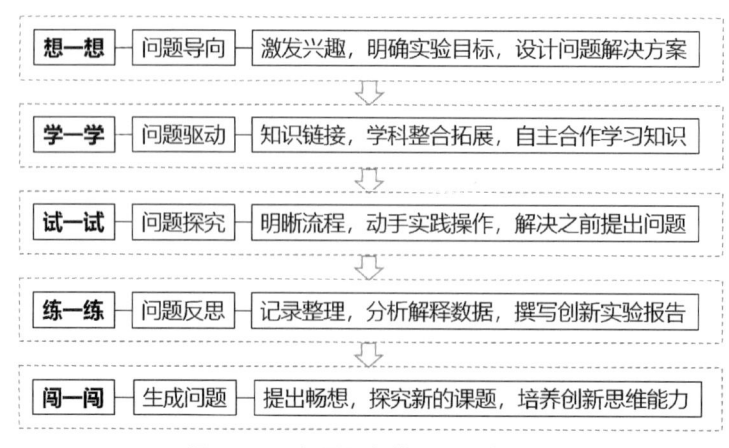

图 3-22 问题导向的课程实施流程

备创新阶段为参与科技创新课题的项目学习打好基础;体验创新阶段是核心阶段,围绕科技创新课题体验创新过程;自主创新阶段由学生自主提出课题并开展研究,是高阶发展阶段。三个阶段的划分既符合高中生知识、技能基础,也符合高中学习"自己做"的特点,是培养学生关键能力的崭新平台。

大同中学开发并实施的"CIE 课程",其中"I"对应"准备创新阶段";"C"对应"体验创新阶段";"E"对应"自主创新阶段"。

学校开展了中药 CIE 课程,整个中药创新课程链在不同学段递进开展,具体内容见表 3-23。

表 3-23 中药创新课程链

阶段	研究项目	项目目标
阶段一	动手学做化妆品 (结合基础化学课程)	制作含中药的化妆品,了解学科知识
阶段二	中药缓释剂的开发与研究 (结合 CIE 拓展型课程)	完成模拟课题,学习研究方法
阶段三	自主开展研究性学习 (结合研究型课程)	自主设计课题进行研究

学校依托 CIE 课程的理念引领,构建起"活动体验—模拟研究—自主研究"的三段式课程框架,引导学生从兴趣实验向科学研究转变,帮助学生更好地开展自主探究活动。

(四)文化行走

行走的本质是人在时空的延展追寻,行读课程通过文化与行走的实践融合,激活心灵,发掘潜在创造力,体现人的本质,实现教育与生活一体。文化行走是一种还原现场的情境式学习。当社会迈入 21 世纪"互联网+"的智能时代,传统的课堂教学方式暴露的最大问题是:学科知识作为间接经验快速促进了学生的认知,但学生难以产生直接感受。一旦学生难以理解和掌握的间接经验大量堆积,往往会背离人的发展价值。现代脑科学研究表明,大脑本身不能独立完成高级认知活动,大脑和身体通过与外部世界发生互动才能构成高阶思维。如果不断剥夺学生获取直接经验的渠道与时间,不仅会背离学习的本质,还将导致学生产生强烈的厌学情绪。

文化行走就是"走进社会,综合实践",通过"人文行走"的实践方式将学生带入真实情境,调动学习的积极性,贯通融合观览现实与历史、未来人情和想象,从而激发学生发挥身体知觉的认识能力,通过视觉、听觉、触觉的整体感知,最终与现实展开全方位的互动交流。文化行走是一种学科综合的实践性学习,而学科核心素养形成的主要途径是学科活动。

1. 建立"浸入式"生活体验场

"道德生活体验场"是曹杨二中组织和设计社会实践活动课程建设的理念,即借助行走于社会生活的真实场景(社会实践场所),再辅之以精心设计的活动,营造富有感染力的氛围,让学生"浸入式"观察和体验道德行为,引发道德冲突,进行道德判断,获得道德认知发展。其中,以这一理念为指导设计的成功个案是南京大屠杀遇难同胞纪念馆前的主题教育活动。学校把"道德生活体验场"范围逐步扩大,构建包容道德水平、成长经历、学习能力、人生规划等各方面的社会生活"体验场"。在此基础上,通过"任务导向"式的活动设计,加强对学生感知社会、观察社会、研究社会和提升自我等理性思维与学术修身能力培养,最大限度地实现社会实践的综合教育功能,逐渐达成"现代公民、博雅君子"的培养目标。

2. 创建艺术性的"幸福之旅"

上戏附中整合校本艺术资源,通过"走出去、请进来",集各方智慧、倾各方之力、聚各方能量,从菁菁校园到校外平台、从艺术传承到社会责任、从国际视野到民族发展,采用熏陶式与体验式的实施策略,培养兼顾全面发展和专业突破的上戏附中人。

"文化名人进校园"以文化名人为核心,构建系列主题活动,实现文化资源开发的最大化,丰富学生的文化内涵,提升学校的文化品质。"高雅艺术进课堂"则通过高雅艺术潜移默化地激发学生对美好的文化品质、艺术修养、正义事业的热爱和对进步思想、科学方法的追求,走进经典、以艺化人。

"幸福之旅"课程则是采用体验式实施策略,注重操作、实践,并指向学生在体验中的自然生成。

上戏附中的艺术文化旅行综合实践活动见表3-24。

表3-24 上戏附中的艺术文化旅行综合实践活动

课程板块	课程内容
人文之旅	利用暑假时间,组织学生前往历史名城如南京、北京、山东、西安等地游学
采风之旅	学生走出教室,前往西塘等地,在历史沧桑、小桥流水中体验艺术空间与生活空间的对照,形成创作灵感
红色之旅	学生前往南京、嘉兴、井冈山等地,重走红色革命根据地,缅怀前辈浴血奋战之不易
环球之旅	通过与美国ECA、澳洲科林伍德学校、以色列海法市艺术学校、丹麦Koge商学院等校之间的交流,培养学生的中国心、世界眼
公益之旅	以"上戏附中新青年志愿者先锋队"为组织形式,实施约25项公益项目

第四章

多元评价改革

评价很重要,评价很复杂,评价很专业,评价很艰难。评价改革是一个绕不过去的坎儿。学生综合素质评价绝非"升学考试变了花样带来的麻烦事",而恰恰是教育自身深化改革的题中应有之义。①

世界各国对学校评价或自评采取不同的态度:美国、加拿大学校不一定需要自评;爱尔兰、比利时、丹麦等学校视自评为责无旁贷的工作;英格兰、苏格兰、荷兰和法国要求学校自评,英格兰要求自评须伴随基于学校强项的行动计划,以求得改善和发展。

本章第一节先以英国、芬兰、日本为例阐述国外学校督导、评估或评价的共性和个性以及启示,然后介绍上海的学校督导性评价和综合素质评价,说明国内评价改革的趋势,最后阐述本项目的主要研究领域即课程领导力评价、基于证据的课程计划完善以及综合素质评价的实践探索;第二节至第四节是对课程领导力评价的具体说明:第二节重点阐述课程领导力评价指标、工具、测评案例以及评价提升课程领导力的实践;第三节重点阐述基于证据完善学校课程计划关注点以及实践案例来体现学校课程领导力的提升;第四节重点阐述学生成长记录册与综合素质评价的关系以及落实综合素质评价的实践案例。

---

① 尹后庆. 站在追求文化自觉的高度推动综合素质评价改革[J]. 人民教育,2017(14):51.

第一节　国内外评价改革

教育评价对教育活动具有重要的导向作用,既可以是积极的也可能是消极的。如何评价教育服务提供者——学校及其教育机构,使之能够促进学校的健康发展、最终让学生受益,是教育发展中的一个重要课题。

一、国内外学校评价

英国、芬兰、日本对学校的督导、评估或评价有很多共性,比如关注学校、教师、学生、课程、教学、学业等;也有不少个性部分,如英国关注学生学业成绩和学生行为,芬兰关注学生能力培养,而日本更加关注学校层面应该做什么。这些与评价的性质有关,英国定位为督导,芬兰定位为评估,日本定位为学校评价。

(一)英国的学校督导

英国教育督导的性质和定位,在国家层面上主要是通过教育督导来保证各级各类教育的质量。尽管英国的教育督导具有很强的独立性和专业性,但本质上还是属于国家教育行政的一部分,依照国家的教育政策、法律、相关标准对教育机构及其开展的教育活动进行判断和评价。[①]

英国中小学督导评价指标(见表4-1)。督导评价指标是教育督导工作实施的重要工具,是教育督导评估体系的重要组成部分。

表4-1　英国中小学教育督导评价指标与标准(2012)[②]

一级指标	内涵	标准
总体效能	指学校教育的质量。评价学校在多大程度上满足了学生的需求,其教学对学生学习的影响以及在改善或维持办学水准方面的领导效能	1. 学校是否达到"良好",或超过这一级达到"优秀" 2. 学校被评为"需要改善"是因为其他四个指标中有"需要改善"的,还是在满足学生精神、道德、社会和文化发展方面存在缺陷 3. 学校被评为"不合格",其重大缺陷何在,需要怎样的特殊改进措施
	评价学校在满足学生精神、道德、社会和文化发展方面的努力	1. 学校是否促进学生对信仰、价值观和更为深刻的人类问题进行反思,发展学生学习的兴趣,促进其成为善良、有责任感的个体 2. 学生是非观在多大程度上得到发展,在校内和校外生活中如何运用 3. 学生参加包括志愿者活动在内的需要社交技能的活动的情况

---

① 李建民.英国基础教育[M].上海:同济大学出版社,2015:100.
② 李建民.英国基础教育[M].上海:同济大学出版社,2015:103-105.

(续表)

一级指标	内涵	标准
总体效能	评价学校在满足学生精神、道德、社会和文化发展方面的努力	4. 学生对多样性的尊重和意识,如性别、种族、宗教和信仰、文化、性取向和残疾 5. 学生从学校踏入下一个教育与培训阶段的过程中是否全面了解自己所面临的挑战和选择 6. 学生是否能够欣赏戏剧、音乐、艺术和文学 7. 学生是否具备充分地、积极地参与现代民主英国社会生活的技能和态度 8. 学生是否会对一些文艺、体育和其他文化机会做出积极响应 9. 学生是否理解并欣赏校内的不同文化,并将其发展为未来生活准备的基本要素
学生成绩	主要关注学生的学业成绩。在考察过程中督学要考虑学生的起始水平	1. 与学生自身的起点相比有所进步 2. 学生作业的质量以及入学以来取得的进步 3. 学生的技能得到发展并在课程学习中应用,包括阅读、写作、交流和数学技能 4. 学生已经做好步入下一个教育、培训或工作阶段的准备 5. 残疾学生和有特殊教育需求的学生在入学以来有所收获 6. 不同组别学生的成绩差异有所缩小 7. 学生毕业时学业成绩达到法定标准 8. 享受学生津贴的学生入学后成绩有所提高
教学质量	教学最重要的目的是提高学生学业质量。包含整个学校课程在内的学习活动的计划和实施、教师对学生的记分、评价和反馈以及教师的支持与干预策略、教学在促进学生精神、道德、生活和文化发展过程中的影响等	1. 所有学段和学科的教学是否促进学生的学习和进步 2. 教师始终对学生抱有较高的期望 3. 教师是否通过在课堂上系统而有效地检查学生,理解学生情况,并做出适当干预,从而提高学习质量 4. 阅读、写作、交流和数学得到很好的教授 5. 教师的记分和建设性反馈有助于学生的学习 6. 教学策略,包括设置适当的作业、支持和干预能够适合个性化的需求
学生行为与安全	考量在一定时期内学生的行为和安全,帮助督学判断学校在多大程度上促进了学生的精神、道德、社会和文化发展	1. 学生的学习态度 2. 学生在学校和课堂上的行为表现 3. 学生如何对待其他年轻人和成人,是否受到欺辱、骚扰和歧视 4. 学生在学校与课堂中的出勤和守时情况 5. 教师如何管理学生的行为和期望,以确保所有学生能公平地在一个受尊重、有尊严的氛围中成长和学习 6. 学校在多大范围内确保行为管理的系统性和一致性 7. 学生是否有安全感,是否能适当地评价和管理危机并保证自己的安全 8. 学校领导和管理者在学校多大范围内创造积极的风气

(续表)

一级指标	内涵	标准
领导和管理	所有学校领导的影响、学校管理的效率和效用是督导的重要内容。督导特别强调在各个层面上的领导和管理如何促进教学的提升、让所有学生克服学习上的困难	1. 设定远大的学校愿景，对所有学生和教师抱有较高期望 2. 通过高质量的教学、领导能力和较高的职员专业水准，提升学校水平，发展学校不断改善的能力 3. 保证所有的教师能够从适当的专业发展中获益，并保证业绩得到严格管理 4. 准确评估学校的优势和弱势，并利用评估结果促进学校改善 5. 提供宽广而均衡的课程，满足所有学生需要，能够让所有学生发挥其全部教育潜能、在学习上取得进步，并促进学生良好行为和安全以及精神、道德、社会和文化发展 6. 促进学生在知识领域的学习和进步 7. 促进家长参与支持学生学业、行为和安全、以及精神、道德、社会和文化发展 8. 采取措施提升学生的安全，保证学生的在校安全

英国中小学督导过程分为督导前、督导中和督导后三个阶段。

第一，督导前阶段(Before the Inspection)。在实施督导前，教育标准局会根据被督导的学校类型及规模决定督导小组的人数、督导时间、督导建议总量、督导期间的主要事项、督导报告的内容构成等。组建督学小组后就要收集和整理被督导学校的相关信息，制定督导计划，准备督导工作的实施。督导小组计划和准备的过程中，组长(The Lead Inspector)要在充分了解学校近期表现及其变化的基础上，填写督导准备结果表(EFs)；还要组织整个督导小组的准备工作，包括督导前所收集的信息分析以及需要重点跟进的领域。督学在这个阶段也可以要求学校提供自评报告等。

第二，督导中阶段(During the Inspection)。在进入中小学开展督导过程中，督导小组主要完成两项任务，一是在收集和分析相关一手资料，获取评价指标所求的信息；二是在收集和分析信息的基础上形成对学校效能和质量等各个方面以及整体的判断。在收集一手资料的过程中，督学可以运用多种方法，包括实地现场调查、文献分析等。督导小组深入中小学时，首先要与校长及学校高级管理团队进行简单会晤，安排督导议程。接下来，督导组将会深入到教室观察课堂，并与高级职员和教师进行讨论。除了观察课堂外，督导组在学校开展督导工作的过程中还要与学校管理层密切接触，收集家长及其他利益相关者的意见。

第三，督导后阶段(After the Inspection)。主要任务包括向学校反馈初步督导结果、形成和发布督导报告。

2002年，英格兰和威尔士地区的中等学校率先开始推行增值性评价模式，2006年在全国范围内全面整合进学校评价体系。学校增值评价主要是指通过学校的影响，学生在开始和结束时相比较所产生的变化，有些变化可以量化测量，而有些变化却难以考察。对这些变化进行的评价就是学校增值评价。作为一种发展性的学校评价方法,英国中小学增值评价结果的使用更强调与学校改进联系起来。①

(二)芬兰的学校评估②

在芬兰的教育质量管理体系中,教育评估的主要对象是教育过程、教育消费者的满意度,通过教育评估来形成教育发展的基础。芬兰的教育评估分为国家层面、地区层面和学校层面。

学校自我评估的责任主要在于校长和教师。学校自我评估的目的是改善学校的教学活动。在学校自我评估的过程中学校的优点和不足都会得到分析,从而找出学校发展的最佳目标。

学校自我评估从召开学校全体教职工的会议开始。通过全体教职工大会,可以讨论自我评估的需要和确定合适的评估时间框架与进程。一般而言,学校的自我评估涉及的是学校的发展,或者聚焦于一个明确的领域来进行评估。在评估结论的基础上,学校还应该规划接下来的学校发展措施和时间表以及各项发展任务及其责任人。在整个学校自我评估的过程中,校长要扮演非常积极的角色。在大多数情况下,学校自我评估有必要安排一些员工培训来支持整个自我评估过程。一般来说,自我评估成功的关键在于,人们能够对评估的目标达成一致,有获取评估信息的实用程序。

学校的内部评估或自我评估框架可以用依据国家教育评估的目的而设计的教育评估框架。

A. 效率的评估

a. 教育供给

● 教育的目标是否符合社会、工作和个人的需要?
● 学校是否容易到达?
● 怎么提供指导和信息来帮助公民进行教育选择?

b. 教育的时效性和自我更新能力

● 教育过程中所使用的教学大纲、教学方法和工作方法是否会及时更新?
● 教育包含了对新发明的使用吗?

c. 教学安排、教学质量和合作伙伴

● 教育的价值基础是经过思考的吗?
● 在教育中,大家公认的学习的概念是什么?
● 学校中的课程是怎样制定和实施的?教学活动是怎样的?
● 所提供的教育包含了多少选择?在教学实践过程中个人的学校计划会在多大程度上被尊重?
● 学校是否能够获得全面的、时常更新的学习资料?
● 图书馆是怎么样的?
● 特殊教育的需要是否被考虑?

---

① 李建民.英国基础教育[M].上海:同济大学出版社,2015:120-122.
② 唐建朝,李栋.芬兰基础教育[M].上海:同济大学出版社,2015:190-219.

- 是否对那些阅读困难学生提供了足够的帮助?
- 是否安排了其他合适的特殊教育?
- 学习指导和学生咨询是怎样进行的?
- 学习材料怎样符合学习目标的要求?

d. 学校和家庭之间的合作
- 使用了何种形式的合作来支持孩子的发展?
- 学习和学校工作在多大程度上被认为是一件快乐的事情?
- 怎样考虑学生的差异?
- 教师在多大程度上能够胜任教学?
- 教学框架是否会及时进行更新?

e. 受教育年限(略)

f. 退学/毕业(略)

g. 教育中的重叠(略)

h. 工作人员
- 教学工作人员都有怎样的教育背景和工作经验?
- 教学工作人员的教育和能力水平是否符合其所提供的教育的要求?
- 是否有外部专家能够为学校的发展提供帮助?
- 学校工作人员的在职培训是怎样安排的?
- 学校教师以外的工作人员是否达到了足够的资格水平?
- 采取了什么样的措施来确保教师良好的教学能力?
- 学校内部的教师之间,不同学校的教师之间是否进行了积极的互动?

i. 学校设备(略)

j. 学校管理
- 人们是否意识到了学校的管理规定?
- 学校的指导纲要能够支持学生的学习吗?
- 学校的管理规定会及时地更新吗?
- 学校的管理规定是有益于学生的吗?

k. 学校的管理文化
- 学校的管理文化支持学习吗?
- 学校的工作氛围是鼓励的、开放的和激励的吗?
- 在教学计划和评估中,教师和校长是怎样合作的?
- 教师在职培训的个人管理和计划系统是怎样运行的?
- 学校材料是怎样被管理的?
- 学校与当地其他教育机构是怎样融合的?
- 学校的交流网络是怎样运行的?

B. 有效性评估

a. 完成教育目标:学习成果
- 课程中所制定的教育目标的达成情况如何?

b. 学习能力
- 学校教育在多大程度上提高了学生的学习能力?
- 学生的问题解决能力得到提高了吗?
- 学生获得、处理和使用新信息的能力得到提高了吗?
- 学生的自尊和对学习的积极态度得到提高了吗?

c. 交流能力
- 学生交流能力(视觉能力、读写能力、口语能力)发展情况如何?
- 学生的社交能力在多大程度上得到了改善?
- 学生使用电子通信的能力发展如何?
- 学生会被鼓励用外语交流吗?

d. 自我发展的动机
- 学校是否成功地传递了终身学习的理念?
- 学习是怎样提高或者降低学生的自我发展的愿望的?

C. 经济效益的评估(略)

正确的教育评估理念是芬兰教育评估的先导,具体而言,芬兰的教育评估是基于以下理念：① 教育评估的目的是为促进教育发展服务,而不是为了管理控制教育提供者；② 教育评估不是为了进行学校和学生的排名,促进学校之间的相互竞争,而是为学校自身的发展提供反馈,促进学校的自身发展；③ 教育评估的信息面向教育行政部门、学校、家庭,但是必须尊重和保护相关人员的隐私；④ 评估不实行官僚的问责制,而是倡导学校和教师为学生的学习结果负责。

芬兰教育评估的重要特色之一是建立了国家、省级、市级和学校四个水平的多层次教育评估体系,并且对每一个水平的评估主体、评估内容、评估目的和评估方式都有着非常清晰的描述。芬兰教育评估的重要特色之二是制定了科学有效的教育质量标准,为教育评估提供了切实可行的指标。

(三)日本的学校评价[①]

2008年,日本文部科学省制定了"学校评价指南"。学校评价的目的在于放宽学校自主权,在提高学校管理的自主性、自律性基础上,对学校进行教育成果检验;通过提供必要的支持和学校管理,使学生能够享有更好的教育,保证教育质量,提高教育水平。

文部科学省规定学校评价的实施方法有三种形式:一是各学校组织本校教学自主开展的"自我评价";二是以学生、家长、社区居民等相关人员组成的"学校相关者评价";三是由学校和办学机构实施,聘请外部的学校管理专家,在"自我评价"和"学校相关者评价"的基础上,从专业视角对学校的教育活动和学校经营及管理进行的"第三者评价"。

文部科学省制定的学校评价指南提出学校评价的指标体系(见表4-2),其中主要项目包括以下十项基本要素:教育课程与学习指导;学生指导与管理;职业规划与指导;特别支援教育;保健教育与管理;学校安全管理;学校组织管理;教师研修;家、校、社区三位一体;设备设施利用等。

---

① 田辉.日本基础教育[M].上海:同济大学出版社,2015:169-190.

表 4-2 日本学校评价指标体系

评价项目	评价科目	评价指标例
教育课程与学科指导	课程编制与管理	1. 教育课程的编制与学科指导计划实施情况 2. 学科教学指导体制的建立与课时数 3. 体验学习与学校例行活动管理与实施情况 4. 图书馆的有效利用与读书活动推进情况 5. 课外活动的管理实施情况 6. 学生学力调查(结果) 7. 学生运动、体力状况调查(结果) 8. 学业成就评价 9. 学生成长情况不同视角的评价与评定
	学科教学与指导	1. 教师掌握讲解、板书、提问的教学方法情况 2. 视听教材与教学仪器以及教材教具使用情况 3. 学生的自主自发性学习情况 4. 个别指导、活动指导以及个性化指导情况 5. 计算机教学等信息化程度 6. 利用当地资源开发校本教材、课程情况
生涯规划指导	生涯规划与心理咨询	1. 生涯规划与发展指导体制的建立 2. 劳动观、价值观、就业观与教育实施情况 3. 发展咨询与指导实施情况 4. 生涯规划的设施装备情况 5. 职场体验与就业体验活动的开展情况
学生指导	学生指导现状	1. 学生指导体制的建立 2. 问题行为的防范与对策 3. 突发事件防范设施和机制的建立 4. 家、校、社区联合机制的建立 5. 学生出席率、迟到早退情况
	学生品格发展指导	1. 品格培养教育情况(主动性、独立性、自律性、责任心) 2. 家校联合培养良好行为习惯的实施情况 3. 人际关系、社会交往的指导情况 4. 生命与环境教育实施情况 5. 社会责任意识和行为规范指导与养成情况 6. 生活习惯的建立与人格养成情况 7. 学生问题行为统计
保健管理	建立学校健康保健咨询机制	1. 麻醉药品与健康指导 2. 法定学校保健计划的实施与环境卫生管理 3. 学校健康检查、预防保健与健康管理措施 4. 健康诊断的实施情况
安全管理	建立学校应急机制	1. 学校、家庭、社区相关团体相互沟通关系的建立 2. 法定安全计划的实施与落实情况 3. 危机管理手册的制作和应用情况 4. 安全检查与安全教育的实施情况

(续表)

评价项目	评价科目	评价指标例
学校管理	校务管理	1. 校长履职能力及被信赖程度 2. 学校管理及岗位责任制度的建立 3. 教职工代表大会制度的建立情况 4. 学校财务管理情况 5. 考勤、进修等人事管理 6. 管理信息的公开程度
教师教学	建立学习机制	1. 课程研究与教学改革实施情况 2. 校内研修机制的建立 3. 参加校内外进修情况 4. 聘用制教师的资质管理 5. 指导能力不足教师情况的掌握与应对
办学目标与学校评价	设定发展目标与实施自我评价情况	1. 满足社会需求的教育目标的确立情况 2. 根据学校定位设立中、短期发展计划 3. 根据设定目标开展自我评价 4. 利用自我评价结果调整下一年度发展目标情况
	实施学校关系者评价情况	1. 每年一次实施学校关系者评价情况 2. 学校关系者评价结果采用情况 3. 学生、家长、社区代表对学校的满意度 4. 学生、家长、社区代表对课程教学的意见反馈
信息公开	建立信息公开机制	1. 提供学校相关信息 2. 学校开放的实施情况 3. 学生个人信息保护情况 4. 学校自我评价、教育相关者评价结果公开 5. 学校信息提供手段渠道
实施条件利用	设施设备	1. 设施设备利用情况 2. 与办学主体联合实施校舍定期安全检查与管理情况 3. 校舍安全维护情况 4. 应对多样性学习内容和学习形态的校舍改扩建情况 5. 与办学主体联合实现学校信息化程度
	教材教具	1. 与办学主体联合装备图书、教材、教具情况 2. 与办学主体联合改善学习与生活环境的措施

  文部科学省制定学校评价指南的目的是为了给学校在开展学校评价过程中提供参考，而学校评价指南本身并不具有强制性功能。

  学校评价只是日本学校教育质量保障体系和质量提高循环过程（PDCA）中的一个重要环节，其最终目的是为了根据学校评价的结果，促使各学校主动查找不足，积极采取措施改善教学管理，提高教育质量。

（四）上海学校发展性督导评价

  学校发展性督导评价、综合素质评价和课程领导力评价都是上海评价改革的探索，看似没有联系,实际是密切关联的。例如,学校发展性督导评价可通过学校评价来看学生发展,综合素质评价可通过学生的评价看学校发展,课程领导力评价试图把学校评价和学生评价联系起来。

2005年,上海市教育委员会、上海市人民政府教育督导室印发《上海市关于深化与完善"学校发展性督导评价"工作的若干意见》,旨在教育行政部门和教育督导部门服务与指导学校发展、推动与促进学校发展的管理与监督效能,推进依法治校工作,积极构建有利于中小学依法自主办学,加强学校内涵建设的教育督导保障机制,全面实施素质教育,整体提高基础教育质量与水平。

督导以实施素质教育为核心、促进学校内涵建设为重点,面向每一所学校。督导评价从关注学校外显的办学行为向关注学校内在的发展需求转变,注重对学校依法办学行为的评价;注重对学校加强未成年人思想道德建设、教师队伍建设、中小学课程教材改革实施、学校文化营造、办学特色形成的评价;注重对学生全面发展、教师专业成长和学校进步的评价;注重对学校自我设计、自我反思、自主办学能力的评价,促进不同层次的学校的持续发展。教育督导强调诊断、导向、指导、激励的功能,既要加强对学校各类违背教育方针的办学行为的督导评估,又要为提高学校的教育质量和办学水平提供有效的专业支持与服务。在开展"学校发展性督导评价"过程中,主动听取学生、家长、社区对学校工作的评价,提高社会对学校办学质量的满意度,逐步实现评价主体多元。

通过督导工作的落实,加强学校内涵建设,提高依法自主办学的能力,形成自我诊断、自我完善、自我发展的内在机制,促进学校持续发展。

(1) 根据国家的教育方针和素质教育的要求,精心制订学校发展规划。要在学校发展背景现状分析、发动教职员工共同参与和听取社区、家长意见的基础上,制订体现现代教育理念和办学思想,体现教育改革发展要求,体现学校、教师、学生共同发展的学校发展规划,以规划目标来统一教职员工的思想,凝聚人心,并将学校先进的办学理念和发展目标落实到各项办学活动之中,落实到教职员工的具体教育教学行为之中。

(2) 坚持依法治校和以德立校为重点,落实措施形成学校发展规划实施的动力机制。学校要以学生发展为本与促进教师发展有机结合,高起点、高标准制订学校发展规划,加强内涵建设。通过校本教研和校本科研,提高教师职业道德和教育教学能力,为教师专业成长搭建舞台;通过上海市中小学课程教材改革和发挥团队组织的作用,加强以爱国主义为核心的民族精神教育和思想道德教育,丰富学生的校园文化生活和社会实践活动,切实减轻学生过重的课业负担,为学生主动发展创设良好的条件,提高学生学习、探究和实践能力;通过学校内部组织环境的改进和各种资源的开发与利用,提高学校自我发展的能力,逐步形成师生共同认同的学校文化和办学特色。

(3) 要以达成学校的发展目标为契机,形成学校发展规划实施的责任机制。学校要建立与完善规划实施的目标责任制,明确规划的阶段性目标,将任务分解到部门与教师个人,责任到人,并采取切实有效的监管措施,加强部门与个人的自我监控与调节,通过双向互动、团队合作,增强教职工的主体意识和实施能力,提高规划目标的达成度,实现共同发展的良好愿景。学校的发展成效,最终体现在教师专业发展和每一个学生全面主动发展目标的达成上。

(4) 建立规范的学校发展规划自评制度,形成学校自我评价与外部评价互动的监控机制。学校要把自评作为促进学校依法自主办学和促进教师与学生的发展的一个重要环节,作为现代学校建设和校本管理的一项重要内容。校长要根据学校自身发展的需要,健全学校内部管理信息系统,建立学校发展规划的年度自评和综合自评制度,准确设定自评目标、建立健全自评组织,严格规范自评程序,将单项评价与综合评价、个体评价和部门评价有机结合。学校在自评过程中,要扩大自评主体的参与度,重视教师、学生的互动评价,重视社区、家长及教育督导等部门的意见反馈,对自评过程中发现的问题采取积极的措施加以改进。学校要逐步建立"校长问责制度"和部门工作目标责任制度,使自评过程成为自我诊断、自我反思、自我调控、自我完善、自我发展的过程,成为学校一项持续不断的常规工作,从而积极推进现代学校制度建设。

2017年,上海市教委开始对市实验性示范性高中进行发展性督导,深入了解实验性示范性高中在新高考制度背景下的人才培养情况,凝练和总结具有示范辐射效应的改革经验。

二、上海多元评价探索

(一) 以评价提升学校课程领导力

1. 开展课程领导力评价研究的原因

第一轮课程领导力项目,以51个子项目学校和一个整体研究区为点,为解决课改实施中目标与成效间存在的落差,以"学校课程计划、学科建设、课程评价和课程管理"为主要突破口,历经四年的大规模行动研究,初步形成"校本化实施课程的有效途径""提升学校课程领导力的运行机制"" '大兵团'协同攻关的行动研究范式"等成果。

然而,第一轮课程领导力项目研究还留下了需要进一步攻关的课题,比如课程领导力评价。由于课程领导力的评价指标、测评方法等方面的研究不够深入,影响了对课程领导力实践研究的指导,项目学校在行动研究过程中比较关注的是研究内容本身,未能很好地回应课程领导力是否得到提升。

2. 课程领导力评价研究过程

课程领导力评价研究环节具体内容见图4-1。

(1) 课程领导评价预研究

在第一轮课程领导力项目研究中结合文献研究、实践研究,结合上海课程领导力现状和发展需要,课程领导力项目组提出课程领导力模型和指标体系:课程领导力包括课程思想力、课程设计力、课程执行力和课程评价力(见图4-2)。课程思想力分解为思想的前瞻性、愿景的一致性和文化的现代性,包括正确的教育思想、教育哲学,还包括愿景性和民主性等;课程设计力分解为方案的合规性、规划的科学性和举措的操作性,包括把教育思想转化为课程计划等的能力,体现建构性;课程执行力分解为实施的有效性、专业的支持性和资源的保障性,包括组织实施能力、协调能力、指导能力等;课程评价力分解为目标的导向性、监控的即时性、改进的适切性,包括完善、改进与评价等能力,体现批判性反思。

笔者认为课程领导力的结构不是一成不变的,而是要与时俱进,引导学校领会课程领导力,自觉提升学校课程领导力。学校课程领导力的结构,就是从学校问题解决思路中提炼出

第四章 多元评价改革

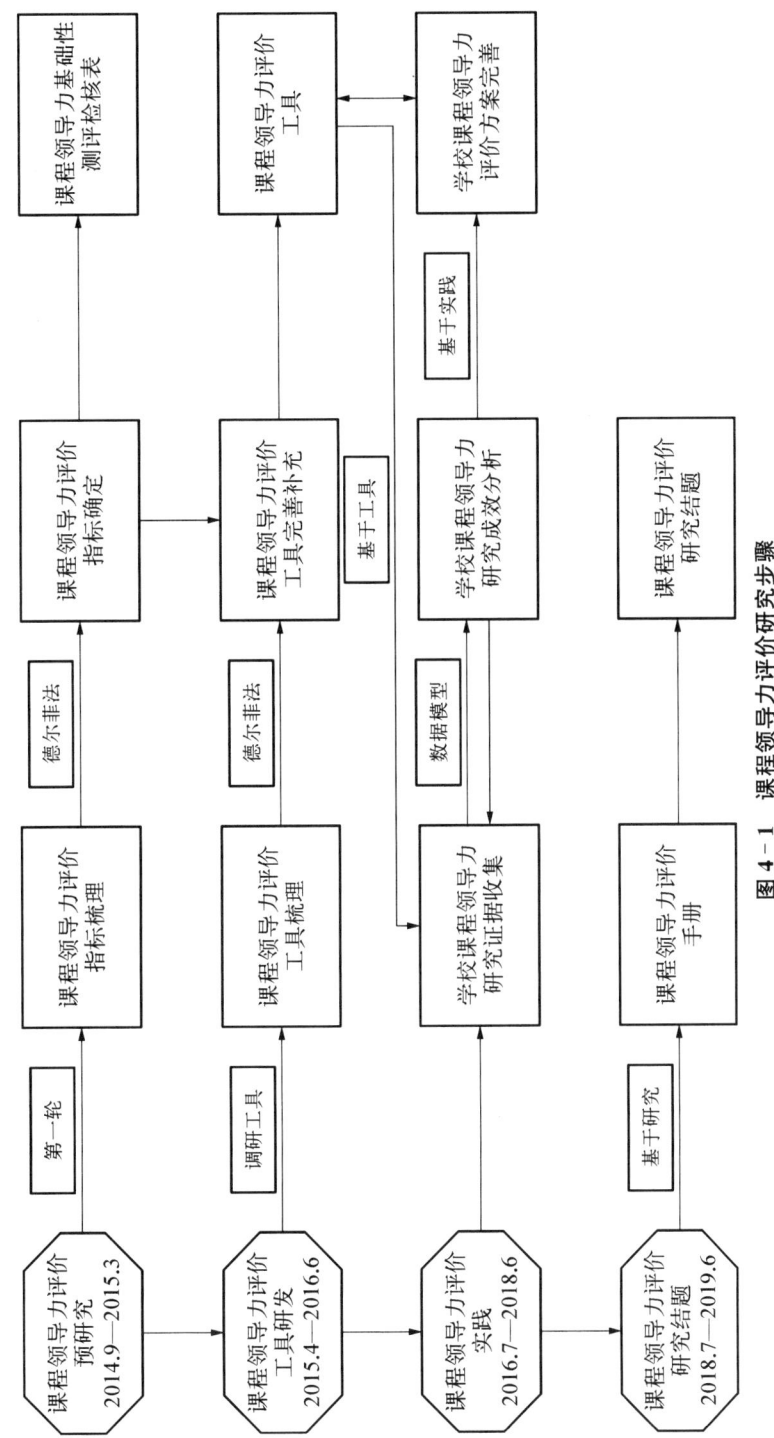

图4-1 课程领导力评价研究步骤

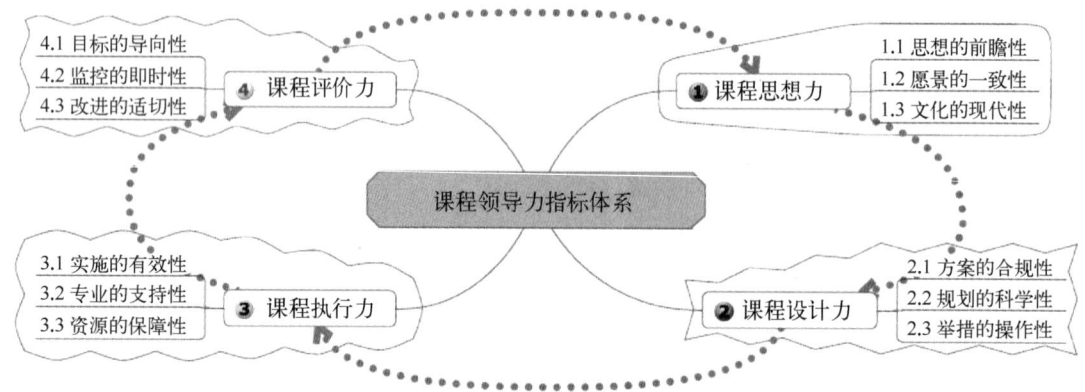

图4-2 学校课程领导力一级指标和二级指标关系

来的,这些是问题解决的大环节、循环环节。每个环节都由几个要素组成,环环相扣。

对上述研究成果,采用德尔菲法,采用背对背的通信方式征询专家小组成员的评定意见,经过几轮征询,使专家小组的评定意见趋于集中,最后形成符合学校课程领导力评价指标。

阶段研究成果为:① 专家对学校课程领导力测评构想认可。专家对学校课程领导力基础性测评、发展性测评、特色测评,认可度较高。② 经过两轮的专家对学校课程领导力评价指标的评定,就一级指标和二级指标形成基本共识。③ 多数专家认为课程领导力测评要简化,要给学校一定的课程自主权。④ 专家建议,不能测评或不易测评的指标删除。⑤ 在指标的设计过程中需要考虑学段特点,例如,高中学段和幼教学段,在学校课程领导力测评载体和方法方面有很多不同的地方。

(2) 课程领导力基础性测评表到评价标准

基础性测评表研制经历了以下过程:课程领导力评价指标及检核条目→学校完成举例/说明→学校课程领导力测评标准(征求意见稿)→听取项目学校专家意见→学段学校课程领导力基础性测评表(试行稿)→学校自评课程领导力平台建设→学校自评课程领导力数据积累。

为了了解课程领导力项目学校研究起点,总项目组通过基础性检核表来进行:① 学校填写附件的主要目的是为本校课程领导力进行自评,确定研究起点。由学校根据实际如实填写。② 考虑到"数据或者程度"判断比较抽象,各校判断标准不一样,增加了"举例/说明"板块。由学校用"关键词句"填写最重要的判断依据。③ 学校填写好附件后交给总项目组,总项目组对"举例/说明"进行统计分析后给学校提供"数据或者程度"判断依据(举例/说明)。④ 学校根据总项目组提供的依据(举例/说明)进行再评,作为学校课程领导力项目前测。

从学校填写的"举例/说明"来看,各个学校对基础性型检核表各指标以及判断的标准差异很大,于是开展了"举例/说明"到评价标准的探索:① 举例说明到评价标准,是必须要做的事情。因为目前学校填写的评价标准不一样,数据没有可比性。研制的评价标准是基于学校实际,基于学校认识归纳、提炼出来的,这未必很科学,但有实际意义。这个评价标准具有时代性、与时俱进,可以修改完善。这一评价标准的价值在于引导学校关注、评价者形成共识。② 评价标准的研制策略为：评价标准大致由要素、程度组成；评价标准可以分三档，即1、3、5(见表4-3)，至于2、4，学校可以根据1、3、5标准进行判断。评价要素的确定，一方面参照学校举例说明，并通过课程领导力因素确定。每个指标，要素不要太多，以便精准判断。评价标准的要点：内容、清晰度、可行性、可信度。评价标准的研制过程中"自上而下"和"自下而上"相结合，自上而下体现在评级指标的演绎，自下而上体现在举例说明的归纳。评价标准体现学段特点，允许在学段之间有一定的差异。③ 基础性检核表是不断完善的过程。

表4-3 学校课程思想力评价指标与等级评分规则例举

二级指标	观察点	等级评分规则		
		1	3	5
K11思想的前瞻性	课程愿景确立的依据充分、合理	学校确立了课程愿景，并进行相关阐述	基于对国家育人要求、时代发展需求、学校传统历史、学生生源特点、学校办学实际等要素的分析和梳理，确立学校课程愿景，进行清晰阐述	课程愿景的确立有充分的事实根据和理论根据，体现学校办学特色和价值追求，体现科学性、前瞻性、适切性
	课程目标呼应办学理念	有明确的课程目标，并进行分解和阐述	课程目标体现学校办学理念，支撑学校办学目标，呈现高相关，能引领学校课程发展	课程目标体现对办学理念的践行和演绎，阐述清晰，具体扎实，全面引领课程建设、实施、评价各环节，在课程建设过程中有适当的调整与发展。长远目标清晰，近期目标具体
	课程建设体现以生为本	关注学生学习需求，积累了一些校本课程，各年级自主选修课程开设数目与班级数之比低于1.5∶1	各年级学生自主选修课程开设数目与班级数之比高于1.5∶1，课程内容丰富，学生有自主选择课程的权利	学校不断建构优化课程，既满足学生学习的共性需求，又满足学生学习个性需求，关注学生学习体验，凸显学生学习主体性，引领支持学生核心素养的提升

通过评价标准研制、数据采集工具开发、依托项目学校试评估等过程，确立由4个一级指标、12个二级指标、36个观察点构成的评价指标体系，完成课程领导力现场测评标准(含1、3、5等级的评价标准)和获取信息途径(详见本章第二节)。

(3) 课程领导力评价工具研发与现场测评

基于2015年课程领导力现场测评研究成果，项目组听取项目学校和专家对课程与教学调研工具及领导力指标关联度意见，进一步明确二级指标的观察点，形成文本分析表、课堂观察记录表、访谈提纲、教师/学生问卷等测评工具。评价标准和测评工具开始应用于学校自我诊断，通过课程领导力评价获得的证据开始应用于学校课程计划的持续改进和完善，并在部分学校现场试测。在区课程与教学调研期间探索课程领导力现场测评，对课程领导力评价指标、评价工具和评价流程等进行检验。

3. 课程领导力评价经验

(1) 课程领导力评价研究是互动生成的

课程领导力评价是项目研究的重难点,是第二轮课程领导力项目中需要重点攻关的内容。课程领导力评价研究和项目学校研究同步进行,采取的策略是:① 边研究,边收集;先收集,后评价。② 双向互动,学校提前参与课程领导力评价研究,学校为课程领导力评价提供实践依据(实证);项目组介入学校课程领导力评价,为学校课程领导力研究提供(专业)支持。③ 课程领导力评价贯穿在学校研究的全过程。

(2) 课程领导力评价指向工作改进

学校课程领导力是学校在解决课程教学问题的过程中呈现出来的。学校解决问题的关键在于:是否有正确的价值观和方向,设计解决问题的方案并有效落实,且在问题解决过程中不断修正,最终解决问题。这种能力,无论是大事还是小事,显性还是隐性,都涉及思想、设计、执行、评价的环节,即学校课程领导力。学校课程领导力的结构,就是从学校问题解决思路中提炼出来的,即课程思想力、课程设计力、课程执行力、课程评价力。

课程领导力的测评是间接测评,通过体现课程领导力的相关理念、制度、文本、行为表现、环境创设等内容来体现。能反映学校课程领导力的素材主要有以下 3 个方面。

资料层面:① 学校办学章程,学校发展规划,学校课程教学相关制度:学校德育制度(节庆文化活动、社团),学校课程开发制度(准入、审核),教研备课制度、作业制度、学生生涯指导(选课)、考试评价制度、场馆使用制度);② 计划总结:学校课程计划及其总结,学科课程实施计划及其总结,教研备课组计划及其总结,德育工作计划及其总结;③ 过程性记录:综合素质评价(学生成长记录册),教研组备课组活动记录;④ 校本课程。

现场表现:课堂教学、教研备课活动、教师座谈、校领导访谈、学生座谈。

校内设备资源:图书馆、多媒体、科学技术艺术等实验室(专用教室)、体育场馆等;消耗性资源配置;经费投入。

(3) 课程领导力评价为多元测评

因循学校课程领导力评价的目的,凸显评价对学校课程更新与教学改进的促进作用,学校课程领导力测评主要分为基础性测评、发展性测评以及特色测评等方式。在评价过程中,强调学校自评以及与其他测评人员的互动协商。

① 基础性测评

根据学校课程领导力评价指标和观察点,选择反映评价内容的基础性数据和材料,如校本课程数与班级数之比、社团数与班级数之比、各类课程开设情况、教研制度及其落实情况等,形成学校课程领导力基础性测评表。基础性测评指向的是最基础的检核条目,学校可以根据实际进行补充完善。基础性测评主要由学校自主开展,学校可抽样组织不同层次的教师和学生,组织课程领导力自评小组,通过集体讨论客观地进行自我诊断评价。自评小组可根据自身对学校课程理念、架构、实施、评价以及教师专业发展等方面的了解情况,对学校课程领导力水平做出相对笼统的评价。学校课程领导力基础性测评是课程领导力测评的重要组成部分,能为学校自我诊断与改进提供依据,并能再次检视学校课程领导力变化发展情况。学校课程领导力基础型测评适用课程领导力项目学校,也适用于非项目学校。

② 发展性测评

基础性测评能够在一定程度上反映学校的课程领导力水平。然而，由于基础性测评更加关注学校在测评内容上的数量多寡、制度机制有无等表现，且主要由学校自我进行评价，很难基于对学校课程领导力的内涵理解做出质上的精准评估。因此，需要组建由课程专家、学科专家、教研员、校长以及测评对象等多方人员构成的测评团队，根据各评价指标的观察点和各等级评分规则，通过文本资料阅读、现场观摩、座谈访谈、问卷调查等途径采集证据，对学校课程思想力、设计力、执行力和评价力做出综合评价，确定学校课程领导力水平以及提升空间。值得注意的是，发展性测评不是外部专家对学校单向的评价，而是测评团队与学校互动的过程。

③ 特色测评

基础性测评与发展性测评是对学校课程领导力的全面检视与诊断，需要调动较多的资源。为更有针对性地进行诊断和改进，或为了挖掘、提炼优质学校的课程领导经验，可根据学校工作重心、优势或不足之处，选择某些指标或观察点进行学校课程领导力特色测评，为学校个性化提升课程领导力提供实践依据。

（4）课程领导力评价引领项目研究

课程领导力的测评过程以及测评结果的反馈，对课程领导力的提升有一定的正面作用。第一，通过课程领导力的测评，对学校课程领导力内涵和要求有更加深刻的认识，明了学校课程领导力提升的着力点；第二，通过课程领导力的自评和他评，对学校在课程领导力方面的问题进行诊断和分析，为学校改进课程领导机制、策略，提高课程领导水平提供实践依据；第三，在课程领导力项目中，以课程领导力指标为根据，开展更有针对性的行动研究，切实以项目为载体，助推学校课程领导力提升。

（二）基于证据完善学校课程计划

1. 实践探索

研制课程计划是两轮课程领导力项目的必选项目。那么，第二轮和第一轮有什么区别呢？第二轮更加强调基于证据，这源于学校课程计划中的问题，也源于目前新高考改革背景。

目前，学校初步理解课程计划的完善需要基于证据，但是对证据的理解、收集证据的过程存在一定的困惑和困难，主要表现在以下方面：① 证据意识较为薄弱。虽然知道需要证据，但是实践中往往忽视证据，用主观体验和感受代替事实和证据。② 证据的来源和形态比较局限。例如，只重视外评的证据，忽视来自学校内部发现的证据。只注重静态文本性的证据，而忽视课程运行过程中动态、变化的证据。③ 证据零散，未建立关联。例如，只是在偶发、片段的场合收集证据，尚未思考、设计和建立较为系统的证据收集框架。也未能关注不同表现形式、不同场合下的证据的关联，不能结合起来进行分析。更缺乏长期、持续收集证据完善课程计划的设计与行动。④ 对证据的分析、审议、解读不足，发挥学校、教师作为课程主体的力度尚需加强。需要发动更多的教师、甚至学生和家长，参与到对课程计划的完善过程性证据的收集和对话中来。

学校认为，伴随学校课程计划的编制和完善，要引导学校课程主体正确、积极地认识证据的价值,选取适宜的方式获取客观、有针对性的证据。为推动各项目学校加快推进必选项目研究,及时总结提炼项目学校的实践智慧,促进项目学校、专家团队、总项目组间的分享与交流,总项目组在2016年9月启动开展了学校课程计划编制及其基于证据的完善研究案例征集评选活动。

总项目组研讨确定案例总体要求以及各类案例的撰写建议与要求,提出案例撰写中需要重点思考的问题,发布《2016年学校课程领导力项目案例征集的通知》。

案例总体要求

1. 指向课程领导。案例要聚焦课程领导力的提升,指向中小学(幼儿园)课程领导力提升的策略、方式、路径、机制、制度等,凸显课程领导过程中小学校(园)长、教师、学生等各主体之间的相互影响力。

2. 基于问题解决。案例要体现问题导向的行动研究,呈现学校课程建设中"问题确认—诊断分析—思路方案(目标、内容、路径、方法)—实践行动—成果经验—评价反思"的过程。

3. 凸显实证证据。案例要体现证据的搜集、筛选和运用,将思路、做法、结论建立在事实证据之上,注重从"经验"走向"经验"与"实证"并重。

2016年10月至11月期间,总项目组组织开展专题培训、确定评选办法与标准、收集案例、专家评审、案例经验提炼等。

从2016年征集的案例来看,学段、学校之间差异较大。其背后有很多原因,其一是学校研究实践还不够充分,其二是学校不知道如何撰写案例、如何写好案例。

为了进一步提高2017年课程领导力项目案例征集品质,以梳理、预设、回答案例撰写过程中问题的方式,引导指导学校提高案例撰写的有效性,最终推动学校课程领导力项目研究。

2. 创新经验

通过两轮项目持续研究"编制学校课程计划"以及"基于证据完善学校课程计划",从总项目组、学段项目组、各项目学校的研究设计与实践,摸索出以下的策略,它们在课程计划的编制和完善中持续发挥了引导和保障的作用,同时也成为项目研究不可或缺的内容构成。

(1) 以终为始

坚持以"学生获得与课程目标相一致的发展"来审视和完善课程计划的方向。"以终为始"在学校课程计划的编制中,是强调要始终坚持思考学校"要培养怎样的人",即课程目标,或者说学生的发展目标的定位,切实地将其作为编制学校课程计划的出发点和归宿,以确保学校课程规划和实施的所有步骤与构成都围绕这一核心。课程计划虽然是一个文本,但是其编制需要依靠学生培养目标的指引,才能形成系统的、富有逻辑和操作性的、各部分相互关联、协调的整体。考察学校课程计划本身的品质及其实效,一定要以其是否引领学校开展指向课程目标的规划设计、实施和管理,切实达成学生的发展为最终的评价标准。任何不考虑学生实际发展的课程规划、设计与实施,都可能是盲目且缺乏效益的。课程服务于学生发展,学校课程计划服务于引领课程主体主动关注和达成与课程目标一致的学生发展,是编制学校课程计划最基本、最重要的策略。

在项目学校提升课程领导力的实践探索中,加强对国家育人目标和课程政策的掌握和学习,梳理和凝练促进学生发展的具有引领作用的课程目标,建立愿景和共识,使课程在学校课程的建设、落实、评价等方面都积极指向学生发展,从学生的发展具体表现或状态来反观、发现课程本身值得完善的地方,是很多学校的共同做法。

(2)"编"以致用

坚持以"贴合教师的课程实践需求"为检验课程计划品质的标准。编制学校课程计划,绝不是简单撰写一份书面的文本,这只是第一步。编制和完善课程计划,应该以文本付诸实施,发挥其在学校课程建设、实施和评价等方面的积极作用为重要判断。

接触和使用学校课程计划的主要是教师(有时甚至可能包括学生),如何让教师在参与编制和完善课程计划的过程中,知晓和理解、认同学校课程计划,发现其对自身日常课程实践的指导意义,并主动将学校课程计划中的重要内容和因素,如课程目标、课程开发和实施原则、学生和教学评价等紧密结合起来,主动调试自身实践,并通过每个主体的努力合作达成学校课程目标,这才是学校课程计划存在的实际意义。始终关注课程计划是否为课程主体熟知、理解、认同、主动地创造性执行,是学校课程计划生命力的最主要体现。将编制和完善课程计划的目的和过程,都放到"使用"的要求下去经历全面、动态的考察。"实践出真知",课程计划"管不管用,能不能用,实不实用、愿不愿用",都要以其发挥的实践效用来判断,是学校主动完善课程计划的重要策略。

各项目学校在完善课程计划的过程中,很多都在编以致用策略上有诸多思考和实践,如主动了解教师对课程计划的理解和实施体验,关注其对教师课程实践的针对性指导水平。又如根据教师表现出的课程实践问题和不同的想法和观点,来反思和调整课程计划该如何进一步优化以确保教师的认同与贯彻。

(3)迭代演进

坚持以"行动调整,与时俱进",确保课程计划持续优化的行动方式。学校课程计划的编制和完善不是一蹴而就的,而是一个动态更新优化的过程。在经过必要的顶层设计产生基本的、主要的框架之后,课程计划必然要经历被阅读、使用的过程。学校课程规划的落实是一个多因素共同作用的复杂过程,参与主体众多。在其编制的过程中,也不可能完美设想和控制一切流程,更何况学校经常需要面对课程政策、办学条件等多方面的变化。如何确保课程计划与时俱进发挥引领作用,需要学校主动进行完善和更新。因此,保证积极态度的同时,需要确立一些基本的动态调整机制发挥作用。

即便是拥有课程计划更新和完善的过程,也不能期望一次完善达到最好的效果,甚至都不能完全等待很多情况发生以后再进行完善,而要采取边完善、边使用,边调整的方式,主动整合而不是割裂这几个过程,在使用中寻找改进需求,边改进边监控发现结果和影响,确定是否改进以及如何改进。因此,学校可以建立相应的组织机构,寻找和确定制度和机制,持续承担课程计划的更新工作。

(4)主体纳入

坚持以"教师参与课程设计、实施与评价"为课程计划完善的基本路径。大多数认为,教师在学校课程中的主要责任在课程实施部分。调查显示,作为课程主体,与课程实施相比,教师在课程规划设计、课程评价中的实际参与度较低。但是从提升教师对学校课程计划的理解与认同,以及赋予教师课程自主空间、促使教师提升课程领导力成为课程主人的角度,更倡导将教师完全纳入课程设计、实施与评价的全过程。在立项学校的实践中,采用多种方式将教师纳入包括编制和完善学校课程计划在内若干过程,有效调动教师的主体性,增加教师思考和行动的一致性以及自我判断自我导向的针对性。学校课程改进也获得更为复杂、真实的证据和反馈,从而促使课程计划的改进过程成为一个更切实的经历,并提升了学校课程问题是否得到解决的敏感性。由教师深度纳入而产生的问题解决方式回归到课程计划中,教师更理解并乐于执行。

编制和完善课程计划,在某种程度上也是不断回应教师课程实施的实践问题的过程。让教师参与课程设计、实施、评价,发挥教师主动思考、行动、改变、发现、总结、判断,使得教师作为课程主体的意义获得完整彰显,是对教师课程权利的尊重。有效地将教师纳入学校课程问题的讨论与决策,是具有课程领导力的学校所具有的特点,也是学校提升教师课程领导力的基本路径。

(三)以综合素质评价促进学生全面发展

为了贯彻落实党的十七大关于深化"考试招生制度、质量评价制度改革"的精神,全面推进素质教育和高中课程改革,建立高中教育质量保障体系,上海展开有关我国高中学业水平考试的研究。上海市教委在《上海市学生综合素质评价实施办法(试行)》的基础上,研究制定了《上海市普通高中学生综合素质评价实施办法》。

1. 综合素质评价背景

开展高中学生综合素质评价的背景和目的是:坚持立德树人,践行社会主义核心价值观,传承和弘扬中华优秀传统文化、革命文化和社会主义先进文化,反映学生全面发展情况和个性特长,着力促进每一个学生的终身发展,促进高中人才培养模式转变,为高校科学选拔人才提供参考。

(1)引导学生积极主动发展。引导学生开展自我评价并进行自我调整和自我管理,促进教师开展学生成长过程指导和生涯辅导,帮助学生确定个人发展目标,实现全面而有个性的发展。

(2)促进高中学校积极开展素质教育。通过综合素质评价改革,引导高中学校开展各种素质教育活动,促进学校多样化、特色化发展。

(3)作为高校人才选拔的参考。循序渐进、积极稳妥地推进综合素质评价信息在高校招生中的使用。积极引导在沪招生院校探索和参考使用高中学生综合素质评价信息,发挥素质教育的价值导向。相关高等学校应在招生章程中明确综合素质评价的具体使用办法并提前公布,规范、公开使用情况。

2. 综合素质评价的结构

综合素质评价的内容主要有品德发展与公民素养、修习课程与学业成绩、身心健康与艺术素养、创新精神与实践能力等四个方面。

(1)品德发展与公民素养。主要反映学生在践行社会主义核心价值观、弘扬中华优秀传统文化、革命文化和社会主义先进文化等方面的情况,包括爱党爱国、理想信念、诚实守信、仁爱友善、责任义务、遵纪守法等。重点记录学生遵守日常行为规范,参加志愿服务和公益劳动、党团活动等情况。

（2）修习课程与学业成绩。主要反映学生各门课程知识和技能掌握情况以及运用知识解决问题的能力等。重点记录学生学业水平考试成绩、基础型课程成绩、拓展型课程和研究型课程学习经历等情况。

（3）身心健康与艺术素养。主要反映学生的健康生活方式、体育锻炼习惯、身体机能、运动技能和心理素质,对艺术的审美感受、理解、鉴赏和表现的能力。重点记录《国家学生体质健康标准》测试结果,参加体育运动、艺术活动的经历及表现水平等情况。记录学生课外锻炼情况,强化每天体育锻炼1小时。

（4）创新精神与实践能力。主要反映学生的创新思维、调查研究能力、动手操作能力和实践体验经历等。重点记录学生参加研究性学习、社会调查、科技活动、创造发明等情况。

3. 综合素质评价特色亮点

（1）重视学生学习经历和发展动态[①]

"修习课程与学业成绩"不仅体现学业水平,还能体现学习兴趣。《纪实报告》对基础型课程要求记录学期成绩,对拓展型课程只要求记录科目和总学时,对研究型课程只要求记录课程（课题、项目）名称和修习该课程的起讫时间,这样做的目的是鼓励学生积极探索自己感兴趣和认为有价值的课程,通过高中三年的选课过程,发现和培养自己的专业兴趣。又如"身心健康与艺术素养"记录了学生高中三年《国家学生体质健康标准》各维度的发展趋势,为那些水平不高但有进步的学生提供展示的空间。

（2）突出创新精神与实践能力

实施"二期课改"以来,就坚持开展研究性学习和综合实践学习,为培养学生创新精神与实践能力打下了扎实的基础。这次用研究性学习专题报告代表作、科技活动、创造发明情况来反映学生的调查研究能力、动手操作能力和实践体验经历,将进一步推进学习方式和评价方式的转变。

（3）突出学生个性和学校特色

《实施办法》将"学生自我介绍"和"学校特色指标"纳入《纪实报告》,可以体现学生的个性发展和学校在培养学生素养上的特色。上海在2000年就已基本普及高中教育,明确高中教育需要为众多不同个性的学生提供服务;2009年,上海市教委在年度工作要点中首次提出"加强高中教育,办出高中特色",综合素质评价是对上海高中多样化特色发展实践成果的检验。

为了解《上海市普通高中学生综合素质评价实施办法（试行）》实施情况,上海市教委教研室于2016年对课程领导力项目学校进行了调研。其目的是：了解在新高考制度背景下学校课程与教学改革的经验,学校面临的困惑和存在的问题,学校领导、学科教师以及高中学生在新高考制度背景下对课程与教学的思考,整体把握上海市高中课程教学改革的经验与问题,为学校解答困惑、改进问题、调整决策提供可参考的依据。

4. 综合素质评价探索

对综合素质评价的调研结果发现,学校已能够有序地组织开展综合素质评价工作,大多

---

① 陆璟.普通高中学生综合素质评价的"上海设计"[J].中小学管理,2015(6)：7-8.

学校通过部门分工、专人负责的方式将综评工作进行分解和落实。此外,各校也较多地借助社团、各类讲座活动、众多校外资源等开展研究性学习。以市级调研结果为例进行说明,具体情况见表4-4。

表4-4 部分高中学校综合素质评价实施情况

学校	综合素质评价实施情况
育才中学	① 课程部管理研究性学习课程和报告,专人负责数据录入;② 学业成绩以平时分和综合分的形式录入学校平台;③ 积累各个班级行为规范和好人好事,设学生行为正负清单;④ 研究性学习课程教学生怎么写论文,写什么样的论文,文理科社团形式进行课题的交流合作,科技指导员与外部各项科创大赛对接,在建设育才科学院方面形成完善的制度
莘庄中学	① 政教处有德育的评价,设立各类评价之星;② 研究性学习首先聘请校内教师及校外专家做主题报告,培训后学生抢课,每周利用周一的时间组织,更多内容在课外完成;③ 使用等第的形式考核学生,由学术委员会按等第进行评价,同时等第反过来影响指导教师的绩效
市西中学	① 以课题研究形式推进学校综合素质评价的工作;② 各项工作设专人负责,并安排整体负责人;③ 基于市的综合评价,建构有学校特色的综合素质评价体系和操作平台
亭林中学	① 德育处和教导处负责综评工作,各部门合作,各项工作专人负责;② 班主任落实工作,不仅承担任务组织工作,还有审阅、把关等责任
市东中学	① 成立综合素质评价组,指定2个录入员,教导和德育录入相应的信息,分管校长带头及时开会互通信息;② 不是所有班级都有研究性学习,每个年级只有2个班(德语+创新班)
上戏附中	① 教育教学中心总负责,年级组长、数据负责教师和录入员参与具体的工作;② 艺术素养方面,请学生利用午休时间开设微讲座,并设幸福积分考察学生参加社团和微讲座的情况;③ 研究性学习报告上,形成开题报告,交给研拓课教研组长,开展研究后,期末提交报告,每组中有1组报告参加答辩
宜川中学	① 设立4级评价体系(通识课程+大型活动优秀表现奖+个性发展奖+市区级三好学生);② 社会实践活动与研究性学习相结合
嘉定二中	① 德育处、教导处、团委和信息中心设相应工作职责,设专门数据录入人员,各部门设领导小组;② 根据上级要求来操作综评工作
扬子中学	① 成立学生综合素质评价领导小组,由学生发展中心、课程管理中心、年级组、家长委员会、学生代表等组成学生综合评价工作小组;② 研究性学习每个学生有一个本子,要求学生至少完成2篇报告,学生4—5人为一组,选定一个组长,聘请指导教师,要求学生每一步的研究要有老师的指导意见和评价
奉贤中学	① 设有相应的评价小组,并由班主任组织落实;② 通过学校三位一体社团课程进行创新精神的评价。创新实验班过去定点基地——农科院进行实践探究(列入课程)
松江二中	① 综评平台由2位教师负责,一位负责教学板块,另一位负责德育板块;② 借助社会调查、科创活动和社团活动的平台完成研究性学习
控江中学	① 明确每一个需要记录的数据涉及的分管部门,组建学校领导小组;② 第一学期以讲座形式普及研究性学习,之后结合学校社团、项目课程(如OM大赛、无人机课程)、创新大赛形成报告

(续表)

学校	综合素质评价实施情况
大境中学	① 设3个录入人员分别负责德育、学业和研究性学习报告,由班主任落实上报工作;② 研究性学习报告上,高一通过年级大会的形式动员,学生自己结对指导教师,或学校推荐指导教师,设置课时教授,高三形成报告
大同中学	① 研究性学习在学校课程板块中叫专业导航课程,希望将研究性学习与学生未来的志趣培养整合,与学校特色CIE课程结合;② 每个学生有形成性手册,记录所有过程材料,每2周做一次双周记

由表4-4可见,综合素质评价实施的大体情况有:

(1) 随着改革的推进,大多学校已适应综合素质评价的工作要求,通过将工作分解至学校不同的部门以及设专人负责的方式来确保工作的落实。在市级小组的调研中,发现绝大多数学校设置了专门部门或专人来负责开展学校的综合素质评价工作。

(2) 大多数学校能够较顺利地开展研究性学习。在开展形式上,大致可以分为三类:第一类是常规开展小组式的研究性学习并设指导老师(如莘庄中学、扬子中学等);第二类是依托社团或校内课程资源来开展工作(如育才中学、大同中学等);第三类是借助各类校外资源或活动来提升研究性学习的质量(如控江中学、宜川中学等)。

5. 综合素质评价经验

在综合素质评价方面,一些学校的做法值得借鉴,例如,市西中学以项目研究的方式来推进综合素质评价工作。由于对市西中学的调研较早,改革政策下达不久,学校为应对变化,特成立课题小组专项研究综合素质评价工作,思考如何将学校已有的评价工作与之更好对接,并建立信息化的校级平台。市西中学还研制了《个性化学习实践与指导手册》。

为带动学生关心并参与综合素质评价工作的积极性,宜川中学采用四级评价的方式,包括第一级全员参与的通识课程,完成6个基本的任务(如一次调查报告、一场戏剧、一次英语演讲等);第二级部分学生的大型活动优秀表现奖;第三级小部分学生获得的个性发展奖;以及第四级个别学生得到的市区级三好学生称号。这样的四级评价涵盖了所有的学生,也尽量覆盖了综评所有的评价维度。

第二节　课程领导力评价

一、课程领导力评价探索

（一）课程领导力评价指标及其载体

1. 课程领导力评价指标

学校课程领导力是学校可持续发展的源动力，由思想力、设计力、执行力、评价力组成，其中思想力是保证学校向正确方向发展的能力，设计力是保证学校有效发展的能力，执行力是保证学校真实发展的能力，评价力是保证学校持续发展的能力。课程领导力就是通过专业影响力的方式来引领学校课程价值，达成学校课程目标，并建设与之相匹配的学校文化。

根据学校课程领导力的内涵，将课程思想力、设计力、执行力和评价力4个一级评价指标逐步分解，形成12个二级评价指标和36个三级观察点。在确立二级评价指标和三级观察点时，要求下一层级的指标和观察点能够集中反映上一层级指标的核心要求。

（1）课程思想力

课程思想力不仅从结果角度体现理念的前瞻性，而且关注不同层级（人、事）的一致性，还关注保持一致的路径。学校有正确的办学思想、理念、哲学，始终以学生发展为本，校长、教师、学生统一思想，形成共同的愿景，言论自由、决策民主，这些都是学校课程思想力的重要体现。

课程思想力是引领学校课程价值的重要抓手，它旨在通过专业影响将学校打造成为具有共同价值追求的课程共同体。形成共同价值追求需要关注以下三个方面。

第一，办学思想的前瞻性，具体体现在课程愿景确立的依据充分、合理，课程目标呼应办学理念，课程建设体现以生为本。学校的课程思想顺应教育潮流和时代发展要求，体现学校办学特色和价值追求，体现科学性、前瞻性、适切性；课程目标体现办学理念，在课程建设、实施、评价各环节中反映。学校不断建构优化课程，既满足学生学习的共性需求，又满足学生学习个性需求，关注学生学习体验，凸显学生学习主体性，促进学生核心素养的提升。

第二，学校要有共同的愿景，含课程愿景的理解与认同、课程愿景的内化与外显、课程愿景的分享与传递。学校教师、学生以及家长等利益相关者要共同参与到学校课程思想的形成与发展过程中，促进课程共同体的成员认同和表现出共同的价值追求。

第三，学校要有文化的现代性，含课程决策的民主性、课程建设的开放性、师生关系的和谐度。学校课程管理委员会人员组成合理，除教师外，还包括学生代表、家长代表、社区代表、校外专家等，制度清晰，流程规范，学校课程建设上下互动、平等参与，关注不同主体的想法和感受。师生之间相互尊重、彼此信任，能分享秘密，亦师亦友，共同进步。

(2) 课程设计力

课程设计力关注的是,学校基于政策与学校实际设计科学而可操作方案的能力。学校课程设计力大致体现在以下几个方面:规范办学能力,体现在善于把握党的教育方针政策,落实党的教育方针政策;校本化设计能力,体现在根据学校实际创造性地设计和落实,因校制宜,适合学校;课程逻辑性,体现在课程的理念、目标、设置、实施、评价等方面的一致性;具体化能力,体现在把思想、理论、计划等转化为可实践、可操作的力度。

第一,课程方案的合规性。学校处在国家、地方和学校三级课程管理体系中的最底层,在合理利用学校课程自主权的同时,更要执行国家和地方的教育政策和课程标准。我们要求重点考察是否严格执行各级各类教育教学文件,是否严格执行上海市的课程计划,是否有效执行各学科课程标准。

第二,规划的科学性。在严格执行国家和地方课程政策文件的同时,要关注学校的校本化设计,提升各类课程计划的科学性。我们要求重点考察学校课程计划的研制流程是否规范科学,课程计划的要素是否齐全以及各要素之间的一致性和逻辑性,各类课程计划的一致性。

第三,举措的操作性。课程计划、课程方案等课程制度写得再好,如果不具有操作性,也很难对教育教学实践产生有效的指导规范作用。我们要求重点考察举措是否清晰、是否突出重点并促进课程计划的落实,责任主体是否明确合理,流程与安排是否科学合理。

(3) 课程执行力

课程执行力关注的是制度方案等的落实及其影响落实的人的素质保障和资源保障。学校课程执行力具体体现在以下几方面:组织实施能力,比如制度管理、落实主体、团队建设等;协调能力,比如机制保障、人际关系协调、工作协调;专业指导能力,比如专业指导、引导、领导,提供专业(资源)支持,标准要求的把握和落实;课程资源供给力,比如开发利用学校、社区、社会资源,共建共享资源,资源合理调配。

第一,实施的有效性。我们要求重点考察学校课程计划的落实情况,教师课堂教学是否符合课程标准以及能否促进学生有意义学习和高阶思维能力提升,学生在课堂中的地位和学习经历体验。

第二,专业的支持性。有效的课程实施离不开教师专业水平的提升,离不开对教师专业发展的支持。我们要求重点考察校本教研的组织开展情况,对教师发展的专业支持以及对课程发展的特需支持。

第三,资源的保障性。课程资源也是课程有效实施的重要保障,我们要求重点考察学校有无充足的课程资源满足课程实施需求,能否充分、合理地统筹调配与使用现有的校内外资源,能否根据需求开发新的课程资源。

(4) 课程评价力

课程评价力,关注的是评价本身要基于目标,基于证据以及评价结果为改进服务。学校课程评价能力具体体现在以下几个方面:开展发展性评价,即围绕课程目标,参与主体多元,采用的方式多样;具有测量分析能力,即开展评价指标、途径、工具开发,获取信息真实,分析有逻辑,结论客观;监控能力,即建立学校课程的预警系统,开展过程性监控与反馈(ISO9000);完善促进能力,即以评价结果为依据进行改进。课程评价力主要关注以下三个方面。

第一,目标的导向性。我们要求重点考察能否基于课程计划进行总结评价,能否基于课程标准进行教学评价,以及学生综合素质评价的开展情况。

第二,监控的即时性。我们要求重点考察学校有无监控机制及其对教学实施的反馈改进作用,教师能否利用工具开展自主调控并及时解决出现的问题,能否开展多元的学情分析。

第三,改进的适切性。我们要求重点考察能否基于证据分析对学校问题和需求进行诊断,能否合理有效地反馈利用评价结果并促进工作改进,是否能够利用评价结果促进学校课程计划的更新。

2. 课程领导力评价载体

课程领导力的测评是间接测评,通过体现课程领导力的相关理念、制度、文本、行为表现、环境创设等内容来体现。据专家咨询认为,课程领导力测评时可以关注以下几个方面的载体(见表4-5和表4-6)。

表4-5 学校课程领导力测评与文本关联度评定

指标 一级	指标 二级	章程 学校办学	规划 学校发展	制度 学校课程	制度 学校德育	制度 教研备课	制度 作业	制度 考试评价	计划总结 学校课程实施	计划总结 学科课程实施	计划总结 教研备课	计划总结 德育工作	档案积累 综合素质评价	档案积累 教研备课活动	文本 校本课程
课程思想力	思想的前瞻性	●	●						●		●				●
课程思想力	愿景的一致性		●						●		●	●			
课程思想力	文化的现代性			●	●	●									
课程设计力	方案的合规性								●	●					
课程设计力	规划的科学性		●						●	●	●				
课程设计力	举措的操作性		●						●	●					
课程执行力	实施的有效性						●							●	
课程执行力	专业的支持性		●			●					●				
课程执行力	资源的保障性		●								●				●
课程评价力	目标的导向性							●					●		
课程评价力	监控的即时性												●		
课程评价力	改进的适切性								●	●					

表4-6 学校课程领导力测评与现场关联度评定表

指标 一级	指标 二级	现场观摩 课堂教学	现场观摩 教研备课	现场观摩 晨午会	现场观摩 社团	访谈座谈 校领导	访谈座谈 教师	访谈座谈 学生	问卷 校领导	问卷 教师	问卷 学生	观察 图书馆	观察 多媒体	观察 专用教室
课程思想力	思想的前瞻性	●		●	●	●					●			
课程思想力	愿景的一致性					●	●		●	●				
课程思想力	文化的现代性													

（续表）

指标		现场观摩				访谈座谈			问卷			观察		
一级	二级	课堂教学	教研备课	晨午会	社团	校领导	教师	学生	校领导	教师	学生	图书馆	多媒体	专用教室
课程设计力	方案的合规性					●	●				●			
	规划的科学性		●											
	举措的操作性	●	●				●							
课程执行力	实施的有效性	●	●				●	●		●	●			
	专业的支持性		●							●				
	资源的保障性					●					●	●	●	●
课程评价力	目标的导向性	●					●							
	监控的即时性	●	●			●	●							
	改进的适切性		●			●	●							

从表中可知：学校课程领导力的载体是多元的，比如课程思想力可以通过文本（学校章程、学校发展规划、学校课程实施计划、德育工作计划、校本课程等）和现场（课堂教学、晨午会、社团、校长教师访谈、学生问卷等）来测评。因此，在课程领导力测评过程中获取信息的渠道要多元，既要有文本，又要有访谈座谈，还有问卷、现场观摩，这样才能比较全面地获取课程领导力信息。

关于课程领导力测评方式、测评工具、测评流程等内容已在《课程领导：学校持续发展的引擎》专著中详细阐述，在此不再赘述。

（二）课程领导力调研

1988年，上海市成立中小学课程教材改革委员会，承担编写面向发达地区的教材等课程改革工作。上海市教委教研室被确定为课改业务的管理机构，根据课程改革的需要，承担并探索课程与教学调研（视导）工作①，逐步提高了调研（视导）的针对性和有效性。

为了进一步提高课程与教学调研的有效性，上海市教委教研室从2012年起探索基于"规准"的调研：逐步研发教研备课工具、作业工具、考试测验工具、学校课程计划工具、课程与教学常规管理工具、拓展型课程工具和课堂教学观察工具等（见表4-7和表4-8），并在学校、区县和市三个层面使用，开展调查、研究、反思、改善、指导等工作。

如何利用常规的课程与教学调研来了解学校课程领导力现状，是非常有价值和意义的课题。为此，首先把课程领导力评价指标和课程与教学调研工具加以联系；其次，通过课程与教学调研员的专业力量获取信息，并进行量化研究。

---

① 1988年以来，上海市教委教研室始终坚持开展课程与教学调研（视导）工作。从现有资料来看，有时称"调研"，有时称"视导"，尽管有所区别，但实质上一脉相承。

表 4-7 课程与教学调研工具内容和课程领导力关联度判断

调研内容		学校课程计划工具	教研备课工具	作业工具
课程思想力	思想的前瞻性	学生发展目标体现三维要求		
	愿景的一致性			内容：与教学目标一致，与学生基础匹配
	文化的现代性			
课程设计力	方案的合规性	• 课程体系包含三类课程 • 课时安排符合市课程计划要求 • 专题教育内容安排明确		
	规划的科学性	• 背景分析全面 • 明确学校现实需要 • 目标设计反映学校现实需要		
	举措的操作性	• 保障措施指明操作要点 • 评价方式指明操作要点	• 教研任务：具体,有学期特征 • 活动设计：形式多样,便于执行 • 主题研究：选题合适,过程可见	
课程执行力	实施的有效性	• 实施要求体现课程理念 • 实施要求反映学校现实需要 • 课程实施操作要点明确	• 过程：安排有序；突出重点；解决问题 • 主题：贴近教学实际；与计划匹配 • 研究课教案：与研究主题一致；符合学科规范	• 表述：题干表述准确,完成要求清晰 • 结构：单元内容覆盖面广；题型多样；难度分布合理 • 数量：估计作业用时适当 • 批改：符号规范,批阅准确、及时
	专业的支持性		教研团队：体现分工合作	批语：有针对不同对象的指导和要求
	资源的保障性	• 充分利用校外资源 • 保障措施针对学校现实需要		
课程评价力	目标的导向性	学习评价关注三维要求	• 教研小结：回应计划；有反思和对策 • 发言：紧扣主题,引发思考；对他人的看法有回应	

（续表）

调研内容		学校课程计划工具	教研备课工具	作业工具
课程评价力	监控的即时性		活动记录：反映形成的共识和后续待解决的问题	
	改进的适切性			

表4-8 课程与教学调研工具内容和课程领导力关联度判断

调研内容		考试工具	课堂教学观察	学生问卷
课程思想力	思想的前瞻性			● 选修课符合兴趣度 ● 作业选择性 ● 自信心变化 ● 现状满意度 ● 压力变化度 ● 上课疲倦度 ● 学习负担 ● 睡眠时间 ● 作业时间 ● 课后自由支配时间
	愿景的一致性			
	文化的现代性		● 积极促进对话 ● 营造和谐气氛 ● 创设良好环境	
课程设计力	"方案"的合规性			
	规划的科学性	● 试卷结构：内容分布合理；题型多样；总量合适 ● 试卷难度：与学生基础匹配（从质量分析数据判断） ● 试卷表述：题干表述准确；答题要求清晰；预设答案正确		
	举措的操作性			
课程执行力	实施的有效性	● 试卷讲评方法得当：关注学生参与，兼顾学生差异 ● 试卷讲评内容：基于数据分析，精选典型试题和典型作答	● 熟知学科内容 ● 建立教学结构 ● 维持学习动机 ● 采用多元方式 ● 善用发问技巧 ● 恰当运用表达 ● 掌控教学时间	● 教师课前准备 ● 学习材料准备 ● 课堂消化度 ● 课堂满意度 ● 实验落实情况 ● 作业质量满意度 ● 作业批改情况

(续表)

调研内容		考试工具	课堂教学观察	学生问卷
课程执行力	专业的支持性			● 魅力教师比例 ● 教师总体水平专业功底
	资源的保障性		● 完成教学准备	
课程评价力	目标的导向性	● 试卷内容：与阶段教学内容和要求一致	● 达成预期效果	● 作业与教学一致性 ● 考试与教学一致性
	监控的即时性	● 试卷讲评基本数据统计：能从不同层面反映学习结果 ● 试卷讲评问题分析：基于数据和典型作答	● 关注反馈指导	
	改进的适切性	● 试卷讲评跟进措施：基于问题分析；措施具体可行		

如此一来，可以将日常的课程与教学调研和课程领导力的了解工作整合在一起。下面以2017年某区调研为例，阐述对学校课程领导力的调研数据和分析结果。

调研信息：调研中，听取SJ区教育局自评报告1个、区教研室高中学段自评报告1个；听取校长自评报告3个；召开校长座谈会1次；召开教导主任座谈会1次；对点上学校分管教学领导、德育领导分别进行访谈3次，进行3次教师代表座谈会，参加12次现场备课组或教研组活动，进行教师个别访谈共52次；对点上学校进行网上学生问卷调查（参与人数为730人，其中班干部为58.8%）；观摩115节课；完成学校课程计划工具（4份）、教研备课工具（10份）、作业工具（7份）、考试测验工具（10份）。另外，查阅SJ区教育局、教研室、学校的自评报告和相关资料，查访校园环境、硬件设施设备、特色场馆等。

调研方法：① 本次调研中强化了教研备课、作业、考试测验、课程计划等方面的调研工具的使用，并对各项指标以指数形式（最小为1，最大为5，均值为3，指数越大越好）进行统计分析；② 学生问卷按照课程思想力、课程设计力、课程执行力、课程评价力来进行设计，并对选项赋值[①]后进行统计分析；③ 调研中强调三角互证法，提高信息的真实性，保证研究的效度。

调研报告：依据上述信息，进行综合分析，形成高中学段报告。该报告根据调研方案要求，内容上不追求面面俱到，聚焦在学校课程领导力上，强调工具使用和实证。该报告中凸显三个结合，即定量与定性相结合，共性与个性相结合，点与面相结合。

结论：在上海高考新政背景下，SJ区积极落实上海市教育综合改革试验区建设要求，坚持"强基固本，养正达人"的教育思想，聚焦在课程与教学改革中的关键问题进行深化研究，关注学校课程建设，探索分层走班模式，促进学生综合素质评价，明确"资源共享、优势互补、

---

① 尽管有些选项的赋值未必很科学，但是总体来说还是能反映层次性，便于统计处理，反映程度。

多样发展、彰显特色"的办学模式,取得了一定成效。SJ11作为上海市实验性示范性高中,无论是课程建设还是课程实施、走班管理等方面都起到了示范辐射的作用。

SJ区高中学校课程思想力、课程设计力、课程执行力、课程评价力指数如表4-9所示。

表4-9 SJ区高中学校课程领导力指数①

课程领导力二级指标	课程计划工具	备课作业考试测评工具	学生问卷	观课	二级指标指数	一级指标指数	课程领导力一级指标
思想的前瞻性	4.67	4.32	3.14		4.04		
愿景的一致性		4.10			4.10	4.07	课程思想力
文化的现代性							
方案的合规性	4.89				4.89		
规划的科学性	4.50	4.58			4.54	4.67	课程设计力
举措的操作性		4.58			4.58		
实施的有效性	4.44	4.32	4.62	4.38	4.44		
专业的支持性			4.62		4.62	4.47	课程执行力
资源的保障性	4.33				4.33		
目标的导向性	4.33	4.04	4.61		4.33		
监控的即时性	4.33	4.08			4.21	4.10	课程评价力
改进的适切性		3.78			3.78		

二、以项目提升课程领导力实践

提升课程领导力的行动研究对学校教师课程意识、课程建设与实施、学校组织管理与机制建设的影响力已初步显现。通过三年的项目实施,教师对问题导向的课程理念认识、校本课程开发、校本课程实施与评价,都有了技术层面的提升。下面以大同中学、奉贤中学、宜川中学、大境中学、育才中学为例进行阐述。

(一)课程思想力:方向引领

1.思想的前瞻性

为兼顾学生全面发展与个性化成长的需要,大同中学重构课程体系,确立学科核心课程、素养拓展课程、专业导航课程、生涯发展课程的课程结构。学校满足学生对课程门类选择、课程层次水平选择、课程学习进程选择的需求,对学生的自主性、选择性充分尊重,拓展

---

① 课程领导力指数为粗略的参考值,1至5的数字是相对概念,不代表5比1好5倍。数据处理原则:课程领导力的一级指标的各项指数,取3个二级指数的平均值;12个二级指标的各项指数,若采用不同调研方式获取数据(如学生问卷、课程计划、作业、考试测验工具)时取平均值;同一调研方式,在相同二级指标合成为一个指数(平均数)。本报告中为了避免交叉重复,学校课程计划工具在课程思想力,教研备课、作业、考试等工具在课程执行力中集中阐述。故二级指标指数与具体工具指数之间未必一致。

课、研究课、专题教育、体育专项等均为学生提供了充分的选择与自主空间，学生对课程的自主性显著提升。

奉贤中学近三年整体办学质量不断提升，得到学生、家长及社会各界的广泛好评。无论是走班管理、学习手册编制、基于标准的单元教学还是奉贤中学的综合素质评价方案，都着眼于激发学生的发展潜能，培育"民族担当、领袖品质和自主发展"的研究型人才，紧扣学校课程目标，指向学校办学目标。学生的满意率调查数据表明，三年来学生对学校的满意度逐年提升，目前接近百分之百。

课程领导力是课程观的价值体现，是课程理念到实践落地的坚守与引领。宜川中学以"生命之舟 宜航之川，为师生提供适宜的学校生活"为愿景，坚守"为学生全面而有个性的发展创造适宜的课程"的课程理念，能够从学校理念和育人目标出发，整体把握和系统建构课程，知晓课程的顶层设计，提升了思想力。

2. 愿景的一致性

奉贤中学学校课程体系是一所学校的核心竞争力，是办学质量提升的主要原因。自选项目的研究推动了学校基础课程的教学和评价改革，针对日常教学中的突出和深层次问题，调动学科教师的广泛深入参与，通过制度建设确保项目研究的有序落实，一线教师的思考和实践探索也取得了丰硕成果。在建设课程体系过程中，充分体现以校长为核心的团队，明确学校发展愿景，营造指向学生发展素养的课程文化，立足学校历史发展现状，探索出一条具有奉贤中学特色的育人模式。

3. 文化的现代性

大同中学以课程委员会为抓手，从顶层设计贯通学校办学目标、课程目标、培养目标、德育目标，在重构学校课程体系中提升学校育人合力、教师课程素养和学生自主空间，初步形成基于数据以服务学生选择学习、个性化发展的走班教学支持系统。

戏剧课程对应"人文传承"，是学生发展的必备素养，对应必选题研究。在课程设计中如何处理好课程的整体架构，挖掘课程资源，也是该课题主要解决的问题。宜川中学实施课程开发授权，激发创生智慧。通过课程授权的方式促进学校课程任务模块设计、课程类型统筹、课程资源开发。不仅学校艺术教师团队参与整个课程的设计活动，其他学科的教师也共同参与，使学校整个课程设计、实施与管理过程具有更大的空间意义。

（二）课程设计力：科学规划

1. 方案的合规性

大境中学在课程建设中注入组合思想方法，提升课程规划能力。在项目研究的过程中，学校构建语文、数学和英语的组合式课程（各60课时），分别在高一年级第二学期和高二年级第一学期中进行，将基础型课程中基础拓展内容作为组合课程的内容。在推进过程中，学校提炼和形成组合思想方法，这一思想的核心是"课程内容专题组合、实施形式多元组班"，在高考改革的背景下产生组合思想方法，同时应用这一思想方法改进和完善课程设计和实施中的很多问题。

大境中学以课程设计注重专题模块建构、提升课程设计能力。学校注重运用组合思想方法进行课程设计，由教研组将根据各自学科的课程标准，深挖组合式微课程开发设计的理论依据,在理论依据的基础上,逐步完善落实操作。经过四年的实践,语数外学科从学习方向、学习主题、学习程度、学习能力、学习项目和学习方式等不同维度设计学科组合式微课程,体现学科的特点与组合特色,体现对学生学习素养培养目标,丰富学习内容,提供多种选择组合机会,形成学科组合式微课程群。

奉贤中学的课程设计力表现为各项改革举措的设计能够有效落实和不断完善。如学习时间的学程化设置,学科教学的模块规划和单元设计,以及走班管理模式经过三年的实践检验,符合学校现有的发展需求,有利于学生的自主选择和个性发展。教师发展中心每学期组织的学生满意度调查都在90%以上。

2. 规划的科学性

奉贤中学教师的课程设计力表现为教师在课程和教学方面的专业发展。问卷调查的数据表明,项目实施前后,教师对课程标准的认识和解读、基于标准的单元设计和学习手册编制、基于标准的教学和评价等方面的能力得到明显发展。从收集的单元教学和评价案例、相关论文、一百多本的学习手册,表明项目研究切实提升了教师的课程设计能力。

宜川中学熟知课程开发的目标、内容、实施、评价、资源等完整的流程环节,提升了设计力。教师课程领导力的提升是学校课程领导力提升的基础和前提条件,对于教师而言,"普通高中戏剧课程建设的实践研究"为教师课程领导力的提升提供了现实的物质载体,通过参与这一项目研究,教师对于新课程理念的认识水平有了提升,对于校本课程设计、开发和实施的策略、路径有了更高层次的掌握,对于教学改革、评价改革等有了个性化的思考,这些因素,都形成教师课程领导力提升的源源不断的营养元素,教师课程领导力的提升不再是空中楼阁,而是有了现实的支撑,基于实践、在实践中、指向于实践的教师课程领导力提升思路成为学校课程与教学改革的新常态。教师课程领导力的提升主要体现在几个方面:在项目研究和探索的过程中,宜川中学始终坚持以任务建构和解决为导向,通过重视体系目标的层次性构建,课程方案的整体性设计和课程实施、评价的变革,来探索学生成长的现实命题;通过教师主体作用的发挥,让教师课程领导力有了提升载体:力求课程目标上下贯通,层次分明,内容结构对应目标,系统整合。

3. 举措的操作性

宜川中学以"飞行·创想"课程建设为范例,以问题导向为模式,开发基于学科创新的"浅探太阳能的利用""妙探3C化学""微探微生物"等课程;基于学科融合创新的"灵巧机械手""智能宝贝车""物理创客"等课程。问题导向成为宜川教师进行课程开发的共识。以飞行·创想实验室的范例,建设功能有分有合,具有关联与整合功能的资源平台。大空间概念下的实验平台,融人文艺术教育、科创文化教育于一炉,使"问题导向、注重融合、动手创新、资源联动"的科创课程特色日益彰显,"融于学科、创于平台、归于生活"的科创教育特色逐步显现,为未来艺术创意实验室的建设提供了很好的范例。

大境中学语文、英语学科开展的组合式课程以"基础必修课+模块选修课"组合设计课程,构建了语文"2+2"、英语"3+2"课程模式,语文2和英语3都为基础课程,"+2"都为模块微课程选修;语文"+2"课程以"三模块+多阶段"设计,学生可以分阶段、分模块、分专题、分程度地"自由组合、自主选择"课程学习。拓展基础型课程的学习内容、空间,增加基础型课程的选择性,进一步提高教学优化程度,进一步提升学生学习素养和学习能力。

（三）课程执行力：有效落地

1. 实施的有效性

宜川中学教师课程领导力的提升不是遥不可及，飞行·创想课程的开发与实施为教师课程领导力的提升提供了平台和载体，通过跨学科项目团队的组建，形成学校课程共同体，校长、教师、学生、专家等共同参与讨论和决策，助推彼此的成长。

宜川中学提升学校的机制建设和项目管理能力。为保障项目的顺利推进，学校进行领导力的项目管理探索：一是观摩学习机制。学校除认真组织项目组成员和相关教师参加市课程领导力项目的统一培训、展示活动外，还主动参与市、区各级各类科技创新和戏剧项目相关的培训、展示等活动，开阔教师的视野，拓展项目研究的思路；二是每月例会机制。学校组织项目成员每月召开1—2次例会，定主题、定地点，通过例会，大家碰撞思想、凝炼智慧，围绕一个个主题，扎实推进项目研究。

育才中学在教学实践中提升教师的课程领导力。育才中学教师课程领导力包括教师课程意识力、教师课程设计力和教师课程实施力，是指教师依据课程标准，创造性地设计课程教学环境，有效实施课程教学，全面提升课程质量的能力。在课堂教学中，教师的课程领导力具体表现在对教学过程的精心设计上，如在确定学生学习需要的基础上来设定教学目标；为实现这些教学目标，应该采用什么样的策略，选择什么样的教学媒体才能满足学生的学习需要，等等。为此，全校教师都投入两项工作，一是编写学习手册，二是探索问题中心教学。

育才中学编写学习手册，指导学生在课前、课堂和课后的自主学习。借助《学习手册》，把问题置入课堂，通过可视化的学习目标、激励性的评价标准、自适应的学习方式和提升成就感的分层作业，激发学习兴趣，激起认知冲突，引导学生质疑反思、合作探究、整合运用，使学习进程始终充满着个性和挑战。

育才中学实施"问题中心"教学，要求教师必须深入发掘学科价值，更多地关注学生的认知规律，能够提供本学科所独具的问题视角、思维策略、特有的运算符号和逻辑工具等，把问题置入课堂，从而进入学生的思维世界与价值体系中，用问题建构学生的学习和成长。例如，育才中学政治教研组依据学科特点，设计多种课型，其中活动课最受学生欢迎。他们根据当前的社会热点和学生感兴趣的问题，结合课本知识，在教学中穿插不同形式的活动，如课题探究、我做代表我提案、案例小品辨析、辩论赛等。学生分工合作，查找资料，深入调研，形成初步成果，在课堂上充分交流展示。每一种活动课着眼于学生自主学习能力、思维和表达品质、分工协作的意识、质疑和创新精神的培养以及参与及合作的态度等，设定评价标准，师生一起参与评价，使得学生不再是游离于课堂之外的旁观者，争先恐后地发言，头头是道的讲解，你来我往的辩论、画龙点睛的解答，成为政治课堂的常态。

2. 专业的支持性

宜川中学能够把握创新型实验课程实施的关键环节，积极探索基于兴趣、体现学生主体的评价方式，提升了执行力。通过飞行·创想项目，打造涵盖科技、信息、物理、化学、地理、政治、劳技等学科的特色化项目团队，先后有14位教师直接参与项目研究，打造了一批有科技特长的教师队伍。

宜川中学建立专家论证机制。对一线教师来说，进行课程开发与建设离不开专家的指导与引领。学校定期聘请上海市教科院、上海市教委教研室,以及华师大、上海戏剧学院等单位的专家对学校创新实验课程的开发与实施情况进行检验和评估,提出改进的建议和意见。四是绩效奖励机制。学校将课程领导力项目列为重点项目,并在学期结束时,根据实施成效给予绩效奖励。本学期学校投入近7万元奖励两个课程领导力项目,引导教师积极参与项目研究,让他们在项目研究中获得专业成长。

大同中学面对新高考政策对学校教学管理、硬件设施、教师队伍建设等带来的新挑战。学校为教师积极创设平台,对不同发展阶段的教师提供相应的专业成长方案,采取听课、备课、教研、比赛、学科带教、主题沙龙、学科工作坊等多种形式,引领教师开展国家课程的校本化研究、学科单元教学设计、基于调研的行动改进等,推动教师对学科课程的理解力、对教学的执行力得以提升。

3. 资源的保障性

大境中学以课程实施注重分层分类组合,提升了课程实施能力。"增加选择"是新高考改革的要求,为此学校在项目研究中运用组合思想方法优化走班模式,如新高考之初,学校采取的是大走班,经过实践反思,聚焦"如何减少走班后空课学生数量"这一问题的解决,经过集体研讨,学校重新优化了走班模式,形成了"选学体验走班"和"选考分层走班"相结合模式,既将选择的权利还给学生,也尽可以减少了空课学生的数量。经过对首届高考学生英语两次考试成绩的分析,主要获得两个重要数据,一是第二次考试平均分比第一次高1.02分,二是44%的学生第二次考试成绩低于第一次,56%的学生第二次考试成绩大于等于第一次,引发思考两个问题,如果44%的学生不参加第二次英语考试,将时间花在语文和数学上,收获将怎样?如果学校能够更有针对性地教学,是否可以探索出哪些学生第二次英语考试成绩提升幅度会更大一些。由此学校集体研讨英语一考后高三英语分层走班教学模式,经过教学实践,在新高考第二年的考生中,第二次英语考试成绩比第一次提升了3分,超过60%的学生第二次成绩高于第一次。

奉贤中学课程执行力表现为项目实施的有效性、专业的支持性和资源的保障性。在校长办公室的直接指导下,从课程教学中心到教研组、备课组和一线教师,在项目研究中分工明确、积极参与。各学科三年内开展大量的"导案导课"和"教研组研讨"活动。所谓"导案导课",即备课组内针对某一专题或围绕某一问题开展的集体研讨和上课、听课及评课活动,通常每学期每个教师至少开设一节这样的专题研讨课,活动有利于促进教师的专业发展。2017年11月以"基于单元设计,提升核心素养"为主题,组织了一次单元设计案例评选和一次市级展示活动(育贤杯教学评比),各学科组积极参与,活动取得良好的效果,有力推动了项目研究。学校通过各类载体、资源推动项目实施,在各类活动中充分体现了教师的课程执行力。

(四)课程评价力:调整完善

1. 目标的导向性

大境中学以课程评价注重多元综合推进,提升课程评价能力。根据高考综合评价要求的出台,学校调整和完善已有的评价标准,在思想品德评价方面,采取学生自我评价、同学互评、任课教师和班主任评价相结合的四维评价;在学业水平评价方面,采取学习态度、学习水平和学习潜能相结合的三维评价;在学生体育锻炼评价方面,采取体能、技能和认知相结合的三维评价;在社会实践的评价方面,学校编制了学生社会实践手册和生涯辅导手册,采取全程数据信息收集。学校提出"学能评价",经过实践探索,将"学能"界定为学习态度、学习水平和学习潜能三个维度。学习水平是学能的显性呈现,学习态度和学习潜能是学能的隐性部分。由于学能评价的推行,教师对学情的分析有了更准确和专业的判断,对于"学习态度好、学习潜能大"的学生,其学习水平肯定高;对于"学习态度不好、学习潜能大"的学生,其学习水平提升的关键要素是改变学习态度;对于"学习态度好、学习潜能小"的学生,学生学习水平提升的空间有限,可以提升其他学科的水平;对于"学习态度不好、学习潜能不大"的学生,可以从改变学习态度着手。

2. 监控的即时性

奉贤中学课程评价力表现为学校和教师在学业评价方面的专业能力。项目研究推动了学校层面的课程评价改革,提升了学校的课程评价力。2017—2018年,学校制订了具有学校特色的《奉贤中学学生综合素养评价方案》,提出五大素养及相应的学分绩点实施细则,评价方案关注学生的全面发展,评价主体多元,评价内容和方式多元,兼顾过程性评价和结果性评价,注重评价的激励和诊断功能;整体对接上海市综合素质评价方案。教师在学科单元评价的专业能力方面也得到充分发展。在学校综合素质评价框架内,各学科提出具有学科特色的过程性评价方案,并形成评价案例。学科评价方案的设计和实施,体现了教师在学科评价方面的专业发展,一定程度上提升了教师的课程评价力。

3. 改进的适切性

大同中学积极探索对课程、教学、学业、综合素质等进行多元评价,在改革攻坚阶段,学校充分重视调研与评价对推进改革深化的反哺,基于数据的反馈,积极改进和完善走班教学的组织形式、教师的职能、日常教学的管理、生涯教育的开展等。近年来,学生对教师教学的平均满意度均达到95%以上。

宜川中学能够基于数据的积累和对比,不断改进课程的开发和实施方式,提升了反思力。首先,确定课程评价价值理念,探索评价方式方法。坚持基于新题、改进学习的评价价值取向和学生主体、成功激励、注重过程和表现等。通过学生、教师的共同参与和校本性评价手段的设计,确保充分发挥评价的导向和改进作用。其次,依据课程评价标准,积累过程性评价数据,对于课程实施的评价,注重数据的积累和对比分析,强调评价的真实性和客观性。

第三节　学校课程计划完善

学校课程计划是学校课程规划与实施的重要文件,包括学校课程目标、课程结构、课程实施、课程管理、课程资源和评价等,是提升学校课程领导力的重要抓手和载体。学校课程计划不是一成不变,需要与时俱进。

一、学校课程计划及其完善

（一）学校课程计划

1. 学校课程计划要素

第一轮课程领导力项目研究围绕学校课程计划的内涵和基本构成,形成以下共识。

课程计划的基本要素及其内涵包括课程背景分析、课程目标、课程结构、课程实施、课程管理与保障、课程评价。各课程要素之间有相互关系,课程理念是联系各个要素的纽带,在各要素之间应该保持一致性。要关注课程理念的落实问题、学校课程计划内在的逻辑一致性、操作性、方案表述方式、以校为本的课程建设等问题。我们要围绕以下几个方面的问题,带领基层项目学校作较为深入的研究与实践,形成重要的研究成果以及若干具有启发意义的案例,提供给广大学校作为学习与编制课程计划的参考。

这些问题包括如何进行学校课程背景与条件的分析,如何制定学校的课程目标,如何架构与课程目标一致的课程结构,如何选择、设计和目标相一致的课程内容,如何规划与发展学校的特色课程,如何规定与落实学校课程实施,如何运用管理机制保障学校课程资源的有效开发与利用,如何通过课程管理形成学校课程实施质量的保障机制,如何制订合理的学校课程计划评价方案等,并初步探讨如何通过一定的机制保障课程计划不断更新,等等。

2. 学校课程计划与课程领导力

学校课程计划的研制、实施和评价完善,确实能提升学校课程领导力,也反映学校课程领导力的优劣。学校课程计划,简单地来说是学校关于课程的计划。什么样的学校课程计划是好的计划呢？至少要符合以下五个条件：首先,这一计划是可实施的、真实的计划,而不是为了应付检查编制的计划；其次,学校课程计划是符合党的教育方针和市教委有关精神；第三,学校课程计划是符合学校实际的个性化的计划；第四,学校课程计划的各部分是互相呼应的合乎逻辑的计划；最后,比较好的学校课程计划应是能够自我完善的计划。

学校课程计划中课程思想力体现在办学理念、培养目标、教师发展目标、课程建设目标等以外,还体现在课程管理等方面。学校课程计划的研制过程,也是很好地体现学校课程思想力。

学校课程计划中课程设计能力体现在课程设置上,基础型、拓展型、研究型课程开设是否符合市教委要求,是否符合学校实际；校本化设计能力主要体现在学校的背景分析上,如学校硬件和软件、地理环境、教师资源、行政人员、学生状况、家长配合、社区参与、地方资源等方面的SWOT分析以及学校往年课程计划、实施及其效果的分析。课程的逻辑性具体体现在学校课程计划的结构及其内容的一致性上,如背景分析、课程理念、课程目标、课程结构、课程设置与课时安排、课程实施、课程评价、课程管理和保障等八个部分一致性方面。具体化能力体现在学校专题教育、主题教育的安排上,如学校一日活动安排、学校年度整体安排,具体落实市教委的社会实践、形势教育、安全教育、健康教育、环境教育、民族团结教育等要求。

课程执行力,体现在学校课程计划是否给教师提出明确的课程实施要求,如基础型课程实施、拓展型课程实施、研究型课程实施方面,不仅对基础型课程、拓展型课程、研究型课程评价方式进行了规定,而且对在三类课程中教师、实施过程、学生等评价对象以及评价实施者进行了规定。

课程评价力,体现在学校课程计划中课程计划本身的评价、课程实施的评价以及课程实施效果的评价等。

总之,学校课程计划的研制、实施和评价完善,确实能提升学校课程领导力,也反映学校课程领导力。

编制和完善学校课程计划,能够有效地将教师纳入主动探索和实践。校本化课程实施的过程,建立教师课程实践行动的参照和依据体系,帮助教师建立从课程愿景理念到自身课程具体实践的桥梁。同时,编制课程计划的过程,能够有效帮助课程主体增加对本校课程状态的感知,提升对课程主体的认识水平以及考查课程目标与课程实施路径,设计与选择,优化关系。

编制和完善课程计划更是一个有效的促进"知行合一"的过程。校长和教师可以通过共同编制课程计划,达成理念的一致,明晰行动的方式,设定评价角度,从而保证不同课程主体在一定的参照体系下主动行动,有效推动课程的落实。这是综合地反映和提升学校课程领导力的过程。

(二)学校课程计划完善的关注点

1. 学校课程证据的类型

学校的"课程证据"存在于学校课程规划、管理、实施的所有领域中。主要有文本类(如学校课程计划、教学计划、课程相关规章制度、教师备课设计、考试与作业、教研相关文本资料等)、实践表现类(与课程实施的现场相关的表现,如校长和教师对课程理念的阐释,教师上课、教研活动的话题与开展,学生的学习表现、学生的作品、学校的课程环境与资源等)、课程政策变化、学校课程计划本身、实施及效果的评价等重要的证据。

不同的资料、材料和表现,在一定的场合或条件下,基本都存在成为课程证据的可能性。

2. 适合用于学校课程计划完善的证据

从学校主题来看,不同层面的证据均可以用于完善学校课程计划。不同层面的证据可能独立成为证据,也可能相互之间联结起来形成证据,只要能确定该证据与学校课程计划之间的内在关联,对课程计划的影响程度或水平。

要注重证据对课程计划完善目的和指向的呼应,并阐明两者之间的关系,或呈现两者共同(一致或相反等)变化的影响要素等。学校课程管理与规划层面例如课程理念与方案、实施层面例如教学与教研、学生层面例如作业和学业成就表现等都可能适合作为课程计划整体或局部完善的证据。

3. 收集和分析学校课程计划的证据、形成证据链的途径

理想的状态是学校依据对课程品质或质量的理解，确立体现本校课程重要特征或要素的关键部分，建立比较完善的相对固定的收集分析课程信息的框架结构，确立合理的监控范围和对象，定期开展来源于多元主体的课程证据收集(包括过程证据和结果证据)，并保持对问题的敏感，经常对该信息收集框架进行合理的动态调整。

当然，建立课程信息证据收集系统的过程，是伴随着学校课程领导的意识与行动水平发展的，从零散走向系统，从各部分相对孤立走向建立有机联系。

证据链可以理解为用于证明一个或一些相关课程问题、课程发展状态的相关的证据。证据链比孤立的证据更有说服力，因为它可能会涉及发生在学校的课程实践与思考的不同主体、不同时空、不同价值观下的多种表现或观点。例如，一个班级学生的毕业流向不足以说明该校的培养实际出处，而三年、五年、十年的则比较有说服力。这是对同一证据的持续收集。也有很多，或者说更希望看到，不同证据之间建立关联，如"对教师教学行为的描述分析—学生学习表现和成果—教师对自身教学的评价"这样有关联的证据链设计。证据链相对来说包含更丰富的信息、以及必然包含对课程证据信息之间的关系(可能一致，也可能相反，有可能是因果等)及其分析。

4. 学校课程计划完善的标志

学校课程计划完善的一般标志，就是本校的课程计划，能够明确具体指导本校所有课程相关规划、管理、实施的主体主动、有效开展课程。尤其是让教师主动把学校的课程理念、学科的教学要求等渗透入自身的课程实践中，并从学生的表现中充分体现出来。

5. 学校课程计划完善的大致流程

发现问题的表现(多主体)—收集信息与证据(多主体)—诊断与问题—寻求问题解决路径—商讨并确定完善措施或办法—实施措施与办法—监控成效与变化—共同分析成效与变化—确定是否梳理并固化—更新课程计划或方案的相关部分—更新说明与培训—实施新的课程计划。

6. 证据和课程计划完善的关联途径，恰当处理"小证据""大计划"的矛盾

一方面，要确立课程计划需要不断动态完善的意识，理解课程计划随着很多因素的变化必将会有变化完善，保持对与学校课程相关的问题和矛盾的敏感与接纳，以便能收集到有用的信息和资料。

另一方面，学校主动地建立和完善本校课程计划信息收集体系，多主体、多空间、多时段地收集与本校课程相关的重要信息，例如，教师备课与教学、学生上课与考试、资源与管理保障等状态等信息，将其作为完善课程计划的直接证据。长期积累的相关联的证据也能为完善课程计划服务。

"小证据"也能为完善课程计划服务，主要看该证据与课程计划的关系水平和程度，是否典型或经常发生，是否与课程规划和实施中的关键问题相连，或者是否能作为课程主要特征变化前后的表现。因此，不能以大小来判定证据是否有价值，而要以证据的代表性、是否具

有说明问题或变化的"指征"特性来判定取舍。

7. 把学校课程计划完善研究转化为案例的过程

学校课程计划完善的研究是一个相对系统、完整的任务,而案例只是撷取在研究开展的过程中产生的有价值、有过程、有说明意义、有实际成效的片段,形成一个生动的、有启发意义的"故事"性的表述,并加以理性的分析。案例是用来说明学校课程计划完善的目的与期望、典型思考与行动、过程与方法、观点与启示的载体,是研究的一种具体形象的表达,是为说明学校课程计划如何完善而存在的。

要把学校课程计划完善研究转化为案例,一是需要确定本校研究的重点和焦点,根据研究形成的论点,确定好选取什么内容和题材;二是关注逻辑与课程现实,突出表现变化与创新的亮点;三是呈现不同主体或现象的矛盾冲突,选取与案例主旨内容相符合的陈述方式,确保阅读对象有身临其境的阅读感受;四是要确定该案例说明本校课程计划是否得到完善,有什么体现以及从中获得的启示。

8. 案例呈现形式及其提升品质途径

提高案例的品质主要有三个方面:一是围绕"基于证据完善课程计划"主题,切实反映"落实课程计划的完善";二是凸显课程领导力项目的重要概念(证据、评价、主体的深入与广泛),挖掘研究中有价值的过程与现象,体现比较深刻的分析与判断,体现多主体、多角度、多对关系的观点与做法、矛盾解决等过程;三是表述上注意突出重要观点与关键环节,不要平均用力,记录所有过程和做过的事,详略得当;四是增加操作性实践的环节、要素、过程呈现,努力做到可以提供给其他人直接借鉴或使用;五是形式上可以有所创新,不仅用文字,还可以用多样化的图示、图表、数据表、问题列表等多种方式结合,彰显本研究的重要观点。

9. 案例与课程领导力提升之间的关系

案例是为期望说明的观点服务的。要增强案例与课程领导力提升之间的关系,就要在案例架构和表述中,始终关注多主体如何表现出他们的领导力(思想力、设计力、执行力、评价力)以及与此相关的思考和行动水平在不断提升、更新、创造,而不是仅仅写出曾经做过什么事。

如果能在案例中有意识地体现,通过开展研究,在项目组研制的课程领导力评价体系的导向下,多主体对课程领导力的理解,或者在课程领导力的某些方面有明显改善,则更为直接。因此,案例中也可以结合评价,适当考虑呈现一些客观变化的证据及其分析。

二、基于证据完善学校课程计划实践

课程领导力项目中关注教师课程领导力,为此项目推进过程中让更多教师、甚至学生参与到学校课程计划编制中。教师和学生主体的纳入,促使课程计划成为课程真正落地的蓝图。

(一)以终为始的案例

案例1 凸显特色——莘庄中学 DIY 特色课程体系与计划的编制实施[①]

学校特色课程建设与计划的编制,应基于国家课程总体规划的前提要求,根据学校实

---

① 本案例由莘庄中学提供。

际,制定适合学情的教育教学计划和实施方案。莘庄中学几经论证,最终确定以"三精"(精品人文、精妙科技、精美艺体)为特色的精品课程建设目标。在特色课程建设的探索中,重点实现两大突破:一是建设 DIY 特色课程;二是围绕 DIY 特色课程建立特色、多元的校本课程实践基地"DIY 学园"。学校的 DIY 特色课程建设契合学生的个性选择和特长发展,促进了学生综合素养的提升。

1. 价值引领——契合学生综合素养提升的目标理念

学校从实际出发,将 DIY 理念融入体验教育中,以"善德博学、健体尚美、灵动创意"作为培养目标。通过实践,学校对 DIY 有了新的诠释:由"Do It Yourself(自己动手做)"到"Design It Yourself(自己设计与创作)"再上升到"Discover It Yourself(自主探索与发现)",实现从行为体验上升到情感体验再到生命体验的飞跃。学校将 DIY 理念付诸实践,丰富了学生自主探究、勤于思考、勇于实践的经历和体验,培养了学生的创新精神和实践能力。

2. 立体建构——凸显"三精"特色 DIY 课程体系的金字塔框架

课程是学校特色办学和实施教育教学活动的基本依据,学校通过课程的开发与实施保证特色课程的全面建设。在上海市课程计划的基础上,结合学校的 DIY 特色,思考如何有效进行校本化实施;思考每类课程中如何凸显 DIY 特色;思考三类课程中如何培养学生的核心素养,最终确定了能体现综合性、均衡性、选择性,具备"三精"特色的 DIY 课程体系(见图 4-3)。

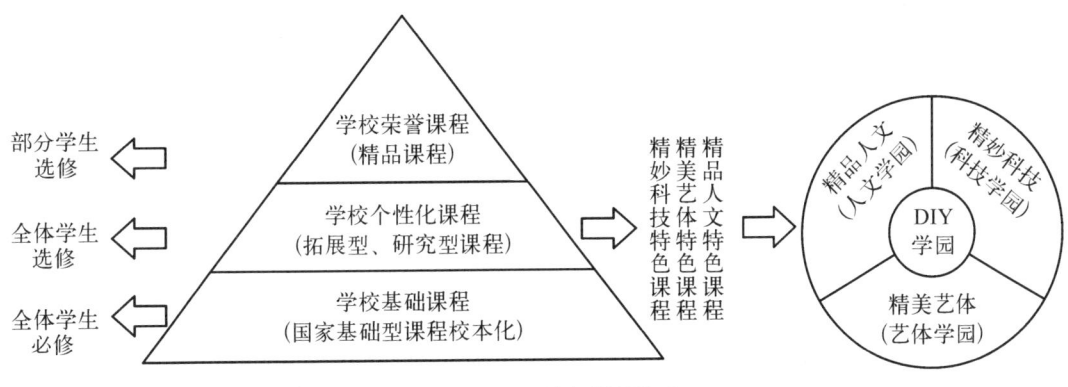

图 4-3 DIY 特色课程体系

(1) 基础型课程的校本化实施——面向全体学生

在基础型课程教学中,着眼于促进学生基本素质的形成和发展,体现国家对公民素质的基本要求。根据学情,对基础型课程进行二次开发,将语文、政治、艺术(音乐、美术)、劳技等课程,增加 DIY 元素,对国家课程进行校本化处理,让学生在学习中深入体验和感悟,为学生终身学习和发展打下坚实基础。

① 精品人文课程:提升学生的人文素养
- 语文拼图式阅读课(一周 2 节)
- 政治时事读报课(两周 1 节)
- 英语读报课(每周 2 节)
- 英语 WAP 听说课(每周 1 节)

- 历史地理嵌入式阅读课(每节课10—15分钟)
- 生命科学、物理、化学延伸阅读(发现史、经典实验阅读)

阅读课程的设计,不仅保证了阅读的时间,还培养了学生在阅读中对阅读素材的理解、分析、概括、鉴赏、评判以及迁移运用能力。

② 精妙科技课程:提升理性思维能力、批判质疑的科学精神、聚焦问题解决的科学意识和科学方法、创新精神和实践能力。

- 劳技课嵌入机器人模块(劳技课校本化实施的1.0版本)
- 劳技课嵌入"阿迪诺"自动化控制项目(劳技课校本化实施的2.0版本)

劳技课程引入"双新"课程中的自动化程序控制,是劳技课与工程学的完美结合,使劳技课程的技术含金量更高。

③ 精美艺体课程:掌握艺体技能,具备正确的审美判断,提升艺术品味。

- 高一年级合唱课
- 高二年级素描课
- 高一年级篮球(男生)、健美操(女生)专项课程
- 高二年级篮球(男生)、健美操(女生)、击剑、武术等专项课程

艺体课程实现了通过高中三年的课程体验,每位学生至少掌握一项体育基本技能、至少一项艺术特长。不少学生在艺体课程中发现了自己的潜能,如学生能够初步作词作曲;能够将语文课本中美妙的语句进行DIY处理,用素描的方式呈现出来,不少学生并将其发展为自己的专长。

(2) 拓展、研究型课程——兴趣导向,注重学生个性发展

拓展型课程着眼于培养、激发和发展学生的兴趣爱好,开发学生的潜能,促进学生的个性发展;研究型课程是学生运用研究性学习方式,发现和提出问题,探究和解决问题,培养自主与创新精神、研究与实践能力、合作与发展意识的课程。学生自主选择课程(如图4-4所示),以"DIY学园"为载体,充分动手设计、创作、探索、发现……一个设想可以转化为自主设计的实验;一次次的实验探究又迸发出新的设想。在DIY拓展、研究型课程的开发和实施中,学生的创新精神和实践能力,又向前迈进一大步。

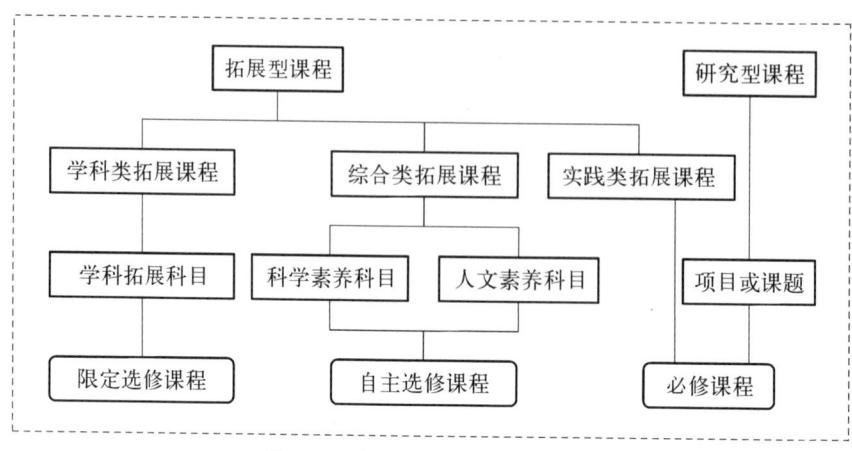

图4-4 拓展型、研究型课程结构

学校研究型课程具体实施：根据《上海市普通高中学生综合素质评价实施办法》等文件精神，学校经过多次论证，制定了莘庄中学研究性学习方案，以培养学生创新思维模式为核心，以学会发现、提出问题——研究、解决问题——运用反思、批判方法从较高层次发现、提出问题、研究、解决问题为主线的分阶段教育目标，促成每个学生拥有真实、有意义、有质量的研究性学习经历，促成优秀学生脱颖而出。

(3) 荣誉课程(专业精品课程)——学生个性、特长向更高层次发展

结合学校课程特色，在人文、科技和艺体等方面，建立学生专业团队，并建设符合学生发展的特色课程。无形中不仅发展了教师自主设计精品课程的能力，还提高了教师课程开发、实施、评价的水平，同时，学生的个性和特长走向更高、更远。

为了适应少部分脱颖而出的优秀群体的个性需求，学校专门成立四个工作室：熊伟美术工作室、程坤美术创作工作室、肖璐怡击剑工作室以及盛怡合唱工作室，通过特色工作室开展工作，建设一批适合学生发展的精品课程。经过三年的实践体验和积累，"三精"领域的七门特色校本手册结集出版。

3. 课程评价——关注过程、关注发展的多元综合评价

课程计划中的评价主要是指三类课程的设置是否能达成预定的课程目标，是否能体现学校在育人目标上的价值取向。评价重点关注这样几个方面：关注课程与教学实际达成教育目标的程度，评价的过程是把教师的教学效果与学生的学习结果和预期目标进行比对，发现其中的差距，分析差距的原因，后期进行优化；关注课程开发和实施的全过程，因为过程本身的价值就是做出价值判断的重要依据，突出目标以外有教育价值的因素，容易调动师生的创造性和主动性；关注调动和发展评价对象的积极性，采用质性评价。学校在实践中，探索出以下评价方式。

(1) 关注过程，注重调动和发展评价对象的评价方式

评价关注过程凸显学生的主体地位，采取自评、小组评、教师评相结合的方式。评价很关键的一点是要调动和发展评价对象，能够通过评价使评价对象以平和的心态进行反思和经验总结，激励自己的进步和发展。一般采用质性评价的方法，评价分为三个维度："知识与技能"的维度，该维度是基于评价项目本身，学生在实施过程中的目标达成度，这是客观存在的事实，不可回避，否则评价就失去"调动和发展"的内核；"合作学习"维度是指有主动发表自己的观点并有与他人合作的愿望，能合作归纳和反思，能够倾听他人的见解并修正自己的错误等，感受到学习是一件愉悦的事情，是促进学生智力因素和非智力因素和谐发展的重要环节；"创新精神和科学态度"维度是指能提出新的研究问题，能设计出适切的方案，实验数据记录、处理真实等。这种取向的评价，调动了学生的积极性和创造性，促进了学生的主动学习，体现了育人目标上的价值取向。

(2) 基于DIY特色课程的管理评价平台的综合评价

根据《上海市普通高中学生综合素质评价实施办法(试行)》，学校要真实记录学生学习三类课程的经历，其中研究性学习报告还需要教师对其真实性和质量做出评定，校级的获奖交流均可作为综合素质评价的佐证材料。学校开发DIY特色课程选课、实施、交流、展示、评价于一体的管理平台。记录学生所经历的学习过程、学生在学习过程中的表现以及学生创新素质的发展。学生在平台上可以相互学习、借鉴，会激发出创新的火花、发现志同道合

的合作伙伴、拓宽解决问题的思路……教师也可以利用平台对学生进行指导,对学生的表现做出综合评价,发现优秀的创新人才,选拔其进入精品课程继续学习。

(3) 基于主题活动的DIY特色课程成果的综合展示

将DIY特色课程的成果,按春、夏、秋、冬四季,搭建学生实践和成果展示的平台,即3月读书节提人文素养、5月科技节重创新能力、9月体育节显生命活力、12月艺术节展才艺风采,每个主题活动历时2个月,为学生创造激发多样兴趣、锤炼多种特长的舞台,做到"一个节日一个主题、一次活动一些收获"。活动展示是评价的一个方面,采用量化评价和质性评价相结合的评价方式,对每一门课程进行考评,再结合平时教学和中期考核等过程性的评价,做出终结性评价,一并记录在教师发展和学生成长的电子档案中,导引学生建构从自主体验到尝试创造的学习经历链,激励学生主体发展和主动探究。

莘庄中学的DIY特色课程,虽然还有不少地方有待完善,但是学校会通过每年课程计划的编制,对课程目标、结构、实施、评价等方面不断优化,促进学校DIY特色课程更有品质、更有内涵。课程改革不是在云端跳舞,而是贴地而行。

案例2　学生版课程计划——育才中学《学生手册》[①]

【导语】

亲爱的同学:

当你打开这本手册的时候,真正打开的,其实是你的梦想。

每个人都是与众不同的,
你就是你,
所以,你的梦想应该有属于自己的色彩。

你的将来会怎样?
你会从事怎样的职业?
你希望读哪所大学?学什么专业?

高中三年,要为你的未来准备些什么?
健康?知识?修养?能力?
你在哪些方面可以比别人强?

许多问题,你现在就应该思考了。而本手册将帮助你成为更好的自己。

手册介绍了学校为你们提供的所有课程,或者说是你在学校能够亲身经历的各类活动,种种体验能够在你记忆的年轮上留下深深浅浅的印痕,以至于让高中的三年影响你的一生。

如果你还不清楚哪些学科是自己所喜欢的,哪些活动是自己擅长的,学校会提供给你尝

---

① 本案例由育才中学提供。

试的机会,去发现自己要什么,然后明确自己的发展方向,通过选择适合自己的课程,逐步学会规划和梳理自己的学习生涯。

如果你清楚需要什么,学校会提供尽可能多的教育资源,满足你的发展需要。

选择你真正需要的。只要你内心的学习需求被激发,只要你的潜能被开发,你会取得连自己都感到惊讶的学业成就。但你必须知道,无论怎样选择,无论选什么,你都要对自己的选择负责。

祝你成功!

【目录】
一、培养目标
二、上海市育才中学学生综合素质评价实施方案
三、学业水平考试
四、课程框架
五、课程组织
六、课程实施
1. 教学组织形式
2. 选科要求
3. 选课与辅导
4. 课堂教与学
5. 学习建议
6. 学科学业评价与诊断
七、答疑解惑

(二) 迭代演进的案例

案例3 学生三年课程进行整体规划——大同中学实践[①]

1. 新高考制度背景下学校课程计划应为整体规划学生三年课程

新高考"两依据,一参考"的评价导向,学校的课程类型更加丰富、课程选择更加多样、课程实施更加多元,学校课程计划也应该有这样的变化。

学校应该对高中学生三年的课程进行整体规划。过去学校编制和实施课程计划,往往都是以年度为单位,高一的学生不需要知道高三的课程也可以走向未来。新的招考模式,学生需要确立自己的选考科目,甚至需要设计自己的综合素质活动,是未来的目标主导今天的课程选择。因此,课程计划的编制和实施应当是以未来设计现在,在学生进入高中的起始就应该为他们提供整个高中学习的课程全息图景,并通过不断地完善,助力学生朝着他们预定的方向发展。

---

① 本案例由大同中学提供。

学校应该对高中学生三年的学程进行整体规划。学生等级性考试科目组合的不同,对提升综合素质活动的课程需求不同,原来统一而集中的学程安排格局会被打乱。既尊重学生选科学习的权利,又能保障完成课程计划规定的课程,需要将学生整个高中三年的学程统整起来,在课程计划实施中进行动态的改进和完善。

学校应该对学生的个性化成长路径进行整体规划。学生的课程学习不仅是为了应对考试,更是为了实现自己的个性化发展。这就需要建立起学生等性考试科目组合、素养拓展型课程选择、专业导航课程研究的关联性。对专业志趣明确的学生,供给与专业项目相匹配的素养拓展课程,并指导合理选择等级性考试科目;对专业志趣不明确的同学,提供专题研修课程进行尝试性学习,在逐渐培养起他们专业志趣后,供给与之选择科目相匹配的专业导航课程。这也决定了,课程计划需要进行动态的调适,才能适应于学生的发展。

综上所述,新高考制度背景下,学校的课程是"学生适应课程"到"课程适应学生"的课程供给,学校的课程计划完成从"规划学习任务"到"适应学习需求"的完善。

2. 学校课程计划是基于证据的完善

完善学校课程计划的证据种类繁多,内容庞杂,指向改进的路径多元。在这里主要探讨:基于学生立场,课程计划完善适应学生学习需求的证据,是如何运用在学校的实践中。

一是分析学生生涯测评数据完善学校的课程供给。学校对学生生涯测评的数据主要包括:兴趣评估、性格评估、智能评估、适应性评估、生涯发展水平评估。通过这些生涯测评数据结果的分析,可以帮助学校在课程内容供给上能针对学生发展的个性化需求。以2016、2017级学生生涯测评结果比较为例,单从学生兴趣类型角度看,学校在不同学习领域中课程设置的内容、课程科目的数量,甚至课程实施的方式都应当体现出课程供给的差异。

二是分析学生的选科数据完善学校的课程实施。学生的学业水平等级性考试科目的选择和科目的组合对不同届别的学生来说,是个动态的变量。学校可以从不同的维度对这些数据进行解读,对选科数据的多维度解读将有助于学校确定走班教学的模式。同时,也有助于进行走班教学的课表安排,合理安排走班教学形成的"空课时间",并根据学生人群特征配置适合学生发展的拓展型、研究型课程内容。

三是分析学生的综评证据完善学校课程供给与学生个性发展的匹配性。学生综合素质评价形成性手册,全面记录了一段课程学习历程中学生的发展情况。通过对这些形成性证据的分析,一方面可以判断课程计划在一段历程实施后的实效性;另一方面,也可以针对课程计划要素提升课程对学生个性成长的适配性。如一个喜欢建筑工程课题研究的学生,学校就可以为他量身定制与该项目研究匹配的拓展型课程学习群,拓展他在该研究领域的丰富的课程经历和社会实践经历,以培养他的专业志趣和特长的发展。

3. 建构基于证据完善课程计划的运行机制

正如医生为病人治疗的策略和过程一样,学校课程计划的完善也应当探索建立一种适应于学生选择性学习、个性化成长的课程供给系统。这种系统应当基于证据,至少包含以下几个要素:证据收集、证据分析诊断、选课指导、课程实施、课程调适等。

具体来讲,就是将学生综合素质的初始评价与学生生涯测评的数据结合起来,建立学生高中发展的初始数据库;根据初始数据库编研学校的课程计划,供给学生课程选择学习的内容;根据初始数据对学生进行选课指导;动态记录学生一段时期的课程学习旅程,形成阶段性过程性新证据,判断课程对学生阶段性学习的影响,分析课程计划执行的问题,制定课程计划改进的措施,从而提升学校课程计划对学生成长的匹配性,指导学生形成适合自己个性成长的课程链。

正如钟启泉教授指出的那样,学校课程"不是单纯静态的'公定框架'、学校的'教育计划',它是师生在一定的教育情境中展开文化探索的动态生成的过程。"学生是流水的兵,学校的课程计划绝不能是铁打的营盘。站在学生的立场,学校课程计划没有最好,只有更好,课程计划完善永远在路上。完善学校课程计划的证据种类繁多,内容庞杂,指向改进的路径多元。在这里主要探讨基于学生立场,课程计划完善适应学生学习需求的证据,是如何运用在学校的实践中。

(三)"编"以致用的案例

若要学校课程计划真正落地,发挥作用,教师和学生理解和领会课程计划至关重要。

案例4 教师版课程计划——风华中学《课程计划教师手册》的设计与应用[①]

自加入课程领导力项目以来,风华中学形成了较为完备的课程计划,但在课程计划编制过程中,作为课程实施主体的普通教师却没有直接参与其中。为此,学校编制了《课程计划(年度)教师手册》(以下简称《手册》),涵盖课程目标、课程结构、课程实施与管理、课程保障四大板块。伴随《手册》的应用,教师明确在学校课程建设上的主体地位,课程意识明显提升,学校课程计划得以高效实施。

1. 学校课程计划是落实课程领导力的重要载体

自加入课程领导力项目以来,学校各个层面对课程领导力有了全新的认识,同时也意识到只有理论基础是不够的,要使课程领导力真正落实到学校的课程工作中,必须借助学校课程计划这一重要载体。学校课程计划是对学校近期目标、内容、方法、策略、管理、评价等可操作性措施的整体规划,是对学生在校学习时间、空间与学习内容的整体规划。课程计划基于学校办学理念和育人目标,是对课程方案在某个时间段内具体任务的阐释。学校由校长办公室领衔,成立课程计划研究小组,负责研究和编写课程计划,并邀请项目组专家和学校各个层面的教学管理人员参与论证和修改,最终形成较为完备的课程计划,涵盖学校愿景、课程传统、学生与家长的课程期待分析、课程目标、课程结构、课程实施与管理、课程评价、课程资源和保障等诸多要素。

2.《手册》是教师落实学校课程计划的重要依据

在课程计划编制的整个过程中,作为课程实施主体的普通教师却没有直接参与其中,这一现状带来两大负面影响。一是教师仅通过阅读课程计划文本,对学校课程理念和发展方向的理解易产生偏差,学校课程计划和教师课程执行之间存在宏观要求和微观操作落差过大的问题;二是教师对课程改革热情不足,课程计划的落实力度大打折扣,各项举措难以推进。以上现状导致学校的理想课程与学生的体验课程之间仍有较大的距离,进而影响学校整体发展和学生个体发展。

---

① 本案案例由风华中学提供。

课程领导的上海高中行动

因此,研究小组认为有必要站在一线教师的立场,搭建学校课程计划和教师课程实施之间的脚手架。研制《手册》,对学校课程计划删繁就简,规范课程要素的操作要求,让学校课程计划真正成为教师进行具体课程开发和课堂教学的重要依据,从而有效提升教师的课程意识和课程领导力。

第四节　学生综合素质评价

"二期课改"以来,上海始终探索学生综合素质评价。《上海市学生成长记录册》是上海探索综合素质评价的佐证,是实施综合素质评价的重要基础。

一、综合素质评价与学生成长记录册[①]

根据教育部《关于中小学生综合素质评价工作的实施意见》,结合上海市中小学生综合素质评价工作目前的实施情况,上海市教委基教处开展上海市中小学生综合素质评价(简称"综合素质评价")研究,并对《上海市中小学生综合素质评价方案(试行)》进行修订。

"上海市高中阶段综合素质评价实施情况调研"是"综合素质评价"研究的一部分。正如《上海市中小学生综合素质评价方案(试行)》所指出,"综合素质评价"是在《上海市学生成长记录册(试行)》(以下简称《学生成长记录册》)日常性记录的基础上进行。本研究主要对《学生成长记录册》的设计与实施情况进行调研。

《学生成长记录册》的有效执行是一个系统工程,不仅仅是《学生成长记录册》自身修改完善的问题。如果学校、教师和学生缺乏正确价值观的指导,采用过于功利的心态来对待,再好的设计也枉然。因此,要更为有效地实现《学生成长记录册》的功能,需要综合考虑《学生成长记录册》系统的各个方面。

(一)正确对待把综合素质评价纳入高校招生体系中

教育部提出要改革考试与招生制度,改变过去那种单纯按照学生的考试成绩录取的做法,把学生的高考成绩、学业水平考试与综合素质评价结合起来。这一措施的目的是注重过程性的评价,注重学生三年的学业水平,注重学生综合素质的评价。

高中学生综合素质评价作为高考制度的补充,也必然会成为这支"指挥棒"的一部分。这一体系的6个维度(道德品质、公民素养、学习能力、合作与交流、运动与健康、审美与表现)确实基本能涵盖学生的综合素质。如果学生在这几个方面都能得到发展,就是一种比较全面的发展。这一"指挥棒"理论上讲对学校重视学生综合素质的提升有利,不过如果学校过于关注这一"指挥棒"的话,有可能间接导致评价学生综合素质的过程中存在"不真实"的可能性。强调学生综合素质评价与高考挂钩,最主要的目的是发挥它的导向功能。

在高考中纳入综合素质评价时,首先要创设一个适宜的纳入环境。通过加强制度建设、细化评价内容及标准、提高可操作性等措施来进一步完善高中综合素质评价。科学地设置纳入标准,确定公平合理的纳入内容;采取多样化的形式呈现结果,并选择合理适宜的形式运用结果。不要过分在意评价体系在高校招生中的作用,如果做得好,高校在招生中自然愿

[①] 金京泽,郭金华.上海市高中阶段综合素质评价实施情况——《上海市学生成长记录册》设计与实施情况调研报告[R].上海:上海市教育委员会教学研究室,2014:39-43.

意参考,便于全面了解一个学生三年的发展;如果高校招生不予采用,学校在实际工作中已经发挥了它的导向功能,那么目的也达到了。

要推进高中学生综合素质评价与高考的挂钩,需要评价指标基本统一,规范操作,在统一电子平台上进行,提高信度与效度,增强横向比较性。目前,高校还是过分相信分数的真实性,对综合素质评价半信半疑,对学生综合素质的甄别缺乏投入。

学生综合素质评价若要起到促进高考改革,提升教育公平的作用,学生综合素质评价方案的改革就必须将促进教育机会平等作为其基本前提,淡化选拔功能,并减缓对方案改革效率的过度追求。否则,学生综合素质评价又成为了通过竞争和选拔制度对有限的教育机会进行分配的一种工具和手段。所以在方案评价体系的建立上,淡化"级别""证书""特长"等人为制造的界限,建立一种更多地考虑基于学生当前状态的潜能发展评价和较为准确的长期评价机制,以此保证学生能够获得教育机会分配竞争中的平等就是一种理性的选择。

在教师对大部分学生品德评价差异不会太大的情况下,"运动与健康""审美与表现"两个方面很容易成为公众眼中的获得评价优势的突破口,这无疑会促使大量学生将自己的学习精力功利性地分配给艺术或体育训练,涌入艺术或体育特长学习,学习自己未必真正感兴趣的声乐、器乐、美术或体育。

从学校层面来讲,很难做到完全满足高校招生要求的综合素质评价,但是多样化、分层呈现学生综合素质的方法,还是可以借鉴的。一个学生的综合素质,与一所学校的课程、学习经历、校园文化密切相关。若区县统一提供学校层面的综合素质评价报告、学校层面提供学生的综合素质评价报告,包括发展性指标和标准指标,综合考虑这两个指标(高校可以根据自己学校需要加以权重)就可以甄选出所需的合适人才。

把综合素质评价纳入招生,总体来说是好事情,需要从上海和全国实际出发,逐步加大综合素质评价的权重。尽管学生综合素质的评价有一定的困难,但是通过一系列的假设、建模、获取信息、分析等,可以解决技术上的问题。

(二)进一步明确《学生成长记录册》与综合素质评价的关系

《学生成长记录册》使用情况不理想的原因之一,在于学校领导、教师和学生对《学生成长记录册》的功能认识不清晰,尤其是认为对于提高学生成绩作用不明显。教师将《学生成长记录册》填写看成是一种"附加任务"和"额外负担",多数不愿意全身心投入此项工作。

在当前唯分数论盛行的背景下,考核学校的标准基本上是成绩优异、特色明显,多数学校未看到《学生成长记录册》成为学校特色品牌的可能性,因此对《学生成长记录册》重视程度也不高。

对《学生成长记录册》的功能和价值达成基本共识,是修订《学生成长记录册》的前提。对于目前普遍认同的一些功能,如记录过程、交流平台、评价学生等,以及潜在的一些功能,需要系统化地进行梳理,分清主要功能与次要功能,以更高效地促进主要功能的落实。调研项目组认为,《学生成长记录册》应以记录功能为主,评价功能为辅。

《学生成长记录册》是学生综合素质评价的信息采集平台。学生成长过程的记录和评价本身是学生综合素质的体现,一本《学生成长记录册》很难体现学生综合素质。因此,学生成长记录转化为学生综合素质,必须有个信息分析、建模、转化系统。

《学生成长记录册》除了记录和评价功能,还有素质教育导向的功能。学校需要综合考虑价值性、操作性和真实性,不能给《学生成长记录册》赋予太多的功能,这样有可能失去它的真实性。学生综合素质与学校整体情况、年级情况和个人情况有相关性。因此,学生综合素质,需要通过学校层面、年级层面和学生层面的数据系统考虑。不同层面采集不同信息,然后合成,输出结果。

(三) 基于《学生成长记录册》功能定位优化设计

以《学生成长记录册》功能定位为基础,分析现行《学生成长记录册》对于相关功能的适应性,结合此次调研发现的《学生成长记录册》使用层面存在的困难,吸收学校层面过程性学业评价的先进经验,进一步优化《学生成长记录册》设计。

首先,原先《学生成长记录册》的栏目设计将学生的课程划分为基础型课程、拓展型课程和研究型课程三类;其次,将每类课程中的学科学习或活动情况划分为学习能力、学习表现和实践能力三部分;第三,将教育部《关于积极推进中小学评价与考试制度改革的通知》文件中要求的基础性发展目标和学科学习目标分别分散到三类课程的三部分评价中。如"交流与合作能力"在英语、语文、美术等基础型课程、拓展型课程和研究型课程等的学习能力评价中都有相应要求。

《学生成长记录册》的栏目,不同程度地反映了综合素质评价的想法,大体上分为以下几类:考试成绩、体质健康等量化评价;品德与行为、学习表现、学习能力、实践能力等"等第性"评价;教师、学生、家长留言性质的评价性记录;实践、社团活动、节庆活动等过程记录性评价;课外阅读等个性化记录。是否采用电子和纸质的《学生成长记录册》,如何获取真实信息,如何进行建模分析,得出综合素质评价,将在下一个条目中阐述。

对目前纸质《学生成长记录册》的总体建议是:调整结构,删除和调整栏目内容,改变记录方式等。具体如下。

(1) 思想品德与行为规范:减少没有办法具体观察评价的、其他栏目中可以体现的内容,比如,"刻苦学习,乐于探究"可以在课程学习中体现,根据实际增加一些观察点。由学生自评、互评、教师(班主任)评相结合,在网上进行。

(2) 校、班工作及社团工作情况记载:这一栏目,"评价"就没有必要,但是需要增加"角色",反映学生在这一工作中的作用;学生自己填写后,由相关教师确认。在学校电子平台上完成。

(3) 社会实践情况记录:这一栏目分两个部分,一部分是所有学生都参加的社会实践,学农学军(应增加学工),由学校分管教师统一填写;另一部分是个性化的社会实践,学生自己填写后,得到相关人员的认可。

(4) 基础型课程学习情况记录:需要电子化,增加学生编号,有学业成绩、学习表现、学习能力、实践能力,由学科教师完成;若学生有异议可以提出。增加学科特长情况,对部分有学科特长的学生记录。

(5) 拓展型课程学习情况记录:限定拓展型课程,由分管教师统一填写,关注参与情况;自主拓展课程学习,由学生填写,教师认定。

(6) 研究型课程学习情况记录:附研究过程、成果等资料。

(7) 体育健身(保健)情况记录:这一栏目,可以分为集体健身和个体健身,学校统一组织的集体健身,应由体育老师等统一填写;学生参与的个体健身活动,学生可以自己填写,但是没有办法佐证。获奖情况,最好另设栏目填写。

(8) 艺术、科技等校园文化活动情况记录:由学生自己填写,但由相关教师审核。在校或区等获奖情况,由教师填写,或由学生填写后教师审核。

(9) 课外阅读情况记录:定量和定性相结合。定量部分,最好是图书馆自动记录,传输数据;喜欢的书等定性部分,在自评报告中呈现。

(10) 学业特长情况记录:不必单独设置栏目,可以融入到学科学习栏目中呈现。

(11) 收获园,学习小档案:可以合并,重点展示学生获奖情况等。学校奖项,学校统一填写;在外获奖情况,学生申报,要附证据,教师认可。

(12) 学生发展性综合评语:把评语转化为综合素质指标。

(13) 身体健康检查项目记录、《国家学生体质健康标准》达标情况记录:由区县相关部门或体育老师提供数据。

(14) 公示栏:收费情况、返校日期、开学日期等,与学生的成长记录没有太大关系;出勤、病休假、补考等信息,若有,则由相关教师填写。

总之,学生综合素质评价可以采用表现性标准与完成性标准相结合的方式,具体可以采用"专题作业评价"与学生的"成长记录袋"结合的方式来进行。"专题作业评价"是通过给学生提供真实的表现性任务,让学生通过较长时期的合作与探究推进研究活动,形成研究成果。它可以较为客观地反映学生在合作与沟通、信息收集与整合能力、探究意识与问题解决能力、语言表达能力等多方面的表现,是判断学生表现性目标达成程度的一个重要途径,也是学生综合素质的切实体现。学生的"成长记录袋"则通过对学生各方面信息的记录和搜集,显示学生在完成性标准上的表现情况。完成性标准包含四个要素:广泛性、合适性、适时性、合法性。这就需要学生的"成长记录袋"在合适性与合法性方面与高中学生综合素质评价方案要求相一致;在广泛性上,应包括尽量多的能全面反映学生综合素质发展情况的信息,除统一的学生个人信息、身体素质记录卡、行为记录卡、综合考核记录卡等,还应包括能反映学生进步的资料、学生作业及作品、荣誉与奖励等内容;在适时性方面,则不仅要求及时记录相关信息,也要求学生严格按照各地确定的材料上交规定期限提交相关材料,避免出现材料造假情况。

二、综合素质评价实施经验

综合素质评价是新高考政策的亮点,又是难点。综合素质评价在实施过程中面临不少问题。课程领导力项目学校在不断领会正确的价值导向基础上,突破难点,以评价促进学生健康成长。

(一) 综合素质评价"落地"路线图

案例1 曹杨二中综合素质评价实践[①]

综合素质评价是新的高考招生制度改革的一大亮点,使高考招录模式从"只见分不见

[①] 王洋,易建平.综合素质评价"落地"路线图——上海市曹杨第二中学激励清单与负面清单评价模式详解[J].人民教育,2016(14):45-49.

人"逐步走向"既见分又见人",其意义深远。然而,综合素质评价的实施在对基础教育产生积极影响的同时,其本身面临三大挑战。

一是体系问题。建立起一套基于事实的综合素质评价体系,不仅能够得到广泛认可和接受,而且能够在高考招录中切实发挥重要的参考作用。

二是操作问题。能否提供一种便于操作、便于使用的记录方式;高中想不想记、好不好记;高校好不好用、敢不敢用,关系到综合素质评价实施的成败。

三是诚信体系建设的问题。没有科学的流程设计、完善的监督、公示、质疑和审核机制,这个评价会成为教育腐败的温床。

面对挑战,曹杨二中在实施综合素质评价方面做了一些有益的实践与研究。

1. 综合素质评价雷达图直观呈现学生的发展状况

综合素质评价雷达图的评价指标包括理想信念、诚实守信、关爱他人、行为举止、自我约束、出勤情况、社会实践、集体活动、团结合作、志愿服务、学习态度、作业状况、课堂表现、拓展研究、心理发展、体育健身、特长表现等17项。图中的曲线是班级学生的平均水平,色块为个人水平。对照"雷达图",每个人的强项、弱项一目了然,也便于学生自省。

评价主要采用三种方式:一是学生自我描述性评价,不超过500字,尽量简要,能够准确进行自我描述。重点谈人格健康、社会服务、学业进步、学术能力、特长表现等;二是自评、互评、班级教师团队按10制评分,按三项平均分描点,画出"雷达图";三是档案袋评价,包括各种特长证书的申报,这些材料由学校统一认定,社会调查报告、创新课题结题报告等记入学生成长档案;四是班务记载,包括出勤情况、作业状况、课堂表现、集体活动等。

2. 清单评价实现质性评价的量化管理

学校非常清楚,评价一旦与大学招生挂钩,压力马上就来。首先,公平性问题如何解决?之前的"综合素质评价"是基于班级内部的比较,"自评、互评、班级教师团队评"的前提是互相了解、知根知底。放在一个年级的层面,就很难比较;有一些质性评价指标,更难保证客观公正。因此,从2013年9月起,学校重新研制"曹杨二中学生综合素质评价指标体系"。

根据学校办学理念和培养目标,学校草拟了"曹杨二中学生综合素质评价指标体系草案",通过三次征询教师和学生意见,最终形成"基本规范、君子风范、博学创新、强身健体、审美体验、社会实践"等"六个模块42个观测点"的指标体系。

第一,每一个观测点由相关主评单位(年级部或教导处、政教处、团委等部门)策划若干个可检查评比的活动,提前公示;活动结束后,进行年级层面的检查评比,评价结果再次公示,对表现好和表现差的两极学生按公示规定给予加分和减分。这样保证了在年级层面的相对公平和可比较。

第二,评价模式如何确定?学校受上海自贸区"负面清单"管理模式的启发,在原有评价体系的基础上进一步总结经验,并查阅相关文献、咨询专家、调查研究,初步构建了"曹杨二中学生综合素质评价负面清单"和"曹杨二中学生综合素质评价激励清单"(即培养目标的观测点)相结合的管理评价模式。

对刚入校的新生,学校给定"六个维度"的一个平均值。每个学期公布相应维度的"负面清单"和"激励清单",违反底线要求的按规定在平均值上减分,做好激励项目的按评奖等第在平均值上加分;在每一个加(减)分点都超链接一个"文件夹",存放加(减)分的档案材料;

再加上以获得上海市高中学业水平测试A档个数为单位的"学业水平"维度和以在校重大考试总分百分位为基础的"学习能力"维度,形成集"GPA平均绩点雷达图"评价和档案袋评价为一体的多元评价方式。通过不断积累,一个学生在曹杨二中哪方面做得好、哪方面还有不足,一目了然,且能随时反馈。

第三,操作是否简便易行?学校知道,任何改革,若操作复杂,会给学生和教师增添许多负担,再好的理念也很难推进。基于这一认识,学校选择"清单评价"这种对象最小化的评价模式,开发了基于信息技术平台的高中学生综合素质评价数字化系统。数字化系统的基本框架为:公布清单和评价标准——对观测点进行检查和评比——对照检查和评比结果自己申报加(减)分,并提供相应档案材料——分级审核——自动生成"雷达图"。

该系统的主要功能有:开放的维度描述——便于在每个维度上描述清单观测点,因为每个学期的清单观测点是不同的、递进的。负面清单项目(减分)和激励清单项目(加分)累计,能自动调整年级在该维度上的平均值。与成长档案的超链接——每一次加减分的申报,都必须提供相应的档案材料,确认后自动生成"雷达图"上的"点",点击这个"点",能查阅相应的档案材料。学业水平成绩以A档个数累计——1个A档记1分,以此类推。考试成绩以百分位累计平均——如某生第一次重大考试总分百分位年级排序10%,记9分;第二次重大考试年级排序20%,与前次累计平均15%,上次的"点"降到8.5的位置;每次"点"的位置都被保留下来,可以记录该生的学习成绩的变化情况。公示栏目——由主评单位(年级部或教导处、政教处、团委等部门)每学期(或某时间段)提前公示"清单项目观测点"及评价标准,检查评比结束后公示评价结果,自动保存所有文档。分级审批——谁主评谁审批学生的加减分申报请求;年级自管会监督。终端上传——所有终端都可以上传申报材料;获批后不可被修改或删节。成绩自动导入——与网络阅卷系统相连,成绩自动导入或者批量录入。

目前,学校在2014级和2015级两个年级试用这套系统,结果令人满意。首先引入"负面清单"和"激励清单"评价模式,实现质性评价的量化管理,既保证了综合素质评价的客观公正,又提高了评价的可操作性和科学性。其次,基于信息技术平台的综合素质评价数字化系统,便于查阅和调取数据,使操作方式简便易行;便于教师对学生进行个案诊断,促进学生全面发展;便于高校选拔学生,推进高考改革。最后,互联网络环境建设与平板电脑的使用,改变了传统的"一年评一次"的总结性评价方式,使评价和反馈更加及时,给学生更加充分的调整和改进的时间与空间,更加注重学生成长的形成性评价。

3. 曹杨二中的经验

一是根据学校独特的办学理念(文理相通,人文引领)和育人目标(培养具有创新意识和实践能力的博雅君子),强化"一轴两翼"的办学特色,建设以社会实践为载体的立德树人德育主轴、博雅教育和国际理工为两翼的特色课程群,使全体学生或大多数学生通过三年的培养,毕业时能有鲜明的曹杨二中"烙印"。

二是根据学生的生涯发展规划,提供丰富的课题研究、社会实践和科技创新活动机会,让学生自主选择,使不同发展方向的学生群体开展不同的研究性学习、经历不同的社会实践和职业体验、积累不同的经验和才能,真正做到个性发展。

三是开展"走进高校""走进企业""走进人大""走进农村""行走江山""红色之旅"等丰富多彩的社会实践活动,切实培育学生的社会参与意识,也使学生的个性特长得到社会认同。

四是构建"六模块41个观测点"的校本综合素质评价体系,引进清单评价模式,使综合素质评价与日常行为规范培养有机结合起来,促进综合素质评价落地。

(二) 个性化学习指导手册

案例2　市西中学个性化学习实践①

2017学年,市西中学从高一开始全面试行《个性化学习实践与指导手册》,每个学生定期、不定期地对自己的学习目标、内容、方式、时间、空间、过程等进行总结、反思和改进,以期不断改善学习行为、优化学习过程,促进自己在不断地总结与反思过程中,得到持续的改善和发展。

1.《个性化学习实践与指导手册》设计初衷

每个学生的兴趣、特长、优势、发展目标和方向都是不一样的,他们会根据自己的喜好和学习目标选择不同的学习内容、学习方式、学习时空等。为了满足学生的个性化发展,促进学生素质的全面提升,市西中学以课程领导力项目为引领,把指导学生的学习目标、学习内容、学习时间、学习空间、学习方式等作为每一位教师对学生个别化关注的具体工作内容。为此,学校设计了一本《个性化学习实践与指导手册》。《个性化学习实践与指导手册》让学生记录下极具个性化的高中三年的学习生活,学生通过该手册的使用,学会自我反思、自我调整,合理配置自己的学习时间、有效利用学习空间、正确了解自己学习上的优势和弱势、明智地选择适合自己的学习方式和学习内容。通过记录和反思学习生活的点点滴滴,学生学会自我调控,从而认识自我,找到最适合自己的学习路径和发展方向,学会把握自己的未来人生,为终身学习打下良好的基础。

学校通过指导学生使用《个性化学习实践与指导手册》,帮助学生形成"计划、行动、总结、反思、改进"这样一个不断循环闭合的自我调整自我发展过程,同时收集相关案例和数据并不断调整完善,形成可视化可操作的学习指导手册,逐步探索一个可参考的个性化学习实践和指导模式。

2.《个性化学习实践与指导手册》内容概要

《个性化学习实践与指导手册》所有的页面都是活页,学生可以在三年的学习生活中根据需要,随时取用不同颜色的页面进行记录,也可以根据自己的喜好进行涂写和美化,贴上照片,进行个性化的设计,还可以将同色的页面进行对比,看看自身对学习时间的配置、对学习空间的使用是否合理有效,《个性化学习实践与指导手册》可以当成高中三年学习成长手账,帮助学生不断地进行计划、实施、总结、改进,不断地提高自我认知与行动能力。

手册主要包含十一项主要填写内容,分别为认识自己、规划与计划、我的课表、学习内容、学习方法、学习空间、学习时间、瞬间点滴记录、阶段思考与感悟、成果记录、个别辅导交流与记录。

(1) 认识自己。个性化学习的前提是了解自己是一个什么样的学习者,具备哪些学习

---

① 本案例由市西中学提供。

强项,学习的兴趣和特长是什么,适合怎么样的学习方式与风格。

(2) 规划与计划。在了解了自己是一个什么样的学习者之后,根据自己的职业兴趣,对未来发展的目标有个初步的确立。

(3) 我的课表。在开始高中学习生活之前,学生都需要对所学课程做个全面的了解。在"我的课表"一页中,除了周一至周五的课时设置外,还包括参加的拓展课、社团或CAS、参加的研究课或EE,指导者的建议。

(4) 学习内容。学习内容主要包括两个方面:一是各学科学习兴趣与兴趣强弱分析;二是具体学习内容的情况分析。

(5) 学习方法。学习方法主要包括经常使用的学习方法与学习习惯两方面内容:① 经常使用的学习方法包括预习、记笔记、每日复习、讨论学习等,学习者可以根据学习效果判断自身学习方法的有效性,并适时的进行调整;② 学习习惯主要包括课前充分准备、每日反思、按时上课等内容,学习者可以根据自身的学习习惯,在一段时间内判断自身的学习能力是否明显提高,从而进行新的调整与尝试。

(6) 学习空间。随着现代科技越来越发达,对于学习的空间应该有全新的认识。正如学校倡导的:学习无处不在。选择适合自己、对自己有益的学习场所或网站信息,学校就没有围墙,学习也不再有限制。

(7) 学习时间。随着学习空间的延展,学习时间同样变得丰富多样起来,学校倡导的第二个理念是:学习无时不有。高中的个性化学习不仅仅局限在课堂上的40—50分钟之内,要根据自己的特点,充分利用好课堂外的时间。同样,不同的学习相应安排不同长度的时间,在了解自己的前提下,根据自己的发展目标和方向,合理安排时间,时时可学习。

(8) 学习过程的点滴、感受、成果。手册也可以被看作为学习者的成长档案袋,学习者可以在手册中撰写学习中的瞬间点滴、学习阶段中的思考、学习成果,通过这部分内容的撰写,可以更加了解自身在校园生活中的学习状态和一段时间内的学习效果、学习成果,为将来的进一步学习建立基础。

(9) 个别辅导交流记录。在个别辅导交流记录这一页中,学习者需要撰写指导者、时间与地点、交流主题、大致内容等方面内容,这些内容的撰写可以使学习者将教师的指导内容记忆得更加深刻,同时在温习时不断地提高自身的认知能力。

3.《个性化学习实践与指导手册》推进策略

2017年9月,市西中学开始实施具体的手册推进工作,实施对象为高一、高二在校学生。实施参与者主要为学校领导、班主任、任课教师,形成自上而下的联动。

教育管理处从学习管理角度梳理重要要素,提出自我反思和调整的角度;学生发展处从生涯规划角度,整理出市西特色的学习和实践三年路径图,初步确立建议学生反思、小结、记录的时间点;依托科研室和项目组持续跟踪和指导;依托班主任团队、任课教师团队和导师团队实践推进和指导学生。

实施推进第一阶段主要分为四个时间点:一是国庆节期间;二是期中考试前;三是期中考试至期末考试;四是期末考试至寒假前。

4.《个性化学习实践与指导手册》初见成效

《个性化学习实践与指导手册》是市西中学新一轮教育探索的结果,关注的是学生的自我发现、自我反思和自我行为改变,学校希望通过学生行为的持续改善来更好地改变自己,改进自己的学习。

最近一次问卷调查发现:72%的学生对该手册的记录抱有很大的兴趣,也得到75%以上家长的支持,92%以上的学生按时记录且态度认真,87%以上的学生认为该手册值得珍藏。

相信每个学生在对自己学习过程和学习行为持续不断的计划、总结、反思、改进的循环过程中,一定可以改善自己的行为,改进自己的学习,从而改变自己的思想,确立自己的价值选择和行为准则,也一定会在这样的学习和改变中成为更好的自己。

【专家点评】

市西中学以课程领导力项目为引领,把指导学生的学习目标、学习内容、学习时间、学习空间、学习方式等作为每一位教师对学生个别化关注的具体工作内容。为此,设计了一本《个性化学习实践与指导手册》,每个学生定期、不定期地对自己的学习目标、内容、方式、时间、空间、过程等进行总结、反思和改进,以期不断改善学习行为、优化学习过程,在不断的总结与反思过程中得到持续的改变和发展。

让学生记录下极具个性化的高中三年的学习生活,学生通过该手册的使用,学会自我反思、自我调整,合理配置自己的学习时间、有效利用学习空间、正确了解自己学习上的优势和弱势、明智地选择适合自己的学习方式和学习内容。通过记录和反思学习生活的点点滴滴,学生学会自我调控,从而认识自我,找到最适合自己的学习路径和发展方向,学会把握自己的未来人生,为终身学习打下良好的基础。《个性化学习实践与指导手册》可以当成高中三年学习成长手册,帮助学生不断地进行计划、实施、总结、改进,不断地提高自我认知与行动能力。

后记

  2015年4月，上海市启动了第二轮课程领导力项目。本书是第二轮课程领导力项目高中段项目学校和项目组的研究成果。参加第二轮课程领导力项目行动研究的高中学校有：上海市育才中学、上海戏剧学院附属高级中学、上海市风华中学、上海市市西中学、上海外国语大学附属大境中学、上海市大同中学、上海市曹杨第二中学、上海市宜川中学、上海市控江中学、上海市市东中学、上海市莘庄中学、上海市奉贤中学、上海市亭林中学、上海市松江二中、上海市嘉定区第二中学、上海市吴淞中学、上海市扬子中学等17所学校。

  为了有效推进课程领导力项目，项目组和项目学校做了很多探索：第一，项目组抓开题论证、中期评估和结题评估等关键环节，并每年年底召开项目总结大会；第二，形成了若干例会制度，如每学期项目学校校长例会、项目专家例会、专家助手例会等；第三，项目组重视过程档案积累和成果辐射，如搭建课程领导力项目网络平台、项目学校市级展示交流平台、"上海教研"微信平台等；第四，把课程领导力评价贯穿在研究的全过程。

  在整个项目的推进过程中，顾志跃、杨安澜、余利惠、文新华、朱怡华、步根海、傅禄建、王俭、徐燕平等专家对项目学校研究进行了全程跟踪式专业指导。从2017年开始，黄浦区教育学院韩立芬、杨浦区教育学院陈琳、青浦区教师进修学院李碧玉等参加了项目成果物化工作。

  本书的撰写与成稿由上海市教育委员会教学研究室直接领导，本册编委会具体策划、组织撰写。第一章第一节、第二节由李碧玉执笔，第一章第三节、第四节由金京泽执笔；第二章由韩立芬执笔；第三章由陈琳执笔；第四章由金京泽执笔。全书由金京泽负责统稿。

  撰写与成稿的过程中得到各方领导、专家、校长和教师的大力支持，在此深表感谢：感谢上海市教委教研室徐淀芳主任、纪明泽书记和陆伯鸿副主任对本书编著的悉心指导和关怀！感谢17所课程领导力高中学校提供丰富的实践成果和对本书编写的全力支持！感谢课程领导力项目专家持续的专业指导！

  提升学校课程领导力是永恒的主题。由于自身认识的局限和能力有限，书中可能有某些内容存在不足或表述不当，敬请读者谅解并给予批评指正。

金京泽

2019年7月于上海